Katharina Kestler • Antonia Schlosser • Katharina Heudorfer

BERGFREUNDINNEN

KATHARINA KESTLER

BERG

ANTONIA SCHLOSSER

FREUND

KATHARINA HEUDORFER

INNEN

VOM GIPFELGLÜCK
UND ANDEREN ABENTEUERN

ullstein extra

Wir verpflichten uns zu Nachhaltigkeit

- Klimaneutrales Produkt
- Papiere aus nachhaltiger Waldwirtschaft und anderen kontrollierten Quellen
- ullstein.de/nachhaltigkeit

MIX
Papier
FSC FSC® C083411

Ullstein extra ist ein Verlag der Ullstein Buchverlage GmbH
www.ullstein.de

Umschlaggestaltung: zero-media.net, München
Titelabbildung: Jens Scheibe
Satz: Denise Sterr
Gesetzt aus der Source Serif Pro und der Tw Cen MT
Druck und Bindung: CPI books GmbH, Leck
ISBN 978-3-86493-223-6

Für Anna, Katie und alle anderen mutigen, gefühlvollen, starken, inspirierenden und motivierenden Bergfreundinnen – und die, die es noch werden wollen!

INHALT

PROLOG

WIR SIND DIE BERGFREUNDINNEN!

Hallo, wir sind Toni und Kaddi! Vielleicht kennst du uns schon von unserem Podcast **Bergfreundinnen**, den wir für den Bayerischen Rundfunk machen. Wenn wir dort nicht als Journalistinnen arbeiten, widmen wir unsere Zeit den Bergen – und unserem Leben mit ihnen, mit all den großen Fragen, Gedanken und Gefühlen, die dazugehören. Falls du die Bergfreundinnen noch nicht kennst, wirst du uns und viele andere starke Bergfrauen und ihre Geschichten auf den nächsten Seiten kennenlernen. Wir freuen uns, wenn wir dich damit inspirieren und vielleicht auch motivieren können, selbst loszuziehen, Neues auszuprobieren und draußen in der Natur dein eigenes kleines oder auch großes Abenteuer zu erleben.

Eigentlich gehören zu den Bergfreundinnen noch zwei andere Bergfrauen: Anna, die zwei Jahre lang mit uns den Podcast moderierte und leider aus Zeitgründen nicht bei diesem Buch mitschreiben konnte. Und Cathi, ihre Nachfolgerin, die seit Januar 2023 dabei ist. Zum Glück haben wir mit **Katharina**, die auch schon im Bergfreundinnen-Podcast mitgewerkelt hat, eine tolle Unterstützung gefunden. Danke an dich, Anna, für deinen Segen! Und danke an dich, Katharina, für dein tatkräftiges, inspirierendes Dabeisein!

GRÜSS DICH, ICH BIN DIE TONI!

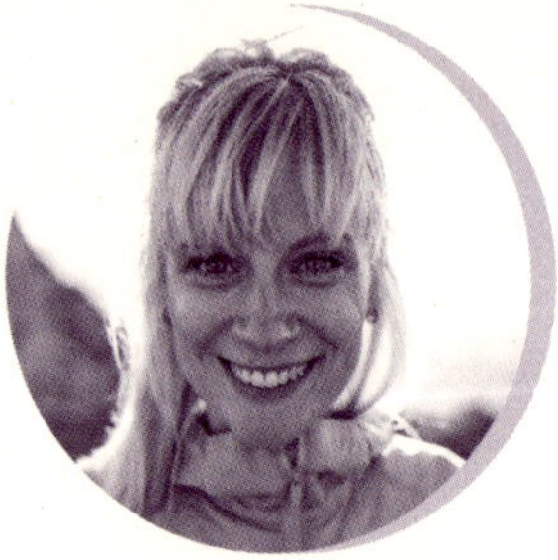

Eigentlich heiße ich ja Antonia. Aber seit ich denken kann, nennen mich alle Toni. Und seit ich denken kann, sind auch die Berge ein Teil meines Lebens. Ich bin Allgäuerin, aufgewachsen zwischen grün-grauen Gipfeln, blauen Bergseen und saftigen Kuhwiesen, auf denen im Frühjahr der gelbe Löwenzahn blüht. Wenn ich als Kind auf der Terrasse unseres Bauernhauses stand, strahlte mir das komplette Panorama der Allgäuer Alpen entgegen. Bei schönem Wetter konnte ich bis zu den 2000ern sehen: von der Mädelegabel über den Rappenseekopf bis zum Biberkopf. Dieser Anblick war für mich lange Zeit mein Zuhause. Das Problem an so einem Zuhause? Es wird zur Gewohnheit, und Gewohnheiten weiß man leider oft viel zu wenig zu schätzen. So lange, bis sie nicht mehr da sind. Deshalb musste ich erst für mein Studium nach Bamberg und dann für meinen Job als Journalistin nach München ziehen, um die Berge zunächst richtig zu vermissen und dann lieben zu lernen.

Meine Lieblingsdisziplinen sind momentan das klassische Wandern, das Skifahren und seit Neuestem alles, was man mit allen Arten von Rädern machen kann. Ich schreibe hier bewusst »momentan«, weil ich gerne neue Sachen ausprobiere und am liebsten in alle Bergsportarten reinschnuppern würde.

Mein Level ist Genuss in Kombination mit ein bisschen Schweiß. Meine größte Stärke ist meine Ausdauer, die ich auch gerne austeste. Am meisten liebe ich es aber, mit anderen Menschen unterwegs zu sein und eine feine Quality-Time zu haben – mit dem richtigen Maß an Anstrengung, einem tollen Ausblick und einer guten Gipfelbrotzeit samt (alkoholfreiem) Gipfelbier.

Meine größte Herausforderung ist mein Kopf. Ich bin Weltmeisterin im Dinge-Zerdenken. Und obwohl ich die letzten Jahre gefühlt ein wenig entspannter geworden bin, hindert mich dieses zweifelhafte Talent immer noch oft daran, meine Komfortzone zu verlassen.

Mein nächstes Ziel ist die Tour de lustige Berge. Ich möchte die Allgäuer Gipfel mit den skurrilsten Namen erklimmen. Da gibt es zum Beispiel die Kackenköpfe, den Bschießer oder das Hundsarschjoch. Warum die so heißen? Das finde ich hoffentlich unterwegs heraus.

Mein heimlicher Traum ist es, irgendwann wieder im Allgäu zu leben. Mit den Bergen vor der Nase, zwei Schweinen und ein paar Hühnern im Garten. Schauen wir mal! Von München ist es ja nicht mehr so weit.

HALLO, ICH BIN'S, DIE KADDI!

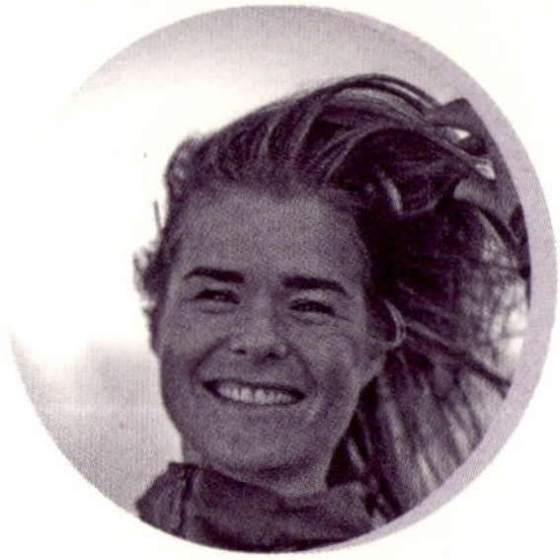

Eigentlich ist mein Name Katharina, der Vollständigkeit halber: Katharina Kestler. Aber in meiner fränkischen Heimat Bamberg war aus dialektalen Gründen KK (sprich: Kaykay) einfach keine Option. Auch wenn das in den 90ern ein ziemlich cooler Spitzname gewesen wäre. Aus dem th in Kathi wurde aus denselben Gründen schnell ein dd. Und jetzt bin ich eben immer noch die Kaddi, auch wenn ich Franken schon vor mehr als 20 Jahren den Rücken gekehrt habe, um in München den Bergen näher zu sein und dort als Journalistin über die schönsten Themen des Lebens (= Berge) zu berichten. Da es unter den Autorinnen dieses Buchs ja zwei Katharinas gibt und auch beim Bergfreundinnen-Podcast eine Cathi am Start ist, sorgen die dd vielleicht zumindest für ein bisschen mehr Übersichtlichkeit. Nein? Dann könnt ihr Kaddi in Verbindung mit der Person abspeichern, die gerne schnell mit Bike oder Ski bergab unterwegs ist. Woher meine Leidenschaft für die Berge kommt, obwohl man in Bayern kaum weiter weg vom echten Gebirge aufwachsen kann als in Oberfranken? Frühkindliche Prägung! Mit drei haben mich meine Eltern auf Ski gestellt. Ich aber fand es viel witziger, die Schneehügel auf dem Hintern runterzurutschen. Mit fünf durfte ich mir im allsommerlichen Wanderurlaub den höchsten Berg Österreichs, den Großglockner, von der Stüdlhütte gegenüber ansehen. Und an den Wochenenden musste ich JEDEN Sonntag mit meinen Eltern eine Radtour durch Franken fahren – natürlich nicht mit dem Mountainbike, sondern mit einem türkisblauen Kettler Alurad mit tiefem Einstieg. Wie gern ich früher mal ans Meer gereist wär! Heute sind die Berge mein heiß und innig geliebter Abenteuerspielplatz.

Meine Lieblingsdisziplinen sind Skifahren und Fahrradfahren. Und zwar in allen Varianten. Mit den Ski: Freeriden, Tourengehen, Pisteln und ab und an sogar Langlaufen. Mit dem Bike: allem voran Mountainbiken, außerdem Graveln und Rennradfahren – und ja, ein E-Bike hab ich auch!

Mein Level ist Leiden. Ich bin zäh und halte sehr, sehr lange durch. Mein Ehrgeiz bringt mich durch technisch anspruchsvolle Trails und Abfahrten. Dafür bin ich bergauf wirklich nicht die Schnellste. Aber kaum zeigen meine Skispitzen wieder Richtung Tal, kaum rollt das Bike von allein, mach ich das mit doppeltem Speed wieder wett.

Meine größte Herausforderung ist es, mich nicht zu überfordern, mir nicht zu viel zuzumuten und mein (Berg-)Leben nicht zu voll zu packen. Es macht aber auch alles so verdammt viel Spaß …

Mein nächstes Ziel ist es, endlich den inneren Frieden zu finden, von dem alle reden. Weiß jemand, wo's da langgeht? Wie weit ist es noch? Bin ich bald da?

Mein heimlicher Traum ist es, in einem Blockhaus in Kanada an einem See weit weg von der Zivilisation zu leben und jeden Tag im Flanellhemd mit Trucker-Cap auf dem Kopf mein Feuerholz souverän selbst zu hacken, nachdem ich meinen eigenhändig gebauten Privat-Trail gefahren bin.

SERVUS, ICH BIN DIE KATHARINA!

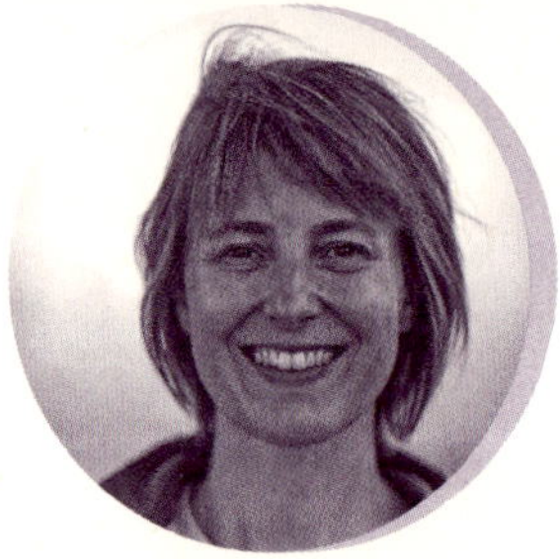

Wenn ich ehrlich bin, war meine Liebe zu den Bergen keine Liebe auf den ersten Blick. Ich bin zwar in der Nähe von Ulm aufgewachsen, also gar nicht so weit vom Allgäu entfernt, aber meine Eltern waren begeisterte Skifahrer und keine Wanderer. Die Bergtouren meiner Kindheit kann ich an einer Hand abzählen. Erst gegen Ende der Schulzeit bin ich durch eine Freundin plötzlich mehr in die Berge gekommen. Mit ihr war ich im Sommer nach dem Abitur für zwei Wochen in Südtirol – wo wir so viele Klettersteige wie möglich machen wollten. Mir hat das damals eine völlig neue Welt eröffnet. Tagsüber unternahmen wir lange Touren durch die beeindruckenden Felslandschaften der Dolomiten. Und nachts pennten wir völlig geschafft auf den Vordersitzen im Auto oder draußen auf der Isomatte unterm Sternenhimmel. Am nächsten Morgen ging es direkt weiter zum Ausgangspunkt der nächsten Tour, während im Kassettendeck unseres Autos die feinsten Mixtapes liefen.

Heute könnte ich mir ein Leben ohne die Berge nicht mehr vorstellen. Egal, wie mies ich geschlafen habe, wie früh ich aus den Federn muss – wenn ich auf einer Skitour die ersten Spuren im weißen, unberührten Schnee ziehen darf und dann (vielleicht sogar bei Sonnenschein) im fluffigsten Pulver die Hänge runtersurfen kann – da fühle ich pures Glück.

Nirgends komme ich besser runter, kann ich mich besser erden als in den Bergen. Und ich kann es kaum erwarten, meinem kleinen Sohn diese Welt zu zeigen.

Meine Lieblingsdisziplinen sind definitiv Ski(hoch)touren, weil: siehe oben. Außerdem Bergsteigen – und zwar möglichst lange Bergtouren mit vielen Höhenmetern.

Mein Level schwankt massiv. Vor der Schwangerschaft war ich total fit. Für eine Tour mit nur 600 Höhenmetern wäre ich erst gar nicht aufgestanden. Nur bis zur Hütte wandern? Haha, no way! Doch gerade ist das meine Bergrealität.

Meine größte Herausforderung ist es, im Moment überhaupt in die Berge zu kommen. Zwischen Umzug, meiner Arbeit als Journalistin und Kita-Eingewöhnung bin ich manchmal einfach zu müde, um an einem freien Tag in die Berge zu fahren.

Mein nächstes Ziel ist eine Hüttenübernachtung mit meinem Freund und unserem gut eineinhalb Jahre alten Sohn. Ich liebe es, nach einem Bergtag oben zu bleiben und nach der vielen frischen Luft abends selig ins Hüttenbett zu fallen. Jetzt möchte ich das mit meinem Sohn erleben.

Mein heimlicher Traum ist, eines Tages auf einem richtig hohen Berg zu stehen. Einem 6000er vielleicht, und dann irgendwann auf einem 7000er. Am liebsten in den Anden. Oder im Himalaja. Oder in Kirgistan.

ANFANGEN

DAS ENTDECKEN DER BERGE

Die Berge sind facettenreich! Das ist auch einer der Gründe, warum wir Bergfreundinnen sie so lieben. Denn egal, wo wir unterwegs sind – ob in Deutschland, Österreich oder in der Schweiz, ob in anderen Ländern Europas oder Asiens –, überall gibt es Berge. Und Menschen, mit denen wir durch unsere Bergliebe verbunden sind. Wir können in den Bergen wandern, auf sie draufklettern, über sie mit dem Gleitschirm fliegen und auf unserem Weg junge, alte, zweiradverliebte oder laufverrückte Menschen treffen. Wir alle können dort das Hobby finden, das Freude macht und uns eine kleine Auszeit vom Alltag bietet. Die Vielfalt ist riesig und macht immer wieder Lust auf Neues. Oder träumst du nicht davon, mal wieder eine neue Bergsportart auszuprobieren? Vielleicht startest du gerade auch komplett neu in die Berge.

Deshalb möchten wir unser erstes Kapitel in diesem Buch auch dem Anfangen widmen und dir damit dein ganz persönliches Entdecken der Berge leichter machen. Kaddi schildert die inspirierende Geschichte von der Kletterin Jacqueline Fritz, die über ihren Neuanfang in den Bergen nach der Amputation ihres rechten Beines berichtet. Und mit dem kleinen Abc des Anfangens erklärt dir Katharina die wichtigsten Berg-Basics kurz und knapp. Aber zuerst nimmt dich Bergfreundin Toni mit in ein für sie unbekanntes Terrain: Mountainbike-Trails. Die Lust des Neuanfangens hat sie gepackt – mit dem ambitionierten Ziel, in nur zwei Wochen ein neues Berghobby für sich zu entdecken. Und sie hätte nie im Leben damit gerechnet, dass ein Neubeginn so schrecklich anstrengend und schrecklich schön zugleich sein kann.

Tränen, Verzweiflung, Glücksgefühle – Toni lernt Mountainbiken

von Antonia Schlosser

Das erste Mal im Sattel Richtung Gipfel strampeln. Das erste Mal mit pochendem Herzen und freudiger Aufregung in einen richtigen Natur-Trail fahren. Das erste Mal jede Wurzel und jeden Stein durch die Reifen im eigenen Körper und den Fahrtwind im Gesicht spüren. Davon träume ich schon lange. Ich, Toni, will Mountainbiken lernen. Was für eine absurde Gefühlsachterbahn voller Tränen, Ängste und Glücksmomente mein Plan für mich wird, ahne ich noch nicht, als ich auf meinem kleinen grauen Ecksofa sitze und ungeduldig auf die Uhr schiele. »Sonst war er doch jetzt auch schon da!«, murmele ich genervt. Er, das ist der Mann, der mich das erste Stückchen näher an meinen Neuanfang bringt: der DHL-Bote, der mir hoffentlich bald mein Leihmountainbike liefert.

Ich fahre gerne Rad. Richtig bewusst wurde mir das aber erst im Studium, als ich durch meinen Umzug nach Bamberg nicht mehr das Auto der Eltern nutzen konnte. Ich komme aus einer kleineren Stadt im Allgäu. Alle meine Freundinnen und Freunde dort lebten auf dem Land. Die Öffi-Anbindung ist eine Katastrophe. Für mich war es deshalb von meiner Volljährigkeit an normal, ins Auto zu springen und loszufahren. Das hat sich geändert: Denn in meinem jetzigen Zuhause, München, ist das Rad oft die schnellste und flexibelste Möglichkeit, um von A nach B zu kommen. In meiner Hochphase bin ich täglich bis zu dreißig Kilometer mit meinem achtgängigen Stadtrad durch die bayerische Landeshauptstadt geradelt. Ich bin fit. Und ich glaub, ich mag Neuanfänge.

Aber warum eigentlich? Genau diese Frage stellt mir meine gute Freundin Anna in einem Gespräch wenige Tage vor meinem Selbstversuch. Und ich stocke. So richtig kann ich ihr das nicht beantworten. »Es ist mehr so ein Gefühl«, überlege ich laut. »Ich will mal wieder raus aus meiner Komfortzone. Mich ein bisschen selbst testen, ob ich so eine komplett neue Sportart noch lernen kann.« Anna nickt und bringt mein Gefühl dann auf den Punkt: »Ich glaub, du weißt einfach, dass du auf jeden Fall was lernen wirst. Wenn man von null startet, dann geht's halt nicht zurück, sondern immer nach vorne. Neuanfänge sind immer ein Plus – ein Gewinn in jeder Hinsicht.« Wenn Anna so darüber spricht, bekomme ich direkt Bock, loszulegen.

Bei Neuanfängen geht man aber auch ein Risiko ein.

Ich habe schon Jahre, vielleicht sogar Jahrzehnte, keine neue Sportart mehr angefangen. Ich gehe wandern, joggen, habe einen Hund, mit dem ich jeden Tag mehrere Kilometer laufe – all das sind Dinge, die mich mental und technisch nicht wirklich fordern. Ehrlicherweise habe ich überhaupt keine Ahnung, wie ich mich anstelle, wenn ich nicht nur mein Lungenvolumen, sondern auch meinen Kopf und meine Nervenstärke brauche. Zu meiner Vorfreude gesellt sich plötzlich ein unangenehmes Gefühl: die ersten Zweifel. Und als ich mich von Anna verabschiede, kreisen meine Gedanken nur noch um die Frage: Hab ich mir vielleicht zu viel vorgenommen?

Mein Plan ist es, schon in zwei Wochen meinen ersten richtigen Natur-Trail zu fahren. Ein Ziel, das ich mir ganz bewusst gesetzt und überall herumerzählt habe. Weil ich mich kenne und weiß, dass ich mich gerne mal in faulen Ausreden verliere. Und weil ich nicht möchte, dass das alles ein riesiger peinlicher Reinfall wird, brauch ich einen Joker: meine Bergfreundin Kaddi, die selbst seit vielen Jahren Mountainbike fährt. Sie kennt mich gut. Und mit ihr an meiner Seite fühle ich mich sicher.

Neuanfänge sind leichter, wenn jemand dabei ist, dem man vertraut.

Von ihr bekomme ich direkt einen wichtigen Tipp: »Mach auf jeden Fall ein Fahrtechniktraining! Und am besten bleibst du gleich ein ganzes Wochenende in einem Bikepark, damit du ein bisschen fährst und dich ausprobieren kannst.« Gesagt, getan. Ich habe mir ein Wochenende Fahrtraining im Bikepark Geisskopf im Bayerischen Wald gebucht, bei dem ich die Basics lernen möchte. Kaddi wird mitkommen. Meine Mountainbike-Lehrerin ist aber die Fahrtechniktrainerin und Sportwissenschaftlerin Claudia Wolf. Sie hat zusammen mit ihrem Partner Roman »Bucketride« gegründet, ein Mountainbike-Reiseunternehmen, das auch mehrtägige Bike-Camps mit Fahrtechniktraining anbietet – für Fortgeschrittene, aber auch absolute Newbies wie mich.

Neuanfänge sind einfacher, wenn ein Profi dabei ist, der dir von Anfang an zeigt, wie es richtig geht.

Ich glaube, das kann man pauschal sagen – egal, ob beim Klettern, Langlaufen oder eben Mountainbiken.

Ich fühle mich bereit. Der DHL-Mann hat bei mir, nachdem ich zwei Tage ungeduldig auf ihn gewartet habe, endlich geklingelt. Ich habe mein Bike, eine Fahrtrainerin – und Kaddi als meinen mentalen Support. Von ihr habe ich mir auch Ellbogen- sowie Knieschoner geliehen, und als Helm tut es erst einmal der, den ich eh fürs Radeln in der Stadt nehme. Auch die Zweifel in meinem Kopf sind durch meine Vorbereitungen leiser geworden. Eigentlich kann jetzt nichts mehr schiefgehen. Denke ich.

Nur ein paar Tage bevor ich mit Kaddi zum Bike-Camp aufbrechen möchte, bekomme ich von ihr eine Sprachnachricht, die meinen ganzen Plan durcheinanderbringt: »Hey, Toni, mir ist heute was ziemlich Dummes passiert. Ich bin beim Mountainbiken richtig blöd gestürzt. Eigentlich will ich dir das auch gar nicht erzählen, weil ich nicht möchte, dass du Angst bekommst.« Ich registriere den Ernst in ihrer Stimme, der mir sofort klarmacht, dass sie sich beim Sturz nicht nur ein Knie aufgeschürft hat. Ich kenne Kaddi, und das hört sich nach etwas Schlimmerem an. Und sie kennt mich, denn ich bekomme natürlich direkt Angst.

Am nächsten Tag treffen wir uns. Ihr rechtes Auge ist dick geschwollen und lila-blau umrandet. Es sieht aus, als hätte sich in ihrem Gesicht eine kleine Galaxie gebildet, in der ihre braune Iris als einziger Planet kreist. Ich konzentriere mich auf meine Mimik, damit mir bei unserer Begrüßung nicht vor Entsetzen mein komplettes Gesicht entgleist. Nach einer vorsichtigen Umarmung frage ich sie, was passiert ist. Kaddi ist auf einem Trail über den Lenker von ihrem Mountainbike gestürzt, auf dem Gesicht aufgekommen und hat sich dabei einen Teil vom Oberkiefer und die Augenhöhle gebrochen. Sie grinst, als sie mir vom genauen Unfallhergang erzählt. Mir dagegen ist nicht zum Lächeln zumute. Wie konnte ich bis jetzt ausblenden, dass Mountainbiken eine Risikosportart ist? Eigentlich ist mir schon klar, was Kaddis Unfall jetzt für unser gemeinsames Wochenende im Bikepark bedeutet. Trotzdem frage ich mit heimlicher Hoffnung noch mal nach. Und fühle mich direkt unsensibel und doof. »Ich darf laut Arzt gerade eigentlich nur nicht schnäuzen, ansonsten alles«, antwortet sie mir. »Aber ich will jetzt trotzdem erst mal nicht mountainbiken, weil ein weiterer Sturz in diesem Zustand echt blöd wäre. Wie es in zwei Wochen aussieht, wenn wir den Trail fahren wollen, kann ich dir noch nicht sagen. Aber zum Fahrtraining würde ich nicht mitkommen. Außer, dir ist es total wichtig?« Ich schüttele den Kopf. »Nein, nein, alles gut. Ich schaff das schon alleine.« Wir beide wissen, dass ich lüge.

Denn natürlich wäre es mir lieber, wenn Kaddi dabei wäre – auch wenn ich zu hundert Prozent verstehe, warum das in ihrem Zustand absoluter Quatsch ist. Ich hätte mit ihr einen Buddy gehabt, der mir inmitten dieser fremden Mountainbike-Welt Sicherheit gegeben hätte. Denn ich bin die einzige blutige Anfängerin unter den Teilnehmerinnen und Teilnehmern des Bike-Camps. Und obwohl es zu meinem Job als Journalistin gehört, immer wieder auf neue Menschen zuzugehen, ist das auch für mich eine Herausforderung. Was, wenn ich völlig untalentiert bin? Und damit die ganze Gruppe aufhalte? Oder auch so schlimm wie Kaddi stürze? Die Zweifel in meinem Kopf werden wieder lauter.

Neuanfänge finden außerhalb der Komfortzone statt.

Das beklemmende Gefühl, dass mein Neuanfang auch richtig unangenehm und gefährlich werden kann, werde ich gerade nicht mehr los. Und es wird mich im Bikepark Geisskopf noch mal eiskalt erwischen.

Dort treffe ich meine Mountainbike-Lehrerin Claudia an einem frühen Freitagnachmittag. Es ist ein sehr schöner Herbsttag im Bayerischen Wald. Die Sonne scheint, und auf dem Kies liegen überall gelbe, rote und braune Blätter. Auf der obersten Parkplatzebene ist ein kleiner Bereich für unsere Gruppe reserviert, damit wir dort unsere Campingbusse zusammenstellen können. Schon jetzt ist es dort gut gefüllt. Sieht so aus, als wären wir nicht die Einzigen, die das sonnige Herbstwochenende noch mal komplett auskosten wollen. Claudia trägt schon eine Mountainbikehose und hat ihre langen braunen Haare zu einem dicken Zopf geflochten. Sie ist zierlich und einen guten Kopf kleiner als ich. Herzlich begrüßt sie mich, lacht viel, und ich fühle mich in ihrer Anwesenheit sofort wohl. »Zieh dich gerne direkt um, Toni. Dann gehen wir zu einem ruhigeren Bereich auf dem Parkplatz und machen die ersten Grund- und Bremsübungen.«

Ich durfte extra ein paar Stunden früher als die anderen Teilnehmenden kommen, damit mir Claudia noch die wichtigsten Basics beibringen kann und ich zumindest ein bisschen mit der Gruppe mitfahren kann. Ich beeile mich mit dem Umziehen, um möglichst viel dieser wertvollen Bonuszeit nutzen zu können. Nur wenige Minuten nach meiner Ankunft bin ich bereit – in meiner kurzen blauen Bikehose, den geliehenen Knieschonern und meinem hellgrauen Radhelm auf dem Kopf. Claudia und ich steigen auf unsere Mountainbikes und rollen langsam in Richtung Übungsplatz. Die leichte Fahrt bergab fühlt sich gut an, viel sanfter als auf meinem Stadtrad. Die breiten Reifen und die weiche Federung verzeihen dem Boden gütig jede Unebenheit. »Sei bitte immer ehrlich, wenn dir gleich etwas zu schnell geht oder du vor irgendeiner Übung Angst hast«, sagt Claudia neben mir. »Wir finden immer eine Alternative. Es geht bei unseren Übungen nicht darum, dass du in irgendwas sofort richtig gut bist. Du sollst erst mal ein Gefühl für das Rad bekommen. Wir wollen dich in einer sauberen Position auf die Pedale stellen, damit du möglichst sicher bergab fahren kannst.« Ehrgeiz und neuer Mut kitzeln mich bei Claudias Worten. Bergab fahren möchte ich an diesem Wochenende unbedingt. Und das natürlich am besten sicher.

Am Übungsplatz angekommen, geht es für mich direkt los mit Lektion eins: »Die Grundposition ist beim Mountainbiken die zentrale Position auf dem Rad. Sie ist die Basis, damit du später auch alle möglichen Manöver, wie zum Beispiel Kurven oder über Wurzeln, fahren kannst«, erklärt mir Claudia. Dann fährt sie mir die Haltung vor, und ich fahre ihr über den ebenen Platz hinterher. Der Hydrauliksattel meines Mountainbikes ist dabei runtergefahren. Ich stehe mittig auf meinen waagerechten und parallel gestellten Pedalen. Ich versuche, meine Arme und Beine ganz locker durchzustrecken und den Lenker dabei nicht mit meinem Körpergewicht zu belasten. Mein Kopf schaut nach vorne, während meine Hüfte leicht nach hinten wandern muss, damit mein Rücken schön gerade bleibt. »Das muss ein bisschen so aussehen, als würdest du einen leichten Entenarsch machen!«, ruft Claudia über den Platz. Wir lachen, und ich merke, wie meine Aufregung langsam verschwindet und ich entspannter werde.

Ich finde Claudia sympathisch, und den »Entenarsch« hab ich schon nach ein paar Runden drauf. Wir können direkt zur zweiten Lektion übergehen: dem Trail-Modus. Das ist die Position, die ich auf meinem Mountainbike einnehmen muss, wenn ich bergab über Stock, Stein, Wurzeln und Stufen fahre. Claudia lässt mich absteigen. »Stell dir vor, es wird steiler und der Untergrund unter deinen Reifen ändert sich. Du bekommst vielleicht sogar ein bisschen Angst. In so einer Situation musst du deinen Körperschwerpunkt absenken. Denn dadurch bist du näher am Boden und hast bessere Kontrolle und mehr Körperspannung. Und wenn du dabei noch deine Ellbogen beugst, dann hast du den ganzen Weg in deinen Armen, um jedes Hindernis auszugleichen.« Während sie mir das erklärt, macht sie stehend neben ihrem Mountainbike die Körperbewegungen vor. Sie hat den Lenker in ihren Händen und winkelt ihre Arme immer wieder an, bevor sie sie erneut streckt. »Klingt logisch«, antworte ich und frage mich leise, ob ich mich seit meinem Sport-Abitur jemals wieder so theoretisch mit einer Sportart auseinandergesetzt habe.

Es geht wieder zurück aufs Rad. Claudia fährt vor, und ich folge ihr. Ich bemühe mich, ihre Körperhaltung nachzuahmen, und achte darauf, meinen Körperschwerpunkt zu senken. Sie ruft zu mir nach hinten: »Schwere Beine, lockere Hände!« Haltung, Pedalstellung, Beinstreckung, Po – ich komme fast nicht mehr mit. Es fällt mir schwer, Claudias Anweisungen umzusetzen und gleichzeitig die Balance zu halten. Mein Kopf musste beim Sport schon lange nicht mehr so mitarbeiten, und ich stelle bereits an diesem Punkt meines sehr frischen Mountainbikerinnenlebens fest:

Neuanfänge können ganz schön fordernd sein.

Vor allem, wenn man sie direkt mit den richtigen Bewegungsabläufen angehen möchte und nicht einfach drauflosmacht. Ich bin frustriert. Irgendwie hatte ich gedacht, dass mein Neuanfang einfacher und vor allem schneller geht. Dass ich eigentlich schon heute erste Abschnitte eines richtigen Bikepark-Trails fahren kann.

Geduld war noch nie meine Stärke, aber genau die brauche ich jetzt. »Was kann ich denn eigentlich für Fortschritte machen?«, frage ich Claudia, als ich nach der fünften Runde Trail-Modus auf sie zupedaliere. »Ich lerne jetzt ja nur die Grundhaltungen, die ich nach zwei Stunden so semigut draufhabe. Und ehrlicherweise habe ich gerade das Gefühl, dass ich mit diesem Lerntempo das ganze Wochenende nur auf dem Parkplatz fahren kann.« Claudia lacht und sagt dann die Worte, auf die ich still und heimlich gehofft habe: »Also, wir werden heute auf jeden Fall noch den Flowtrail fahren.«

Es ist später Nachmittag, kurz nach 17 Uhr. In einer Stunde kommen die anderen Campteilnehmer an. Claudia, ihr Partner Roman und ich sind, bevor der Lift des Bikeparks schließt, noch einmal hochgefahren. Außer uns ist niemand mehr im Gelände unterwegs. Und da stehen wir nun am Start des Flowtrails. Darauf gibt es keinerlei Hindernisse, keine Unebenheiten, und der Untergrund besteht aus einfachem Sand, auf dem die Reifen nicht wegrutschen können. Eigentlich muss man das Mountainbike nur laufen lassen, in den richtigen Momenten bremsen und die Balance in den Kurven halten. »Es gibt leichte Bodenwellen. Wenn du da in den Trail-Modus gehst, schön locker in den Armen und schwer in deinen Beinen bleibst, rollen wir total leicht darüber«, erklärt mir Claudia. »Versuch, die Wellen in deinen Körper aufzunehmen. Du musst keine Angst haben. Ich fahre hinter dir und gebe dir immer wieder Feedback.« Ich habe keine Angst. Ich bin wach, voll da, aufgeregt und hab richtig Bock auf mein erstes Mal Flowtrail.

Wir starten und fahren im Dreiergespann durch die breiten Kurven der Sandpiste nach unten. Roman fährt vor, ich bin in der Mitte und Claudia hinten. Es ist zwar nicht steil, aber für mich ein neues Gefühl. Ich verkrampfe und kralle mich am Lenker fest, obwohl wir im absoluten Schneckentempo fahren. Claudias Anweisungen, die sie mir zuruft, lösen meine Anspannung ein wenig. Ich denke fest an: »Schwere Beine, lockere Hände!« Mit jeder Kurve werde ich entspannter, versuche die Bodenwellen in mich und mein Mountainbike aufzunehmen – genauso, wie es mir Claudia gesagt hat. Und schneller als gedacht kommen wir nach zweieinhalb Kilometern am Ende des Flowtrails an. »Geschafft!«, schreit Claudia von hinten. Ich grinse über beide Ohren. Meine Glieder tun etwas weh, als ich aus den Pedalen auf den Boden steige. Ich bin megastolz auf mich, dass ich heil unten angekommen bin, auch wenn der Flowtrail nur der Anfänger-Trail ist. Auf dem Weg zurück zu unseren Campern geht mir wieder das Gespräch mit Anna durch den Kopf.

Neuanfänge sind ein Gewinn. Und ich habe heute auf jeden Fall gewonnen.

Der nächste Morgen bricht an. Die Nacht war gut, ich bin in meinem Van-Bett erschöpft von den ganzen Eindrücken direkt eingeschlafen. Vor dem Zubettgehen sind nach und nach alle anderen Teilnehmerinnen und Teilnehmer des Bike-Camps an unserem kleinen Parkplatzlager angekommen. Entgegen meinen Erwartungen sind wir eine total durchmischte Gruppe. Zum Beispiel zwei Frauen in meinem Alter, die selbst noch nicht so viel gefahren sind und über das Wochenende an ihrer Technik feilen wollen. Oder zwei Männer aus Mitteldeutschland, die schon länger auf dem Mountainbike unterwegs sind und sich vor allem auf die schwierigen Trails freuen, die der Bikepark im Angebot hat. Ganz unabhängig von ihrem Level haben mich alle herzlich in ihre Runde aufgenommen und sich mit mir gefreut, dass ich ab jetzt auch eine von ihnen sein möchte. Ich fühle mich ein bisschen weniger allein. Denn jeder hat mal mit dem Mountainbiken neu angefangen.

Wir starten nach einem gemeinsamen Frühstück direkt in den Bikepark. Es ist der letzte Samstag des Jahres, bevor der Park zur Winterpause schließt. Und es ist die Hölle los. Das komplette Gegenteil zum Vorabend, an dem wir den Flowtrail ganz für uns hatten. Das Gewusel um mich herum schüchtert mich ein und setzt mich bereits an der Liftstation unter Druck. Es fühlt sich nicht gut an, zu wissen, dass ich heute ein paar Hundert Beobachter mehr haben werde.

Neuanfänge können unangenehm sein.

Ich denke an mein Schneckentempo. Das wird andere Menschen aufhalten, die heute eigentlich einen der letzten Tage der Saison genießen wollen. Claudia bemerkt meine Unruhe und bestärkt mich: »Lass dich auf keinen Fall stressen! Konzentrier dich auf dem Trail nur auf dich.« Doch natürlich schaffe ich das nicht.

Unsere erste Abfahrt ist wieder der Flowtrail, damit sich alle ein bisschen aufwärmen können. Ich versuche mich zu konzentrieren, doch bereits wenige Meter nach der Einfahrt in den Trail höre ich Mountainbiker von hinten auf mich zuschießen. Da der Trail so leicht zu fahren ist, ist er auch bei fortgeschrittenen Fahrerinnen und Fahrern beliebt, um möglichst schnell durchzusausen. Heute leider nur bis zu mir. Ich höre dicht hinter mir immer wieder scharfes Abbremsen. Vielleicht kennt ihr das Gefühl, wenn ihr in einer kleinen Straße einen Parkplatz sucht und hinter euch jemand drängelt. Ihr werdet nervös, fühlt euch unter Druck gesetzt, brecht die Parkplatzsuche vielleicht sogar ab. Dieses Gefühl mal 100 durchströmt gerade meinen ganzen Körper. Und meine Sorge, dass das heute kein guter Tag für mich im Bikepark wird.

Und sie trügt mich nicht. Denn kurz vor Mittag passiert es: Wir fahren zum zweiten Mal als Gruppe den Flowtrail. Ich bin ganz hinten, konzentriere mich darauf, meiner Vorderfrau hinterherzukommen. Schwere Beine, lockere Hände. Auf einmal stehen Menschen am Rand der Sandpiste, winken und rufen uns zu, dass wir langsam fahren sollen. Wir bremsen ab, rollen um die nächste Kurve. Und dann sehe ich sie: Eine Frau mittleren Alters liegt neben dem Trail zwischen zwei Bäumen, neben ihr steht eine jüngere

Frau, vermutlich ihre Tochter. Ich kann Blut an ihrem Kopf erkennen. Ich wende sofort erschrocken meinen Blick wieder ab, um nicht selber aus dem Trail zu fliegen. Roman bleibt stehen, steigt von seinem Mountainbike und läuft mit anderen zu der Gestürzten. Die Ersthelfer alarmieren die Bergrettung und kümmern sich um die Frau. Der Rest der Gruppe, zu dem auch ich gehöre, fährt weiter, damit wir den Trail nicht verstopfen. Mit zittrigen Knien steige ich auf mein Mountainbike und merke beim Losrollen, wie sich ein Kloß in meinem Hals bildet. Während wir die Unfallstelle hinter uns lassen, höre ich die Tochter der Gestürzten laut »Mama, Mama!« rufen. Ich fange an zu heulen.

Bei Neuanfängen kann man tief fallen.

Und ich bin gerade ganz unten angekommen. Die vielen Menschen, der Druck, den ich mir selbst mache, und der *reminder*, dass beim Mountainbiken echt was passieren kann. Mir ist das alles zu viel.

Beim Mittagessen im Bikepark erzählt Roman, was passiert ist. Die Frau ist vom Trail abgekommen und gestürzt. Sie hat eine kleine Platzwunde, die stark geblutet hat, aber nicht weiter gefährlich ist. Allerdings kann sie kein Blut sehen und ist deshalb immer wieder bewusstlos geworden. Ihre Tochter hat durch ihre Rufe versucht, sie bei Bewusstsein zu halten. Die ganze Szene wirkte dramatischer, als sie tatsächlich war. Ich sitze auf meinem Stuhl und stochere schweigend in einer Portion Pommes herum, lausche den Gesprächen der anderen und schäme mich fast für meinen Gefühlsausbruch.

Ich weiß selbst nicht genau, warum das alles meine Tränen zum Laufen gebracht hat. Normalerweise gelte ich in meinem Freundeskreis als tough. Und wenn ich beim Skifahren bin, sehe ich in den großen Gebieten auch mehrmals am Tag den Heli fliegen und fange deswegen nicht gleich an zu weinen. Habe ich mir vielleicht doch zu schnell zu viel zugemutet? Kann ich mit diesem Risiko wirklich umgehen? Und wie soll ich in diesem Zustand bitte in ein paar Tagen bereit sein, einen richtigen Trail mit Steinen und Wurzeln runterzufahren? Gerade bin ich so verkrampft, dass ich am liebsten Kaddi anrufen und den ganzen Plan abblasen würde.

Es ist fast schon paradox – denn aus meinem Loch holt mich tatsächlich das heraus, was mir vor ein paar Tagen noch Sorgen gemacht hat: die anderen Bike-Camp-Teilnehmerinnen und Teilnehmer. Alle, inklusive Claudia und Roman, zeigen Verständnis für meinen Durchhänger und motivieren mich, am späten Nachmittag, kurz nach Schließen des Parks, noch einmal mit ein paar von ihnen über den Forstweg hochzutreten. Wir powern unsere Oberschenkel auf dem breiten Kiesweg noch einmal richtig aus. Neben unserem angestrengten Schnaufen unterhalten wir uns. Die anderen erzählen mir von ihren Neuanfängen auf dem Mountainbike. Ich fühle mich wohl, irgendwie dazugehörig, und merke, wie ich mich mit jedem Tritt in die Pedale mehr und mehr entspanne und mein Ehrgeiz zurückkommt. Und mit genau diesem Gefühl startet unsere kleine Gruppe dann in den menschenleeren Flowtrail. Ich sause auf zwei Rädern durch die sandigen Kurven und fühl mich wie in der Achterbahn. Der Fahrtwind treibt mir die Tränen in die Augen, weil ich meine Sonnenbrille im Van vergessen habe. Aber das ist mir egal. Ich lege mich in die Kurven, nehme die Bodenwellen in mich auf. Schwere Beine, leichte Hände. Mir entweicht ein glückliches »Hui!«, gefolgt von einem leichten Kribbeln im Bauch. Dieser Moment ist für mich DER Beweis:

Bei Neuanfängen darf man nicht sofort aufgeben!

Denn nach einem Tief kommt auch wieder ein Hoch. Ich fühl mich großartig, auf meinen Pedalen sicher und bin bereit für meine Tour mit Kaddi.

*

Zwei Wochen sind seit meinem Wochenende im Bikepark vergangen. Kaddi und ich stehen an einem Wanderparkplatz an der Kampenwand. Über die Webcam haben wir gesehen, dass oben bereits der erste Schnee gefallen ist. Ich mache mir Sorgen, dass das ein Problem werden könnte. Aber Kaddi ist zuversichtlich, dass der Trail unterhalb der Schneegrenze liegt. Wir wollen heute den Reitweg fahren, einen Natur-Trail, den man offiziell befahren darf. Und den Kaddi ohne Probleme draufhat. Nach ihrem Unfall fühlt sie sich wieder fit, möchte aber trotzdem lieber auf Nummer sicher gehen und nichts riskieren. Und mir ist das ehrlicherweise ganz recht. Denn bevor wir den Trail über Wurzeln, Steine und Geröll hinunterfahren können, müssen wir erst noch 800 Höhenmeter auf einem sehr steilen Forstweg hochtreten.

Der Himmel ist bewölkt, aber das Wetter stabil. Was allerdings nach wenigen Hundert Metern nicht mehr stabil ist, ist mein Atem. Mein Herz schlägt mir bis zum Hals, und ich kann fast nicht glauben, wie anstrengend das Hochtreten ist. Mein Mountainbike fühlt sich auf einmal hundert Kilo schwerer an. Ich japse in Richtung Kaddi: »Jetzt hab ich noch mal größeren Respekt vor allen, die sich das hier ohne E-Antrieb geben.« Und bereue sofort diese Verschwendung meiner knappen Luft. Höhenmeter für Höhenmeter quäle ich mich hinter Kaddi die steile Teerstraße weiter hoch. Das kann doch echt nicht wahr sein, fluche ich in Gedanken. Ich dachte immer, dass ich 'ne super Kondition habe! Aber gerade würde ich am liebsten meine Lungen auskotzen, mich an den Wegrand legen und schlafen, während sich meine Begleitung mit eisernen und konsequenten Tritten weiter nach oben kämpft. Dass ich so schlappmache, hätte ich wirklich nicht gedacht.

Aber Neuanfänge sind wohl auch überraschend.

Doch meine Mühen sind Gott sei Dank nicht umsonst. Wir fahren aus einem kleinen Waldstück in eine Kurve. Ich hebe meinen Blick und sehe sie endlich: die schneebedeckte Kampenwand! Vor lauter Glück stoße ich einen kleinen, kurzen Jubelschrei aus. Kaddi lacht und ruft nach hinten: »Jetzt ist die Toni glücklich und hat ein sehr rotes Gesicht.« Nur hundert Meter zuvor hatte ich schon mit dem Gedanken gespielt, abzubrechen und durch den Wald zurückzufahren. Aber jetzt bin ich endlich da, wo ich mit meinem Neuanfang hinwollte: in den Bergen mit meinem Mountainbike. Der Blick auf den frisch beschneiten Gipfel belebt mich. Ich will noch weiter hoch. Und deshalb treten wir weiter, Höhenmeter für Höhenmeter, immer weiter Richtung Schneefallgrenze und dem Ausblick auf den Chiemsee entgegen. Mein Gesicht wird mit jedem Tritt röter, aber es ist mir egal. Kaddi wirkt besorgt: »Sollen wir wirklich noch um die Ecke? Wir können auch von hier runterfahren. Du siehst schon aus wie ein kleiner Babypfirsich.« Ich schüttele verbissen den Kopf. Und nur ein paar Pedaltritte und Kurven weiter ist er endlich da: der Blick von oben auf den See. Die müden Beine, die brennenden Lungen und das rote Gesicht habe ich spätestens hier vergessen. Der Babypfirsich hat's hochgeschafft! Ich bin stolz wie Bolle.

Bei Neuanfängen wächst man über sich hinaus. Und das fühlt sich richtig gut an.

Aber eigentlich bin ich ja für etwas anderes hier: meine erste Abfahrt auf einem richtigen Natur-Trail. Kaddi und ich beeilen uns, machen keine Pause. Denn der Nachmittag neigt sich langsam dem Ende zu. Und wir wollen nicht in die schlagartig einsetzende Dunkelheit des Herbstes geraten. »Ich fahre jetzt langsam voraus. Wenn was ist, schreist du, gell?«, ruft Kaddi mir zu und schwingt sich in den Sattel ihres Mountainbikes. Ich will direkt hinterher, merke aber, dass ich auf dem steinigen Untergrund nicht so schnell wie sie meine Balance finden kann. Ich verkrampfe mich sofort, komme kaum hoch aus meinem Sattel, finde einfach nicht in den Trail-Modus. Und rutsche auf einem nassen Stein mit dem Hinterreifen weg. »Scheiße!«, platzt es laut aus mir heraus. Kaddi bremst vorne scharf ab und dreht sich zu mir um. Okay, noch einmal konzentrieren auf das, was mir Claudia beigebracht hat: Körperschwerpunkt absenken, Kinn Richtung Lenker. Schwere Beine, leichte Hände. Ich finde auf den Pedalen meine Balance und bin endlich drin im Trail-Modus. Der Lenker bebt unter meinen Händen. Ich spüre in meinem Körper jeden Stein und jede Wurzel, über die mein Mountainbike rollt. Und kann es kaum glauben, mit welcher Leichtigkeit ich auf einmal über all diese Hindernisse gleite. Es läuft. Kaddi und ich sausen auf dem menschenleeren Trail immer weiter hinab Richtung Aschau. Ich fahre ihrer Spur hinterher und bekomme mit jedem Meter, den wir den nassen Pfad hinunterrollen, mehr Mut und Vertrauen in mein Können und mein Bike.

An einer Stelle, wo sich der Trail teilt, halten wir. »Wir können noch ein kleines Stückchen hier fahren. Allerdings kommt dann eine etwas schwierigere Stelle. Alternativ können wir ab hier auch den einfachen Schotterweg fahren«, erklärt mir Kaddi. Und da ist er wieder, der Ehrgeiz, der mich schon damals auf dem Übungsplatz mit Claudia gekitzelt hat. »Nein, ich will das jetzt versuchen. Ich will auf dem Trail bleiben!« Wir rollen wieder los. Nach ein paar Hundert Metern höre ich schon die Kuhglocken aus dem Dorf. Das Trail-Ende kann nicht mehr weit sein. Und wir halten an der besagten schwierigen Stelle. Ich muss schlucken.

Vor mir geht es in eine steile Linkskurve, die quasi nur aus nassen Wurzeln besteht. Doch mein gutes Gefühl pusht mich. Ich fahre los, versuche es, drücke im falschen Moment die Hinterbremse komplett durch und rutsche mit voller Geschwindigkeit in einen Busch. Kaddi ist sofort bei mir, um mir aufzuhelfen. Sie ist nur wenige Meter vor mir abgestiegen, um mich durch die Stelle zu coachen. »Du hast deine Fahrlinie nicht so schlau gewählt«, erklärt sie mir, während sie mir ein paar Blätter aus den Haaren pflückt.

»Im Idealfall fährst du ganz links an den Wurzeln vorbei. Das ist dann ein bisschen gecheatet. Oder du fährst direkt drauf. Da brauchst du aber richtig Schwung, sonst bleibst du hängen. Und auf die Längswurzel hier solltest du auf keinen Fall kommen. Da rutschst du sofort weg.« Cheaten oder wegrutschen riskieren? So richtig toll klingt für mich gerade keine Alternative, als ich mein Mountainbike wieder ein Stück nach oben schiebe, um die Stelle noch einmal zu versuchen. Ich drehe mich um und fixiere die Wurzeln. Kaddi steht wieder ein Stück unterhalb der Stelle neben dem Trail und blickt mich erwartungsvoll an. »Ich will nicht cheaten, sondern das schaffen!«, schießt es mir durch den Kopf. Und im nächsten Moment rollt mein Mountainbike schon los. Ich gehe tief in den Trail-Modus, vertraue auf Kaddis Erklärung, Claudias Training, mein Bike und auf mich. Die ersten Wurzeln federt mein Rad problemlos unter mir weg. Ich merke, wie ich ein wenig aus der Balance gerate, fange mich aber direkt wieder. Und schaffe es tatsächlich wie durch ein Wunder über die Stelle. Neben mir höre ich Kaddi schreien: »Ja, super, perfekt! Roll weiter, Toni! Das machst du mega!« Aber ich muss bremsen und absteigen, um die geballte Ladung Glücksgefühle, die sich gerade in mir ausbreitet, verarbeiten zu können. Kaddi steht neben mir, wir umarmen uns. Es tut gut, wie sehr sie sich als erfahrene Mountainbikerin über meinen kleinen Erfolg freut. Gerade fühle ich mich unfassbar lebendig. Denn ich habe es geschafft! Ich habe tatsächlich mit dem Mountainbiken angefangen und dabei so viel über meinen Körper und eine neue Sportart gelernt. Habe neue Menschen getroffen, war verzweifelt, hatte Angst, habe geheult und so viele neue starke Seiten an mir entdeckt. Und gerade bin ich meinen ersten richtigen Trail gefahren.

Neuanfänge fühlen sich großartig an. Du solltest auch einen wagen.

Jacqueline Fritz über das Neuanfangen mit einem Bein

von Katharina Kestler

»... und dann lag ich acht Jahre im Krankenhaus.«

Ich kann mich noch genau erinnern, wie ich vor vielen Jahren in einem Meetingraum in der Schweiz diesen Satz von Jacqueline Fritz hörte. Sie war dort, um beim Treffen eines Frauennetzwerks ihre Geschichte zu teilen. Ich saß da als eine von etwa 50 Zuhörerinnen und war schockiert und gleichzeitig voller Bewunderung. Denn Jacqueline hat Dinge erlebt, die für mich als Mensch mit ziemlich großem Bewegungs- und Freiheitsdrang das allergrößte Horrorszenario darstellen. Die Geschichte beginnt harmlos: Jacqueline ist 15 Jahre alt, als sie beim Ballett umknickt und die Bänder reißen. So weit, so alltäglich. Doch die Ärzte machen bei der Operation einen Fehler, ihre Verletzung verschlimmert sich, schlussendlich muss Jacqueline der rechte Unterschenkel amputiert werden – samt Knie. Sie verbringt insgesamt acht Jahre in Krankenhäusern, am Ende in einer Entzugsklinik, denn sie wird abhängig von den Schmerzmitteln. Doch sie beschließt: Alles auf Neuanfang. Sie nimmt ihr Leben wieder in die Hand und macht es zu einem Bergleben: Sie geht wandern, erst mit einer Prothese, dann mit Krücken. So überquert sie dann auch die Alpen von Garmisch nach Meran. Sie steigt auf die österreichischen Seven Summits: die höchsten Berge Österreichs. Und sie fängt an zu klettern und schafft es sogar in den Paralympics-Kader und aufs Treppchen bei der Weltmeisterschaft. Ihr jüngster Neuanfang: Skifahren und Tourengehen, ebenfalls ohne Prothese, nur mit Krücken. Das hat vor ihr noch niemand geschafft. Jacqueline über die vielen Neuanfänge in ihrem Leben und darüber, dass man Träume nicht zu lang im Hinterkopf mit sich herumtragen darf.

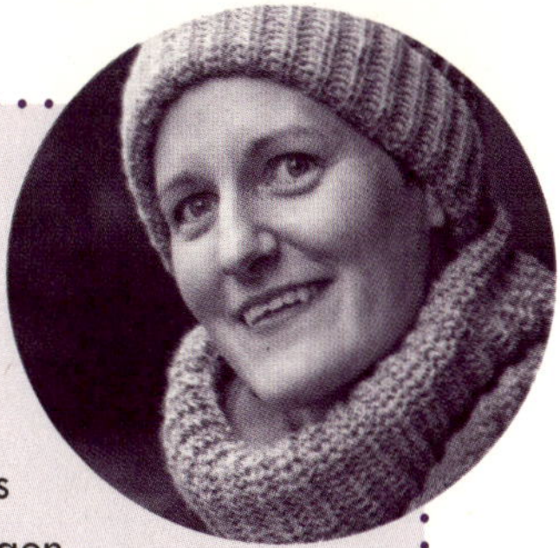

JACQUELINE FRITZ ist Bergsteigerin, Kletterin und Skifahrerin – und das alles mit nur einem Bein. Als die Pfälzerin 15 Jahre alt war, knickte sie beim Ballett um, dabei rissen die Bänder im rechten Sprunggelenk. Bei der Operation kam es zu Komplikationen. Nach einer achtjährigen Leidensgeschichte in verschiedenen Kliniken wurde Jacqueline der rechte Unterschenkel inklusive Knie amputiert.

Heute, mit 36 Jahren, hat Jacqueline mit Krücken die Alpen von Garmisch nach Meran zu Fuß überquert, die höchsten Berge Österreichs bestiegen, stand als Teil der Nationalmannschaft auf dem Treppchen der Paraclimbing-Weltmeisterschaften und hat das Gotthardmassiv in der Schweiz in sieben Tagen auf Skiern durchquert. Trotz ihres Handicaps hat sie sich entschieden, alles auf eine Karte zu setzen, ihre Werbeagentur zu verkaufen und vom Outdoor-Sport zu leben.

Ihr nächstes Ziel: Eisklettern.

Kaddi: Was bedeuten Neuanfänge für dich?

Jacqueline Fritz: Ein Neuanfang ist eine Chance, etwas anzupacken, was man gerne machen würde, aber immer vor sich herschiebt. Weil man zu sehr in seinen Verhaltens- oder Lebensmustern drinsteckt. Für einen Neuanfang muss man sagen: Okay, ich traue mich jetzt und mache es einfach. Durch einen Neuanfang weiß man das Leben wieder mehr zu schätzen. Es ist mehr als ein fester, vorgefertigter Werdegang.

Ich behaupte mal, du bist ein Fan von Neuanfängen, wenn ich mir deine Biografie so anschaue. Ist das so?

Ja, absolut. Ich mag Neuanfänge tatsächlich. Wahnsinnig viele Jahre habe ich mich im Krankenhaus gelangweilt, weil es immer das Gleiche war. Und ich hasse es, mich zu langweilen. Neue Dinge ausprobieren, an meine Grenzen gehen und mich austesten – das mag ich. Dabei erwarte ich auch nicht, dass meine Pläne und Ziele dann leicht umsetzbar sind und am Ende immer klappen. Scheitern ist erlaubt. Mein Leben ist jetzt jedenfalls nicht mehr langweilig. Ich habe natürlich auch die Freiheit, all diese Dinge tun zu können – das ist nicht selbstverständlich. Ich möchte anderen zeigen, dass es sich lohnt, den Mut für einen Neuanfang aufzubringen.

Was magst du an Neuanfängen?

Am Anfang steht man bei null, wie so eine Idiotin, hat keine Ahnung von gar nichts. Aber irgendwo im tiefsten Innern, da hat man einen Traum. Und dann kommt der Weg zu diesem Traum, der einen Neuanfang ausmacht. Das ist ein ganz besonderer Prozess, der lange dauern kann und in dessen Verlauf man auch kreativ werden muss, indem man sich fragt: Wie kann ich zu meinem Ziel kommen? Was brauche ich dafür? Gibt es das alles schon? Oder muss ich mir selbst was ausdenken? Wie zum Beispiel beim Skitourengehen: Woher bekomme ich Stöcke, mit denen das Tourengehen für mich funktioniert, mit nur einem Bein. Dieser Prozess läuft nicht geradlinig, sondern hat viele Höhen und Tiefen, es gibt auch immer wieder Rückschläge. Dann muss man sich wieder aufraffen und darf die Lust daran nicht verlieren.

Und was magst du nicht so sehr an Neuanfängen?

Ich würde sagen, zwei Dinge: zum einen die äußeren Einflüsse. Wenn Menschen sagen: Das geht nicht, du kannst das nicht, du bist behindert. Wenn sie es einem miesmachen, um dich kleinzumachen. Ich überlege mir daher mittlerweile genau, mit wem ich über meine Neuanfänge spreche. Und zum anderen ist es der Moment, wenn man tatsächlich am Ziel ankommt. Wenn nach einem Neuanfang dann alles geregelt läuft, alles einfach ist. Natürlich bin ich einerseits glücklich und überwältigt, weil ich erreicht habe, was ich mir vorgenommen hatte. Aber gleichzeitig bin ich traurig. Und dann geht direkt die Gedankenmaschine los, und ich ertappe mich dabei, mich zu fragen: Was kommt als Nächstes? Dabei bin ich kein »höher, schneller, weiter«-Mensch. Ich will nicht gleich auf den nächsten Zug aufspringen. Ich will mein Ding machen und mir dabei treu bleiben.

Würdest du anders neu anfangen, wenn du zwei Beine hättest?

Ja, absolut. Ich wäre ein ganz anderer Mensch. Ich bin mit viel Struktur aufgewachsen und wurde mit dem Fokus auf Dinge wie Job, Haus und Familie erzogen. Vermutlich hätte ich mein Grafikdesign-Studium beendet, hätte in einer Werbeagentur gearbeitet und viel Geld verdient. Ich hätte ein ganz normales Leben wie 98 Prozent der Menschen: mit einem Mann, einem Haus, Kindern und vielleicht einem Rassehund. Ich würde mitschwimmen in der Masse und nicht ausbrechen. Da ist ja auch gar nichts Verwerfliches dabei. Man hat ja überhaupt keine Kapazitäten für Neuanfänge, dafür, Dinge anders zu machen oder auszubrechen, wenn man zusehen muss, dass der Alltag zwischen Beruf und Familie irgendwie funktioniert. Man hat dann keine Zeit, nach links und rechts zu schauen, sondern muss geradlinig sein und fokussiert. Ich halte mich immer noch für strukturiert und zielgerichtet, aber mein Horizont ist heute ein bisschen weiter. Ich bin dankbar dafür, so leben zu können. So wäre ich mit zwei Beinen nicht.

Dein Neuanfang nach der Zeit im Krankenhaus, dein Start ins Bergleben, wandern, ohne Prothese unterwegs sein, klettern, Skitouren gehen. Was war der schwerste Neuanfang in deinem Leben?

Es war definitiv der Neuanfang nach der Zeit im Krankenhaus. Ich weiß nicht, ob ich es Nahtoderfahrung oder Traum nennen soll. Aber es war an diesem einen Tag in der Entzugsklinik, als ich gemerkt habe: Mein Körper kann einfach nicht mehr. Ich muss mich entscheiden: so weitermachen wie bisher und irgendwann zwangsläufig sterben. Oder leben. Und wie alle Entscheidungen in meinem Leben habe ich auch diese Entscheidung sehr bewusst getroffen und mich fürs Leben entschieden. Damit war für mich auch klar, dass ich dann nicht mehr so vor mich hin vegetieren kann wie in den vergangenen acht Jahren im Krankenhaus. Sondern dass ich in ein normales Leben starten muss. Das war krass, denn im Krankenhaus kannst du nur über dein Essen und das Fernsehprogramm selbst entscheiden. Und jetzt wollte ich wieder raus in die Welt gehen: meine Uni weitermachen, mir ein Auto kaufen, mir Hobbys suchen. Ich bin als Jugendliche ins Krankenhaus gekommen, und jetzt war ich erwachsen. Ich habe mich selbst ins kalte Wasser geworfen. Ich war verunsichert und hatte sehr viele Ängste, zum Beispiel hatte ich Angst davor, gemobbt zu werden. Ich sehe anders aus. Wie werden die Menschen auf mich reagieren, in der Großstadt, in der Uni? Wie komme ich zurecht, ganz allein in einer Wohnung, in der ich selbst kochen, selbst putzen muss? Klappt das alles? Das war mein schwerster Neuanfang.

Der spannendste Neuanfang war ein paar Jahre später, als ich mit einer gebrochenen Hüfte im Krankenhaus lag. Obwohl die Ärzte mir gesagt hatten, dass ich keinen Sport mehr machen kann, habe ich mich dazu entschlossen, alles auf eine Karte zu setzen und meine Werbeagentur zu verkaufen. Ich wollte mein Hobby, den Sport, zum Beruf machen. Mir war schon vor dem Unfall mit der Hüfte klar, dass ich nicht so weitermachen kann: Ich hatte die Werbeagentur, dann noch einen Job bei der Zeitung und meinen Sport. Das war einfach zu viel, so hätte ich mich langfristig in ein Burnout manövriert.

Man hat ja im Krankenhaus wahnsinnig viel Zeit, nachzudenken, und ich bin sowieso ein Mensch, der viel nachdenkt. Und dann lag ich da und habe überlegt, wo ich kürzertreten muss und was mich wirklich erfüllt. Ich dachte: Jetzt bin ich noch jung und fit. Ich will es auf jeden Fall probieren. Ich will es nicht nur im Hinterkopf herumtragen und mich später ärgern oder einem Leben nachtrauern, das ich nicht gelebt habe. Wenn es nicht klappt, dann eben nicht. Dann kann ich wieder zurück in meinen Beruf, mich anstellen lassen oder freiberuflich nebenher als Grafikerin arbeiten. Dazu brauche ich nicht mehr als einen Computer und einen Tisch.

Eigentlich hat alles gegen meinen Plan gesprochen: Ich lag im Krankenhaus, hatte gerade eine künstliche Hüfte bekommen. Ich konnte nicht mal sitzen, eigentlich konnte ich gar nichts. Und trotzdem habe ich gesagt: Ich mach das jetzt, ich weiß, was ich will. Es gab jede Menge Hürden zu überwinden. Ich musste meinen Eltern klarmachen, dass ich einen anderen Weg gehe. Dass ich die Räumlichkeiten der Werbeagentur, die sie mir gerade erst ermöglicht hatten, wieder verkaufen will. Ich hatte keinen finanziellen Puffer, keine Ahnung von der Outdoor-Branche und wurde am Anfang auch nicht wirklich ernst genommen. Wie gehe ich das an? Läuft das? Akzeptieren mich die Leute? Das war ein spannender Neuanfang.

Erzähl mir doch ein bisschen mehr von deinem Neuanfang in den Bergen. Du hattest ja keine Bergkindheit so wie ich, sondern du bist während deiner Reha im Allgäu zum ersten Mal wandern gegangen. Wie war das?

Das ist eigentlich eine ganz witzige Geschichte. Ich habe dort nämlich eine Prothese bekommen, mit der ich wieder laufen lernen sollte. Ich hatte am Anfang vor allem Probleme, bergauf und bergab zu gehen. Ein paar Jungs haben mich dann zum Wandern mitgenommen und eine Route am Tegelberg ausgewählt. Ich hatte ein elektronisch gesteuertes Kniegelenk, das beim Bergabgehen bremsen muss und dadurch warm wird. Und plötzlich hat dieses Kniegelenk Feuer gefangen beim Runtergehen. Die Leute haben geschrien: »Feuer! Feuer!« Und ich habe gar nicht verstanden, dass sie mich meinen, weil ich ja nicht spüren konnte, dass es heiß wird. Irgendwann ist es den Jungs zum Glück aufgefallen. Innerhalb von einem Tag war dann meine nagelneue Prothese kaputt – erzähl das mal der Krankenkasse! Ich hatte also keine Prothese mehr, wollte aber trotzdem rausgehen, weil es mir Spaß gemacht hat, zu wandern. Also habe ich es mit den Krücken versucht.

Mal abgesehen von brennenden Prothesen, was steht dir beim Neuanfangen im Weg?

Man muss sein Umfeld erst einmal komplett ausblenden und sich bewusst werden, was man selbst will. Ich habe also versucht, nicht darüber nachzudenken, wie meine Eltern meinen Neustart finden. Habe versucht zu verdrängen, was die Ärzte sagen. Mir wurde klar, dass ich es niemandem recht machen muss. Dass ich meine Entscheidungen nur vor mir selbst verantworten muss. Es ist mein Leben. Ich muss am Ende auf mein Leben zurückblicken und sagen können: Ich habe alles probiert. Ich habe gemacht, worauf ich Lust hatte. Meine Jugend, die Zeit zwischen 15 und 24, die habe ich verloren, die ist weg, die gibt mir niemand zurück. Ich möchte nicht noch mehr Jahre verschenken mit Dingen, die ich zwar gerne mache, aber für die ich nicht brenne. Ich möchte diesen Gedanken, diesen Traum aus meinem Hinterkopf rauslassen und es ausprobieren. Schließlich muss ich am Ende für mein Leben geradestehen, wenn es schiefgeht, und wenn es klappt, umso besser.

Welche Rolle spielt dein Hund Loui bei deinen Neuanfängen?

Loui spielt eine ganz große Rolle. Ohne ihn hätte ich andere Neuanfänge, aber er ist da, und er ist mein bester Kumpel. Deswegen richte ich meine Neuanfänge auch nach ihm aus. Es geht nicht nur darum, ob es für mich eine Herausforderung ist oder nur ich Spaß habe. Denn ich will, dass er bei meinen Neuanfängen selbstständig mitmachen kann. Dass er daran Spaß hat und keine

Hilfe braucht. Ich finde es schön, mit ihm gemeinsam Dinge neu kennenzulernen und so eng zusammenzuarbeiten. Ich mache mir sehr viele Gedanken, wie Neuanfänge für uns beide schön werden können.

Wie unterstützt dich Loui bei deinen Neuanfängen?

Er hilft mir emotional. Am Anfang war das zum Beispiel beim Skifahren so: Es war für uns beide neu, und wir haben uns beide ab und an gefragt: Warum zur Hölle tun wir das?! Mal war ich schlecht gelaunt, mal er, und dann konnten wir uns gegenseitig aufmuntern. Und wenn wir gemeinsam etwas erreicht hatten, dann haben wir uns zusammen gefreut. Loui lernt am Anfang meistens schneller als ich und kann sich so wahnsinnig selbstbewusst abfeiern, wenn er irgendetwas geschafft hat. Das steckt einfach an. Der kleine Mann kann unheimlich motivierend sein.

Wie wichtig sind Begleiterinnen und Begleiter bei Neuanfängen?

Ich mache viele Dinge ganz allein, aber bei meinen Neuanfängen sind mir Begleiterinnen und Begleiter sehr wichtig. Wenn ich Dinge nicht kann, mir unsicher bin oder es im Laufe von Projekten Schwierigkeiten gibt, dann scheue ich mich nicht, andere nach Unterstützung zu fragen. Das geht leider in unserer Gesellschaft etwas unter. Zum Beispiel, als ich Skifahren gelernt habe: Da hat meine Freundin und Skilehrerin Saskia ihren ganzen Winter für mich geopfert, um mir Skifahren beizubringen. Wir hatten ein gemeinsames Ziel, und das hat uns wahnsinnig zusammengeschweißt. Da waren große Emotionen im Spiel, die wir teilen konnten. Wenn ich einen Schritt weiter war, eine Kurve fahren konnte zum Beispiel, dann haben wir zusammen geweint. Nach dem Projekt hat es dann erst mal richtig gekracht: Wir hatten eine intensive Zeit hinter uns, sie kam aus ihrem Mutter-Alltag raus, ich habe etwas dazugelernt. Danach sind wir in ein Loch gefallen. Aber jetzt sind wir noch enger als vorher und sprechen uns fast jeden Tag. Wenn man einmal erlebt hat, wie viel Spaß man zusammen haben kann, wie es ist, gemeinsam mal auf die Schnauze zu fallen und Erfolge zu feiern, dann will man das nicht mehr missen. Das hat man alleine so einfach nicht.

Ändert sich die Einstellung zum Neuanfangen mit dem Älterwerden?

Das ist eine gute Frage. Aber ja, ich glaube schon. Man gewinnt ja im Laufe des Lebens an Lebenserfahrung und kann Dinge besser einschätzen. Vielleicht geht man Neuanfänge irgendwann auch nicht mehr so furchtlos an. Man hat mehr Verpflichtungen und ist sich der Konsequenzen seines Handelns bewusster. Heute denke ich weiter als früher. Ich mache mir mehr Gedanken darüber, was es jetzt bedeuten würde, wenn ich mich verletze.

Welche Tipps hast du für Neuanfänge?

Sie einfach zu wagen. Dinge nicht immer auf später und irgendwann zu verschieben. Träume bleiben im Kopf und bremsen einen aus, wenn man sie nicht umsetzt. Also, lass dich nicht beirren und dir nicht reinreden. Hör dir an, was die anderen zu sagen haben. Aber entscheiden musst du trotzdem für dich allein.

Was ist schwerer, neu anfangen oder aufhören?

Ich glaube, es kommt darauf an, warum man mit etwas aufhört. Hört man auf, weil etwas abgeschlossen ist oder weil man nicht mehr kann und aus irgendwelchen Gründen aufhören muss? Wenn man mit etwas aufhört, weil es abgeschlossen ist, dann ist sicherlich der Neuanfang schwieriger. Denn man weiß ja nie, was auf einen zukommt. Ich denke, da sind alle Menschen gleich. Wir machen uns dann Gedanken, haben Ängste, fragen uns, ob es funktionieren wird und was wir tun, wenn nicht.

Was wird dein nächster Neuanfang?

Mein nächster Neuanfang betrifft Loui. Er hatte eine Verletzung und musste operiert werden. Leider hat er die Narkose nicht so gut vertragen und nach der Operation eine Entzündung bekommen. Er wäre fast gestorben. Die Zeit war sehr belastend für uns beide. Wir fangen jetzt im Prinzip bei null an. Diese Woche dürfen wir am Tag schon dreimal zehn Minuten Gassi gehen, letzte Woche waren es noch dreimal fünf. Ich habe alle Jobs abgesagt und mache auch keinen Sport, weil ich das nicht kann, wenn er zu Hause oder im Auto warten muss. Ich weiß ja, dass er auch gerne würde, und möchte ihn nicht aus meinem Leben aussperren. Deshalb verzichte ich, was er umgekehrt ja auch macht, wenn es mir schlecht geht. Jetzt stehen uns acht Wochen Reha bevor. Das ist unser nächster gemeinsamer Neuanfang. Wir müssen diese Zeit gemeinsam überstehen und an uns arbeiten. Ich versuche ihm alles zu geben, was er für seine Genesung braucht. Und dann würden wir gerne im Dezember oder Januar nach Italien fahren, um uns eine Auszeit zu nehmen und langsam wieder ins Training zu starten. Im Winter möchten wir dann wieder eine Skidurchquerung machen, diesmal in Kombination mit Eisklettern: von Hütte zu Hütte, von Eisfall zu Eisfall.

Das kleine Abc fürs Anfangen

von Katharina Heudorfer

Um dir den Neuanfang zu erleichtern, habe ich dir hier ein klitzekleines Nachschlagewerk fürs Anfangen erstellt. Ich erhebe keinen Anspruch auf Vollständigkeit. Dieses Abc soll dir Lust machen, gleich loszulegen. Mehr zu einzelnen Sportarten am Berg wie Klettern, Mountainbiken oder Gleitschirmfliegen findest du übrigens nicht hier im Abc, sondern am Ende des Buches.

Alpinvereine / Alpine Vereine: AVS, CAI, CAS, DAV, Naturfreunde, ÖAK, ÖAV, SAC – hinter diesen Abkürzungen und Namen stecken alpine Vereine. Und deren Mitgliedschaft lohnt sich, egal ob als Anfängerin oder Profi. Als Mitglied kannst du zum Beispiel Ausbildungskurse oder geführte Touren buchen (etwa für Mountainbiken, Klettern oder Skitouren) – und das sowohl bei deiner Ortsgruppe (= Sektion) als auch bei anderen Sektionen. Du kommst günstiger in viele Kletterhallen, und auch für Übernachtungen auf den meisten Berghütten zahlst du weniger. Ein weiterer Vorteil: Du bist (meistens) weltweit versichert, falls dir im Gebirge was passiert und die Rettung kommen muss. Außerdem tust du mit deiner Mitgliedschaft was Gutes: für den Umwelt- und Naturschutz in den Bergen und dafür, dass Hütten und Wege erhalten bleiben.

Alter: Du bist NICHT zu alt, um neu anzufangen. Und du bist definitiv nicht die Einzige, die »so spät« neu anfängt. Grundsätzlich kannst du jeden Bergsport in jedem Alter lernen. Okay, je jünger du bist, desto leichter fällt es dir vielleicht. Aber auch mit über 70 Jahren kannst du noch mit Klettern, Mountainbiken oder Gleitschirmfliegen starten. Trau dich!

Ausleihen: Leih dir doch erst mal so viel wie möglich: von Freundinnen, bei Alpenvereins-Sektionen, von Berg- oder Flugschulen oder im Sportladen vor Ort in den Bergen. Auch an vielen Liftstationen oder in Bikeparks gibt es oft einen Verleih, bei dem du Dinge wie Mountainbikes, Stöcke, Klettergurte, Klettersteigsets, Skitourenausrüstung, Schneeschuhe usw. ausleihen kannst.

Ausrüstung: Nutze für die ersten Touren das, was du eh daheim hast, also den Alltagsrucksack, die bequeme Hose und ein Baumwollshirt. Schuhe bilden da die Ausnahme: Wanderschuhe zum Beispiel sind sinnvoll, sobald du im Gebirge unterwegs bist. Für Klettersteige oder Hochtouren brauchst du eh ein spezielles Schuhwerk. Wenn du merkst, dass dieser eine Bergsport genau dein Ding ist, dann kannst du immer noch spezielle Kleidung oder Equipment kaufen. Dabei musst du dich nicht von Kopf bis Fuß mit den teuersten Outdoor-Marken ausstatten. Ich zum Beispiel bin ein paar Jahre lang in der Zipp-off-Wanderhose vom Discounter rumgelaufen. War nicht so schick, ging aber auch. Gleichzeitig ist es nachhaltiger und sinnvoller, dir lieber ein hochwertiges Teil zu kaufen als fünf von minderer Qualität, die du nur ein Jahr trägst. Welches spezielle Equipment du für welchen Sport brauchst, kannst du ab Seite 291 lesen. Vieles kannst du auch leihen, siehe auch → **Ausleihen!** Falls Gebrauchtkaufen eine Option für dich ist, dann schau mal bei → **Secondhand** nach.

Bergfreundinnen: Der Podcast für dein Leben mit den Bergen! Versüßt dir deinen Alltag und den Neuanfang! Du findest ihn auf allen Podcast-Plattformen und in der ARD-Audiothek. Der Begriff bezeichnet außerdem Tourenpartnerinnen, die einem besonders ans Herz gewachsen sind.

Bergführerin: Kann dir das Anfangen erleichtern. Bietet Kurse in vielen Bergsportarten an, häufig zusammen mit einer → **Bergschule.** Hilft dir auch als Fortgeschrittene dabei, dein Traumziel im Gebirge zu erreichen. Beherrscht Bergsteigen, Klettersteige, Klettern, Eisklettern, Hochtouren, Ski(hoch)touren u. v. m. Kostet in Europa je nach Land, Tour und Teilnehmenden zwischen 300 und 700 Euro am Tag.

Bergrettung: Die sollten ALLE kennen, die in den Bergen unterwegs sind, egal ob Newbie oder Profi. Du erreichst sie europaweit unter: 112. Falls du am Berg gerade keinen Empfang hast, dann wähle die Nummer im Notfall trotzdem, denn dein Handy sucht sich dann automatisch das Handynetz, das vor Ort am stärksten ist. Zusätzlich zur 112 gibt es je nach Land und Region zum Teil extra Bergrettungs-Notrufnummern. Damit erreichst du die jeweilige Bergrettung direkt und nicht über allgemeine Rettungsleitstellen.
Außerdem gibt es für Bayern, Österreich und Südtirol die Notfall-App SOS-EU-ALP, mit der du schnell und einfach einen Notruf absetzen kannst. Die App übermittelt dann deine Standortdaten (GPS-Koordinaten) und deine Telefonnummer direkt an die jeweilige Rettungsleitstelle.

Bergschulen: Bieten Kurse und Touren mit professionell ausgebildeten Wander- und Bergführerinnen und -führern (siehe auch → **Bergführerin** und → **Wanderführerin**) für sämtliche Bergsportarten im Sommer und Winter an. Im Internet findest du Homepages vieler Bergschulen. Meistens gibt es auch welche vor Ort. Es existieren übrigens auch Bergschulen speziell für Frauen und solche, die einzelne Touren für *women only* anbieten!

Bergwacht: Die kommt zum Beispiel in Deutschland, wenn du die → **Bergrettung** rufst. Die allermeisten Bergretterinnen und

Bergretter machen diese Arbeit übrigens ehrenamtlich – bei der Bergwacht Bayern zum Beispiel gilt das für 99 % der Mitglieder.

Brotzeit: aka Vesper, aka Jausen, aka Marende. Ist die beste Belohnung am Gipfel. Schmeckt nirgends und zu keiner Zeit besser als bei einer Bergtour. Kannst du dir selbst mitbringen oder dafür unterwegs auf einer Hütte einkehren.

Höhenangst: Du hast Probleme mit Höhenangst? Da bist du nicht allein. Je nachdem, wie stark deine Höhenangst ist, kannst du viele Bergsportarten aber trotzdem ausüben. Probier es aus, und taste dich langsam ran! Auch für mich ist Höhenangst ein Thema. Wie ich lerne, damit umzugehen, erfährst du in meiner Geschichte ab Seite 84. Ich habe mir professionelle Hilfe geholt und ein Höhenangst-Training absolviert.

Kleidung: Allgemein gilt bei der Kleidung das Zwiebelprinzip: Zieh lieber mehrere dünne Lagen übereinander an als zwei dicke, dann bist du flexibler, wenn du morgens bei Eiseskälte startest und es nachmittags brüllend heiß wird. Andersrum kann es auch an einem heißen Augusttag in der Höhe einen Wetterumschwung geben, und du freust dich über eine zusätzliche Jacke, Mütze oder Handschuhe. Mehr allgemeine Infos zu Kleidung gibt's auch bei → **Ausrüstung.**

Kurse: Mountainbike-, Wander-, Kletter-, Klettersteig-, Hochtouren-, Skitouren-, Kajak-Kurse und noch viel mehr: Das alles kannst du bei Berg-, Bike- oder Kajakschulen buchen – oder auch direkt bei Bergführerinnen, Bike-Trainern und Kajaklehrerinnen. Auch viele Alpenvereins-Sektionen bieten solche Kurse an, teilweise auch für Nichtmitglieder. Bei Flugschulen gibt es Gleitschirmkurse bis zur Lizenz (= Führerschein) oder solche nur zum Reinschnuppern.

Munich Mountain Girls: Community von bergbegeisterten Frauen (hauptsächlich aus München und Umgebung), die sich seit 2016 zum Bergsteigen, Klettern, zu Skitouren, zum Freeriden oder Mountainbiken treffen. Bei den Munich Mountain Girls geht es nicht um Höchstleistung und Konkurrenz, sondern darum, neue Freundschaften zu finden. Online tauschen sich in den Facebook-Gruppen über 15 000 Frauen aus und verabreden sich zu Touren. Offline finden (Themen-)Stammtische und Bergsportkurse statt. Mehr *all-female*-Communitys in Deutschland, Österreich und der Schweiz stellt dir Toni ab Seite 216 vor.

Rucksack: Du wirst langfristig wahrscheinlich mehr Freude mit deinem Rucksack haben, wenn du ihn im Fachgeschäft kaufst, wo du verschiedene Modelle und Größen ausprobieren kannst. Denn dein Rucksack für die Berge sollte gut sitzen und angenehm zu tragen sein. Viele Frauen haben einen kürzeren Rücken, da kann ein Standardmodell schnell mal zu lang ausfallen. Außerdem kannst du dir den Rucksack im Laden direkt richtig einstellen lassen. Wenn du weißt, was du suchst, kannst du den Rucksack auch total gut gebraucht kaufen (schau mal bei → **Secondhand**). Für den Anfang reicht übrigens für viele Sportarten dein Alltagsrucksack.

Schuhe: Bergschuhe, Kletterschuhe, Skischuhe – solltest du am besten im Laden kaufen. Die müssen einfach passen. Denn Füße sind so unterschiedlich! Und wenn du vorhast, damit öfter am Berg unterwegs zu sein, dann lohnt es sich auf jeden Fall, die Zeit und das Geld zu investieren, um dich beraten zu lassen, verschiedene Modelle anzuprobieren und das zu kaufen, was am besten zu deinem Fuß passt.

Secondhand: Ist eine super Option – für bestimmte Dinge! Klettergurte oder -helme und Klettersteigsets beispielsweise solltest du besser neu kaufen. Oder nur von jemandem, den du kennst und dem du zu 100 % vertraust. Gebraucht kaufen bietet sich aber zum Beispiel sehr an bei Dingen wie Kleidung, Mountainbikes, Stöcken und Rucksäcken. Manche DAV-Sektionen veranstalten im Frühjahr und Herbst einen Flohmarkt. Außerdem wird online und offline an Schwarzen Brettern oder in Facebook-Gruppen alles Mögliche angeboten.

Tourenauswahl: Grundsätzlich ist es für dich als Anfängerin in allen Bergsportarten sinnvoll, wenn du mit kurzen und leichten Touren sowie wenigen Höhenmetern startest und dich langsam steigerst. Überfordere dich am Anfang nicht! Geeignete Touren findest du in Buchform (Wander-, Kletter-, Hochtourenführer usw.), online auf Tourenportalen oder in Touren-Apps. Auch Berghütten, Gemeinden und Touristen-Informationszentren verweisen auf ihren Homepages oft auf Tourenbeschreibungen zu Wander-, Mountainbike- oder Skitourenrouten vor Ort. Damit du auf deiner Tour keine böse Überraschung erlebst, schau dir den genauen Routenverlauf im Vorfeld mal auf einer Wanderkarte an. Je nach Touren-App oder Portal kann nämlich theoretisch jede und jeder den GPS-Track und die Beschreibung einer Tour online stellen.

Ganz wichtig außerdem: Check bitte immer, ob du die technischen und konditionellen Anforderungen einer Tour draufhast. Lies dir aufmerksam durch, wie lang die Tour ist, wo die Schlüsselstelle liegt, wo du zur Not abbrechen könntest. Die Zeiten sind eigentlich immer ohne Pause angegeben, bei den Höhenmeterangaben ist damit meistens die Differenz zwischen dem höchsten und niedrigsten Punkt einer Wanderung gemeint. Und beachte: Fürs Mountainbiken, Wandern, für Klettersteige, Kletter- und Hochtouren gibt es jeweils eigene Schwierigkeitsskalen.

Tourenpartnerin: Findest du offline, zum Beispiel übers Schwarze Brett in der Boulder- oder Kletterhalle, während eines Kurses oder einer geführten Tour mit deiner Alpenvereins-Sektion. Oder vielleicht hast du ja eine berginteressierte Bekannte oder Arbeitskollegin, die du mal fragen kannst? Tourenpartnerinnen kannst du aber auch online kennenlernen, zum Beispiel auf Facebook bei der Community der Munich Mountain Girls (guck mal bei → **Munich Mountain Girls**) oder in einer der unzähligen anderen Wander-/Kletter-/Mountainbike-/Gleitschirmgruppen dort. Sobald es ums Sichern geht (also zum Beispiel beim Klettern oder auf Hochtouren), ist es sinnvoll, wenn du deine Tourenpartnerin schon besser kennst und ihr Können gut einschätzen kannst.

Trittsicherheit: Trittsicher bist du, wenn du dich im Gebirge sowohl auf befestigten Wegen als auch im unwegsamen Gelände sicher fortbewegen kannst. Das heißt, du kannst deine Füße auf verschiedenen Untergründen über einen längeren Zeitraum kontrolliert aufsetzen und das Gleichgewicht halten, ohne dabei die Konzentration und Kontrolle zu verlieren, zu stolpern, umzuknicken oder auszurutschen.

Übernachtung: Bist du auf einer Mehrtagestour in den Alpen unterwegs, kannst du entweder im Tal oder auf einer der zahllosen Berghütten übernachten. Viele davon sind bewirtschaftet (häufig zum Beispiel vom Alpenverein oder von den Naturfreunden). Es gibt aber auch Selbstversorgerhütten. Als Mitglied in den Alpinvereinen bekommst du die Übernachtung meistens günstiger (mehr dazu bei → **Alpinvereine**). Außerdem gibt es für dich dann ein »Bergsteigeressen« für maximal 9 Euro und Teewasser für 3 Euro pro Liter.

Wanderführerin: Nicht zu verwechseln mit einer Bergführerin (siehe auch → **Bergführerin**)! Wie der Name vermuten lässt, dürfen Wanderführerinnen dich bei Wandertouren führen. Sobald es aber alpiner wird, wie etwa auf Klettersteigen, Kletter- oder Hochtouren, müssen Bergführerinnen übernehmen!

Wetter: Solltest du IMMER checken, BEVOR du im Gebirge losziehst, denn das Wetter kann in den Bergen sehr schnell umschlagen. Auch im August kann es auf 2000 Metern plötzlich anfangen zu schneien. Regen, Nebel, Gewitter und Schneefall sind in den Bergen nicht zu unterschätzen! Wie das Wetter und die (Schnee-)Verhältnisse vor Ort und am Gipfel sind, kannst du in vielen Gebieten via Webcam checken.

Zeit: Lass dir Zeit, überfordere dich nicht bei deinem Neuanfang! Niemand kann auf Anhieb im 10. Schwierigkeitsgrad klettern oder einen S5-Singletrail mit dem Mountainbike runterheizen. Mach einen Schritt nach dem anderen und steigere dein Können nach und nach.

Wichtig zum Schluss: Die Infos fürs Anfangen im Gebirge ersetzen dir KEINEN KURS und KEINE BERATUNG im Fachgeschäft. Sie bieten dir lediglich eine erste Orientierung. Einen Ausgangspunkt, von dem aus du losziehen und dich selbst weiterbilden und informieren kannst. Ich habe die Informationen mit bestem Wissen und Gewissen zusammengetragen – dennoch können mir Fehler unterlaufen sein. Bitte nutze hier und generell am Berg immer auch deinen gesunden Menschenverstand!

SELBSTEINSCHÄTZUNG
EIN ALPINES ESSENTIAL

Zwischen Schiss und Größenwahn – große Tage am Berg beginnen für uns bei der Planung. Und damit bei der Frage, ob das Tourenziel und die aktuellen Verhältnisse zu unserem eigenen Können passen. Dass bei dieser Einschätzung viele danebenliegen, merkt man daran, dass immer mehr Menschen unverletzt in Bergnot geraten. Laut DAV-Bergunfallstatistik machten solche Fälle in den Jahren 2020 und 2021 27 Prozent der Notfälle aus, also über ein Viertel. Auch Katja aus Kaddis Geschichte muss gerettet werden, obwohl sie sich nicht verletzt hat: Sie ist am Pidinger Klettersteig im Chiemgau unterwegs, einem der schwersten Klettersteige Deutschlands. Der Tag fängt schon komisch an – und endet beinahe in einer Katastrophe. Kaddi hat sie ein gutes Jahr nach diesem Ereignis getroffen – was hat Katja in puncto Selbsteinschätzung dazugelernt?

Wie sie es schaffte, ihre Fähigkeiten beim Solo-Klettern in der Eigernordwand richtig einzuschätzen, das hat Katharina von Kletterin, Bergführerin und Ärztin Laura Tiefenthaler erfahren. Und damit es dir nicht geht wie Katja, hat Toni zusammen mit der ehemaligen Profimountainbikerin und heutigen Fahrtechnik- und Mentaltrainerin Kerstin Kögler Tipps für einen bewussteren Blick auf dich selbst erarbeitet.

Selbstüberschätzung – als Katja unverletzt Rettung brauchte

von Katharina Kestler

»Hallo, ich sitz am Pidinger Klettersteig fest. Nur 100 Höhenmeter unterhalb des Gipfels. Es regnet. Ich kann nicht mehr, habe keine Kraft mehr. Wenn ich weitergehe, begebe ich mich in Lebensgefahr. Das ist einfach bescheuert.«

Katja kauert in einer Felsnische am Pidinger Klettersteig. Sie zittert am ganzen Körper. Die Finger ihrer rechten Hand umklammern das Handy so fest, dass die Knöchel schon ganz weiß sind. Sie drückt sich mit dem Rücken gegen den kalten Felsen, um den Windböen und dem peitschenden Regen keine Angriffsfläche zu bieten, während sie mit der Bergrettung telefoniert. »Achten Sie darauf, dass Ihr Handy Empfang hat. Ihre Koordinaten habe ich so weit. Wir kommen zu Ihnen«, sagt der Mann am anderen Ende der Leitung.

Es ist der 10. Oktober 2019. Katja ist am Hochstaufen in den Chiemgauer Alpen unterwegs. Sie geht den Pidinger Klettersteig, einen der schwersten Klettersteige in Deutschland. Und das ganz allein. Denn Katja mag es, im Gebirge ihre Grenzen auszutesten: »Ich kenne keinen Sport, wo ich freiwillig übers Limit gehe. Das geht eigentlich nur in den Bergen.«

Ich treffe Katja ein Jahr nach ihrer Notlage auf dem Parkplatz in Urwies bei Piding, dem Ausgangspunkt zum Klettersteig. Sie ist durchtrainiert und braun gebrannt. Ich sehe ihr an, dass sie schon immer Sport gemacht hat. Dass sie auch öfter mal klettert. Vielleicht ist sie sogar fitter als ich, denke ich insgeheim mit Bewunderung. Sie ist offensichtlich eine Frau, die gerne draußen ist. Wir sind uns sympathisch. Und ich denke mir: Katja wirkt überhaupt nicht wie jemand, der am Berg nichts verloren hat – und auch nicht so, als würde sie sich ständig selbst überschätzen oder leichtfertige Entscheidungen treffen. Doch Letzteres sollte am Hochstaufen ihr Problem werden.

»Der Hochstaufen wirkt gigantisch, weil man schon von Weitem den senkrechten Fels sieht. Man denkt: Wo soll da ein Weg hochgehen? Also jetzt, wenn ich das so ganz klar und ohne Wolken sehe, würde ich schon vom Anblick Angst kriegen.«

Katja und ich stehen auf dem Parkplatz und schauen nach oben Richtung Gipfel des Hochstaufen. Ich kann Katjas Gefühl nachvollziehen: Die Wand wirkt unbezwingbar, wie so oft, wenn man Berge vom Tal aus betrachtet und sich fragt, wie um alles in der Welt man da hochkommen soll. Vor einem Jahr konnte Katja den Gipfel von hier aus nicht sehen – das Wetter war damals deutlich schlechter als heute. Unser Plan ist, nicht den Klettersteig zu nehmen, sondern auf der Alternativroute zum Gipfel zu kommen. Mit dem Mountainbike fahren wir bis zur Steiner Alm, und von dort gehen wir auf dem leichteren Normalweg bis zum 1771 Meter hohen Gipfel des Hochstaufen und zum Reichenhaller Haus. 500 Höhenmeter auf dem Bike und 700 zu Fuß.

Katja ist 41 Jahre alt und lebt in Augsburg. Eigentlich kommt sie aus der Gegend um Zwickau. In Leipzig hat sie dann Sport studiert. Früher war Karate ihre Leidenschaft. Lange Zeit ist sie auch in Wettkämpfen angetreten. Von dem, was ihr dieser Sport in puncto Ganzkörpertraining und mentaler Stärke mitgegeben hat, profitiert sie heute noch am Berg, erzählt sie mir. Nach dem Studium verschlägt die Arbeit sie nach Oberammergau, und da entdeckt sie dann ihre Liebe zu den Bergen.

»Wenn ich über die Baumgrenze komme, geht es mir besser. Ich weiß nicht, ob es die Luft ist. Wahrscheinlich ist es viel mehr. Du hast mehr Aussicht. Du bist nicht so in diesen Wäldern drin. Du siehst dieses Gestein und siehst einfach weiter.«

Katja steigert die Schwierigkeit ihrer Bergtouren langsam. Bis heute hat sie einige große Namen von ihrer Berge-*Bucketlist* streichen können. Die Lachenspitze, den Hochvogel, die Alpspitze und den Großglockner. Sie liebt die Kombination aus Naturerlebnis, Herausforderung und einer Grenzerfahrung, die sie so in keinem Fitnessstudio erleben kann, erzählt sie mir. Ich fühle mich Katja verbunden, wenn sie so ins Schwärmen kommt. Wir suchen und finden in den Bergen dasselbe. Aber Katja berichtet mir auch von Bergtagen, an denen sie mit dem Thema Wetter ziemlich sorglos umgegangen ist: Die Watzmann-Überschreitung ging sie bei starkem Sturm mit einem Mann, den sie gerade erst kennengelernt hatte. Und das, obwohl alle anderen umgekehrt waren und der Wirt vom Watzmannhaus ihr abriet. Am Gipfel der Zugspitze kam sie verdammt nah an ein Gewitter, erinnert sie sich: »Oben am Gipfelkreuz hatte ich so ein komisches Gefühl am Hinterkopf, ein Kribbeln. Ich dachte, jemand fasst mich an. Von Weitem hat man schon das Gewitter gehört. Ich glaube, das war Elektrizität.«

Als mir Katja das erzählt, bin ich ziemlich froh, dass ich ein Gewitter noch nie so nah an mich ranlassen musste. Ich finde schon starken Wind in den Bergen ziemlich bedrohlich und entscheide mich dann häufig gegen eine Tour oder fürs Umkehren. Aber Katja sieht das entspannter. Und genau dieser lockere Umgang mit dem Wetterbericht und ihre schlechte Tourenplanung wurden Katja am Pidinger Klettersteig zum Verhängnis.

Schon die Anreise läuft nicht rund: Stau, schlechtes Wetter, und den Weg zum Parkplatz findet Katja auch nicht. Sie will abbrechen und umkehren, doch dann kommt die Sonne raus, und Katja beschließt, loszugehen. Vielleicht hat sie ja Glück, und das Wetter hält, denkt sie sich.

Aber Katja wird kein Glück haben. Als sie fünf Stunden später die Rettung ruft, sind es um die null Grad im Klettersteig, und das, obwohl der Oktober bis dahin eigentlich viel zu mild war. Der Sturm pfeift mit 70 Stundenkilometern. Und irgendwie hat Katja von Anfang an und direkt hier am Parkplatz schon gewusst: Der

Klettersteig ist heute eigentlich keine so gute Idee. »Es war wirklich ein Bauchgefühl, auf das ich hätte hören können. Das Gefühl, dass es nicht stimmig ist. Aber das habe ich übersehen wollen.«

Während wir auf unseren Mountainbikes den steilen Schotterweg bergauf radeln, denke ich über das Bauchgefühl am Berg nach. Wann sind der Bauch und sein mulmiges Gefühl schlauer als der Kopf mit seinem starken Willen und dem sturen Ehrgeiz? Und wann spinnt sich der Bauch nur ein Gefühl zusammen, das keinerlei Grundlage hat und das man einfach übergehen kann, ja sogar übergehen sollte, wenn man sich bergsportlich weiterentwickeln will? Bauch oder Kopf, wer hat das Sagen beim Thema Selbsteinschätzung? Ich lag schon häufiger daneben, als ich den Bauch zum Schweigen verdonnert hatte, obwohl er Gehör verdient hätte – und habe mich prompt verletzt. Andersrum weiß ich nicht, ob ich mich vom mulmigen Gefühl im Bauch manchmal zu Unrecht habe einschüchtern lassen. War es in diesen Situationen nötig und richtig, den abenteuerlichen Gipfelanstieg NICHT hinaufzukraxeln, die steile Tiefschneeflanke NICHT hinunterzufahren und NICHT den meterhohen Sprung mit dem Bike zu wagen? Oder wäre doch alles glattgegangen? Ich weiß es nicht, denn wer nichts wagt, der gewinnt nicht nur nichts, sondern der verliert auch nichts. Ich frage mich, während wir weiter nach oben pedalieren, ob ich im Laufe des Lebens mit all meinen gesammelten Wehwehchen und verpassten Chancen wohl irgendwann schlauer bin.

Wir radeln bereits eine Weile, da bleibt Katja an einem Aussichtspunkt mit Kreuz und mit Blick auf Salzburg stehen. Sie erzählt mir, dass Religiosität für sie sehr wichtig ist. Um zu sich zu finden und zu Gott, geht sie häufig ganz allein und ohne Begleitung in die Berge. Im Rucksack hat sie immer eine Brotzeit dabei, damit sie nicht in die überfüllten Hütten einkehren muss. Lieber macht sie alleine am Gipfel Rast. Dabei ist Katja weder still noch introvertiert auf unserer gemeinsamen Tour. Sie plaudert, erzählt Privates und wirkt gesellig auf mich.

»Ich bin allein flexibler in meinen Entscheidungen. Wenn ich eine Tour gehe, bin ich immer offen, umzuplanen, je nachdem, ob etwas gut oder schiefläuft. Ich muss nur auf mich hören, auf meine Tagesform, auf meine Stimmung. Es ergibt sich dann häufiger, dass ich ein Stück mit anderen Menschen gehe, die auch alleine unterwegs sind. Der Verlauf und das Ende einer Tour sind offener, wenn man alleine unterwegs ist.«

Nach einer guten Stunde sind Katja und ich an der Abzweigung zum Klettersteig angekommen. Wir stellen die Räder ab und schließen sie zusammen. Von hier gehen wir zu Fuß weiter.

Damals bei ihrer Tour war Katja jetzt bereits eineinhalb Stunden unterwegs: Sie zieht ihren Klettergurt an und hängt sich mit ihrem Klettersteigset ins Stahlseil ein. Immer noch mit einem komischen Gefühl im Bauch, denn schon der Einstieg in den Klettersteig ist anspruchsvoll: senkrecht und überhängend. Während ich jeden Mountainbiketrail und jede Skitour schon weit vor dem Start bis ins kleinste Detail im Netz nachlese, hatte Katja vorab nur wenige Infos über den Pidinger Klettersteig eingeholt. Das macht sie immer so. Sie will ihre Wahrnehmung nicht verfälschen, macht ihre Erfahrungen lieber selbst, sagt sie. Der anspruchsvolle Einstieg hat sie damals entsprechend überrascht.

Die Schwierigkeit von Klettersteigen und ihren einzelnen Abschnitten wird meistens von A für »wenig schwierig« bis E für »extrem schwierig« angegeben. Der Pidinger Klettersteig hat viele C- und einige D-Stellen und ist deswegen durchaus sehr anspruchsvoll, auch bei schönem Wetter. Und Katja klettert bald im Regen. Zum Regen gesellt sich Wind, der die Tropfen an die Wand drückt – der Fels wird nass und glitschig. Katja erinnert sich: »Ich bin zweimal abgerutscht und mein Herz mit mir mit. Ich dachte dann nur: Jetzt muss ich wirklich aufpassen!«

Anders als beim Klettern sollte man im Klettersteig Stürze tunlichst vermeiden. Die Verletzungsgefahr ist ziemlich hoch, weil das starre Stahlseil den Körper sehr abrupt bremst. Wer dann in Panik mit den Händen ans Seil greift, riskiert auch noch schlimme Quetschungen. Und einmal ins Klettersteigset gefallen, ist es nicht mehr sicher, die Tour muss man dann sofort beenden.

»Ich hatte Angst. Und normalerweise bekomme ich die nicht so schnell. Ich habe ein paar Stoßgebete losgelassen«, erzählt mir Katja. Ungefähr 600 Höhenmeter hat sie damals schon hinter sich. 600 anstrengende Höhenmeter an einer meist senkrechten Felswand ohne Pausen und ohne Möglichkeit, sich auszuruhen. Der Regen und der Wind werden stärker. Katja friert, ihre Arme sind müde vom ständigen Hochziehen an Seil und Fels. Am Tag vorher war sie noch bouldern gewesen, das spürt sie jetzt natürlich extrem. Was sie noch vor sich hat, wie es noch weitergeht, weiß sie nicht. Es ist halb drei am Nachmittag. Katja ist am sogenannten Wandbuch angekommen, einer Art Gästebuch für den Pidinger Klettersteig – die einzige Stelle, an der sie sich kurz hinsetzen und ausruhen kann. Mittlerweile ist sie klitschnass vom Regen. Bis zum Ziel sind es nur noch um die 70 Höhenmeter und maximal fünf bis zehn Minuten Kletterei. Das Schwerste hat Katja eigentlich schon hinter sich, aber sie kann einfach nicht mehr.

»Bei mir kam wieder starke Angst hoch. Die Angst, die ich unterwegs schon hatte, aber nicht zulassen konnte und verdrängt habe, weil es dann noch gefährlicher gewesen wäre. Und dann habe ich das letzte Stück hinter den Wolken gesehen und war erst mal schockiert: Überhang! Nass! Das war für mich das Limit.«

Katja kann sich nicht vorstellen, aufzustehen und nur einen Meter höher zu klettern. Sie wählt den Notruf. Weil Katja einen Höhenmesser auf dem Handy hat, kann sie dem Rettungsdienst relativ genau sagen, wo sie in der Wand ist. Doch immer wieder hat ihr Handy keinen Empfang. Katja hofft, dass die Bergrettung sie trotzdem findet: »Ich habe mich beim Warten mit der Angst angefreundet und mir gedacht: Okay, wir sind jetzt ein Team. Wie lösen wir das Ganze? Ich bleibe sitzen und warte. Selbst wenn ich mich halb zu Tode friere. Es blieb mir nichts anderes übrig.«

Endlich, nach einer Stunde, klingelt Katjas Handy. Die Bergrettung hat eine gute Nachricht für sie: Andi, der Hüttenwirt des Reichenhaller Hauses oben am Gipfel, will zu ihr absteigen und sich um sie kümmern, bis die Rettung bei ihr eintrifft. Katja ist erleichtert. Denn mittlerweile hat der Wind gedreht, und sie findet in ihrer Nische keinen Schutz mehr vor Kälte und Regen. Doch sie fühlt sich wie festgebacken, nicht fähig, sich zu bewegen oder eine Entscheidung zu treffen. Immer wieder schaut sie hoch zum Überhang – kann sich nicht vorstellen, wie Andi bei diesem Wetter den schwierigen Abstieg bewerkstelligen soll, ohne abzurutschen. Doch irgendwann sieht sie ihn – mit einer Decke kommt er bei ihr an. Katja ist dankbar: »Er war mein Held, weil er den Mut hatte, bei dem Wetter den Überhang abzusteigen, obwohl es nicht seine Aufgabe war.«

Doch nur weil Hüttenwirt Andi jetzt bei ihr ist, kann Katja noch lange nicht gerettet werden. Noch immer sitzt sie am Drahtseil in der eiskalten und nassen Felswand. Noch immer stürmt und regnet es. Ein Hubschrauber kann bei diesen Wetterverhältnissen nicht zu ihr in die Wand fliegen, und Katja ist es unmöglich, die letzten Meter aus eigener Kraft zu klettern. Auch Andi kann sie alleine nicht nach oben bringen. Und auch nicht verhindern, dass Katja immer mehr auskühlt. Ihre Lippen sind mittlerweile blau angelaufen. An dem kleinen Vorsprung in der Wand hat sie keinen Bewegungsspielraum und keine Möglichkeit, sich warm zu halten. Auch die Decken, die Andi mitgebracht hat, helfen kaum: »Ich habe nichts gemerkt von der Wärme. Es kam nichts in meinem Körper an. Ich war so durchgefroren, dass nichts mehr geholfen hat.«

Ein Rettungshubschrauber versucht immer wieder, nach oben zu kommen, aber Sturm und Regen sind zu stark. Die Sicht ist gleich null. Weil es mit dem Hubschrauber nicht klappt, müssen die Retter und Retterinnen zu Fuß zum Gipfel des Hochstaufen gehen und von dort zu Katja absteigen. Und das dauert.

Nach einer gefühlten Ewigkeit erreichen drei Retter Katja und Hüttenwirt Andi in der senkrechten Gipfelwand. Weil Katja so erschöpft ist, überlegen die Bergwachtler, sie in eine Trage zu legen und am Seil hinaufzuziehen. Doch alleine diesen Seilzug einzurichten hätte viel zu lange gedauert. Die Retter entscheiden, Katja doppelt zu sichern und mit ihr das Schlussstück gemeinsam zu gehen. »Ich habe nur genickt und gesagt: Ja. Ich wusste aber nicht, ob ich es schaffe, denn meine Muskeln waren komplett runtergefahren.«

Es ist so kalt, dass es fast hätte schneien können. Der Fels ist vom Regen schwarz und glatt, das Wasser tropft nur so herunter. Das Drahtseil ist kalt und rutschig. Katja wird von oben mit einem Seil gesichert, direkt vor und hinter ihr klettert je ein Bergwachtler. Die Retter helfen ihr und reden ihr gut zu. So schafft sie die letzten Meter des Klettersteigs aus eigener Kraft. Als sie oben aus dem Klettersteig herauskommt, dämmert es bereits. An der Hütte nehmen die Bergretterinnen und Bergretter Katja in Empfang. Insgesamt 17 sind für sie im Einsatz gewesen. »Da wurde mir erst mal bewusst, in welcher Lage ich war und was ich ausgelöst hatte. Dass es doch so dramatisch war.«

Ein gutes Jahr nach dieser Rettungsaktion sind auch Katja und ich auf 1771 Metern am Gipfel des Hochstaufen angekommen. Der Hausberg von Bad Reichenhall bietet einen fantastischen Rundumblick auf Chiemsee, Predigtstuhl, Untersberg und sogar bis zum heute leider wolkenverhangenen Watzmann. Vielleicht fragst du dich, ob Katja mittlerweile mit etwas Abstand verstanden hat, dass sie sich und die Retter hier am Hochstaufen unnötig in Gefahr gebracht hat? Dass der aufwendige Einsatz und ihre Todesangst nicht hätten sein müssen? Wenn sie sich und die Verhältnisse nur ein bisschen realistischer und besser eingeschätzt hätte? Wenn sie sich im Vorfeld besser über den Steig informiert hätte?

Ich bin mir nicht sicher, denn Katja sieht keine großen Fehler bei sich. Zwar sagt sie mir, dass sie beim nächsten Mal den Pidinger Klettersteig nur bei schönem und stabilem Wetter gehen und auch den Wetterbericht vorab gründlich checken würde. Doch auch künftig wird sie Touren alleine machen und sich wenig informiert von den Verhältnissen vor Ort überraschen lassen. »Es war eine Selbsterfahrung, und es klingt verrückt, aber ich bin froh darüber«, sagt Katja. Vielleicht, weil sie eben doch etwas mehr daraus gelernt hat, als sie mir gegenüber eingesteht.

Kletterin Laura Tiefenthaler über Zweifel allein in der Wand

von Katharina Heudorfer

An einem Donnerstagmorgen im September bin ich um 9 Uhr mit Laura Tiefenthaler verabredet. Während ich erst zwei Stunden wach bin, hat sie schon eine 24-Stunden-Schicht als Ärztin im Krankenhaus hinter sich – und schaut überraschend fit aus, finde ich. In ihrer Wohnung in Reutte sitzt sie an ihrem Laptop, an der Wand hinter ihr entdecke ich ein großes Bergfoto: ein Panorama des legendären Granitbergs Fitz Roy im Sonnenuntergang. Ein Traum von einem Berg. Er liegt in den argentinisch-chilenischen Anden, in Patagonien. Laura hat ihn im Frühjahr 2020 mit ihrer Freundin Raphaela Haug bestiegen.

Von Laura habe ich zum ersten Mal gehört, nachdem sie im März 2022 die Eigernordwand solo geklettert war, also ohne Seilpartnerin. Teilweise hatte sie sich dabei selbst gesichert. Für das Eiger-Solo wurde sie von den einschlägigen Bergsteiger-Magazinen und Kletterseiten plötzlich gehypt. Denn es war erst das zweite Frauen-Solo in der Wand überhaupt, genau 30 Jahre nach dem erfolgreichen Versuch der französischen Alpinistin Catherine Destivelle.

Solo so eine Tour klettern – in meiner Vorstellung müssen solche Frauen eine besonders gute Selbsteinschätzung haben. Wie könnte man sich so was sonst trauen? Ich will wissen: Wie tickt so jemand? Hat die auch mal Zweifel?

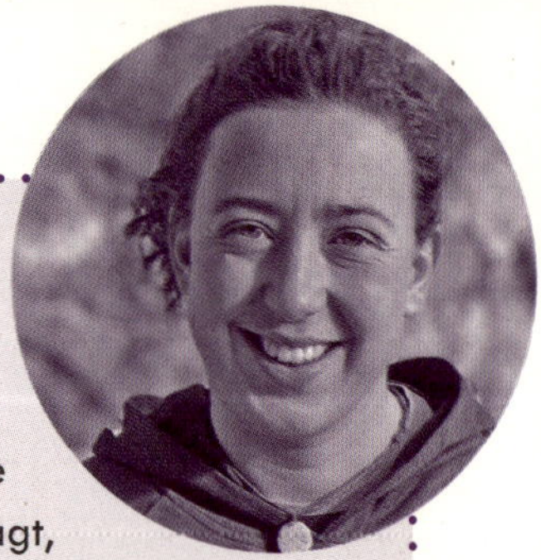

LAURA TIEFENTHALER ist am 14.07.1996 geboren und in Innsbruck aufgewachsen. Ihre Eltern sind keine besonders enthusiastischen Bergsportler, schicken sie aber mit zehn Jahren in die Kinderklettergruppe, wo sie, wie sie sagt, vor allem seilschaukeln und Blödsinn machen gelernt hat. Richtig los legt sie mit 17 gemeinsam mit ihrem Bruder – da fangen die beiden mit Hochtouren und Eisklettern an. Von 2017 bis 2019 ist sie Teil des Expedkaders vom Deutschen Alpenverein, der das Expeditions- und Leistungsbergsteigen fördert. Danach macht sie von 2019 bis 2022 die Ausbildung zur Bergführerin, während sie von 2014 bis 2022 Medizin studiert. Im März 2022 klettert sie die Eigernordwand solo. Im Moment arbeitet sie als Ärztin und Bergführerin.

Katharina: Hast du Momente, in denen du an deinem Können zweifelst und merkst: Jetzt habe ich mich ein bisschen überschätzt?

Während der Tour selbst selten, davor zweifele ich ausgiebig. Wenn man das Bergsteigen und Klettern länger halbwegs sicher betreiben will, dann muss man langsam an die Sache herangehen und seine Entscheidungen rational treffen, auf Basis der Erfahrungen, die man bis dahin gemacht hat.

Mir passiert es eigentlich nie, dass ich am Berg vor einer Schlüsselstelle stehe und mir denke: Oje, jetzt bin ich in eine richtig blöde Situation reingeraten und kann nicht mehr vor und nicht mehr zurück. Denn dann hätte ich ja vorher schon eine ganze Reihe an Fehlentscheidungen getroffen. Und wenn ich Sachen probiere und vorher schon vermute, dass ich da vielleicht nicht raufkomme, dann habe ich normalerweise zumindest einen ganz guten Plan, wie ich wieder runterkomme.

Wenn ich weiß: Okay, klettertechnisch hab ich das drauf, meinem Kopf geht es im Moment gut, und wenn ich das von außen betrachte, kann ich das – dann passt alles zusammen. Und der Kopf, dieses Kopfspiel, also dass man in schwierigen Situationen seine Angst unter Kontrolle hat, ich glaub, da bin ich ganz gut drin.

Dass dein Kopfspiel – wie du das nennst – so stark ist, war das bei dir schon immer so?

Ja, mein Kopf war schon immer gut (lacht). Wenn ich zum Beispiel beim Bergsteigen an eine Stelle komme, die besonders schwer oder brüchig aussieht, und mir klar wird, dass ich da jetzt entweder raufklettern oder umdrehen muss oder ich ein ernsthaftes Problem haben werde, dann kann ich mich ganz gut zusammenreißen.

Dann versuch ich noch mal, zu beurteilen, ob das jetzt okay ist, da hochzuklettern, versuch, mir die beste Linie rauszuschauen, atme noch mal durch und klettere los. Wenn ich meine Angst mein Handeln beherrschen lasse, zittrig und verkrampft werde, macht das die Situation nur gefährlicher.

Aber ich habe keine Ahnung, wie man so etwas lernt oder ob ich einfach Glück habe, dass das bei mir so ist. Ich denk mir halt immer: Ja, nutzt eh nix, und jetzt volle Kraft voraus!

Ich bin da definitiv anders gestrickt als du. Aber dass du an deinem Können zweifelst – das scheinst du gar nicht so zu kennen. Du weißt also sehr genau, was du kannst und was nicht. Würdest du das so sagen?

Ja, ich glaube, ich weiß das schon ziemlich gut. Und ich war in der Einschätzung meines eigenen Könnens auch immer eher defensiv. Ich habe mich nie so richtig überfordert. Vor allem habe ich von meinem Mindset her versucht, mich nicht so zu stressen, sondern das zu genießen, was ich mache. Also nach einem Projekt auch mal zu sagen: Okay, das war jetzt geil, und es macht extrem Spaß und ist das Liebste, was ich mache – aber es ist auch gefährlich.

Und deswegen will ich zum Beispiel auch nicht zu viele Tage bei mittelmäßigen Konditionen am Berg unterwegs sein, wenn es gefährlicher ist, als es sein muss. Dafür sind einfach schon zu viele Bekannte und Freunde gestorben, bei denen ich mir denke: Ihr wart einfach zu jung, um zu gehen! Seitdem versuche ich vom Gas runterzugehen.

Es gibt ja schon Leute, die hart an ihre Grenzen gehen. Zumindest wirkt das auf mich von außen betrachtet so. Wenn du sagst, du bist bei der Einschätzung deines Könnens eher defensiv, heißt das, du dehnst deine Grenzen lieber aus, statt sie zu überschreiten?

Ich versuche da für mich das richtige Maß zu finden. Also ich fühle mich, wie gesagt, eigentlich selten überfordert von den Sachen, die ich klettere. Ich versuche, mein Können immer richtig einzuschätzen und drunter zu bleiben. Und deswegen weiß ich nicht, wie sehr das, was ich mache, an meiner Grenze ist. Woher soll ich wissen, wo die Grenze ist und auf welchem Level ich da herumklettere?

Und bei meinem Eiger-Solo zum Beispiel war das so, dass die Idee von Rolo kam (Anmerkung: Rolando Garibotti, ein argentinisch-amerikanischer professioneller Kletterer und Bergführer, Ausbilder beim DAV-Expedkader). Als Alternative zu etwas, das ich mir zuvor überlegt hatte. Er hat zu mir gesagt: »Das ist eine blöde Rolo-Idee von meinem alten Ich, aber ich glaube, das kannst du! Das hat entspannt ausgeschaut, als du das vor zwei Wochen mit deiner Seilpartnerin Jana zusammen geklettert bist. Also warum probierst du nicht das, wenn du irgendwas solo klettern willst?«

Auf die Idee, dass es für mich eine Option sein könnte, die Eigernordwand solo zu klettern, wäre ich davor selbst nicht gekommen. Das hatte ich, ehrlich gesagt, nicht so auf dem Schirm.

Dein Solo an der Eigernordwand – dazu ein bisschen Info, für alle, die das nicht parat haben: Im Frühjahr 2022 bist du die Eigernordwand über die Heckmair-Route geklettert, zusammen mit einer Freundin von dir, Jana Möhrer, die du seit deiner Zeit im DAV-Expedkader kennst. Ihr wart ziemlich schnell unterwegs und habt für die Route gerade mal einen Tag gebraucht. Das ist eine Tour, die nur sehr guten Alpinistinnen und Alpinisten vorbehalten ist, die dafür normalerweise zwei Tage einplanen.

Rund zwei Wochen später, im März 2022, bist du die gleiche Route noch einmal geklettert – dieses Mal solo, in nur fünfzehn Stunden. Das heißt, du bist diese schwierige Route komplett alleine und zum großen Teil ohne Seilsicherung geklettert.

Das ist jetzt vielleicht eine unverschämte Frage, aber warum bist du nicht selbst auf die Idee gekommen, das solo zu klettern? War dir das eine Nummer zu groß?

Als ich in die Wand eingestiegen bin, war mir das gar nicht so bewusst, dass das so eine krasse Nummer ist (lacht).

Ich hatte vorher überlegt, ob ich bei uns in der Nähe von Innsbruck etwas solo klettere. Und dann habe ich mir gedacht: Da gibt es keine Steigspuren im Schnee und Eis, der Fels ist voll brüchig, und ich weiß nicht, ob ich da einen Weg finde – das ist irgendwie alles eher so mäßig einladend. Und dann war das Eiger-Solo eigentlich die viel verlockendere Idee. Denn da ist eine fette Spur drin, ich kannte jeden Zug der Tour, weil ich ja zwei Wochen vorher da war. Ich wusste eigentlich genau, was wo passiert. Da gab's viel weniger Unsicherheitsfaktoren, weniger Fragezeichen. Aber ja, warum ich da nicht selbst draufgekommen bin, keine Ahnung.

Was hat dich am Soloklettern gereizt, warum hast du dir gedacht: Das würde ich gern mal ausprobieren?

Wenn man in so einer großen Wand allein ist, dann wirkt die große Wand noch viel größer. Das ist noch exponierter. Man sichert dann zwar zehn Längen, aber man sichert den Rest nicht. Und dadurch, dass man allein ist, muss man wirklich jede Entscheidung selbst treffen. Logisch könnte ich am Eiger whatsappen und andere fragen, aber von außen will da ja keiner für einen eine Entscheidung treffen (lacht).

Da bin nur ich, und ich muss genau wissen, was ich mache und was nicht. Ich muss in meine Entscheidungen nicht das Wohlbefinden anderer einfließen lassen und mitbedenken, sondern ich kann schauen: Wie geht es mir jetzt? Kann ich das jetzt, oder kann ich es nicht? Und das ist für den Kopf megaintensiv.

Ich war davor in Patagonien in El Chaltén und war an den Pausetagen ein bisschen scrambeln (Anmerkung: *scrambling* ist ein Zwischending zwischen wandern und klettern, bei dem man ohne Sicherung in steilem Gelände unterwegs ist). Ich war zwar nur an kleineren Felsen unterwegs, aber die Konsequenz ist eigentlich die gleiche. Denn ob es jetzt hundert Meter runtergeht oder tausend, ist grad schon wurscht. Mir hat das Scrambeln Spaß gemacht, die Exponiertheit, der Flow. Dann wollte ich herausfinden, wie sich das an größeren Bergen, in größeren Routen anfühlt. Ich war gespannt, wie ich darauf reagiere.

Und wie hat sich das dann an der Riesennordwand am Eiger angefühlt?

Gut hat es sich angefühlt. Solche Tage sind für mich ultraintensives Erleben von Momenten. Oder der absolute Moment. Für mich gab es an dem Tag keine Zweifel mehr. Als ich das an diesem Tag geklettert bin, war es einfach immer perfekt, immer cool und nie so, dass ich mir groß Gedanken gemacht oder dran gezweifelt hab, ob das jetzt immer schlau ist, was ich da mache. Und ich glaube, für solche Momente macht man das.

Welche Gedanken gingen dir da durch den Kopf, als du alleine in der Wand geklettert bist? Oder geht einem da überhaupt was durch den Kopf?

Mir ging wenig durch den Kopf. Ich habe den Moment und den Flow genossen. Beim Soloklettern macht man nicht automatisch Pausen, wie man das zu zweit macht, während man den Seilpartner sichert. Alleine ist das ein ständiges Vor-sich-hin-Werkeln. Als ich schon um zehn Uhr am Götterquergang war und damit die Hälfte hinter mir hatte, hab ich mir vorgenommen, mehr zu sichern und mir Zeit zu lassen. Anzukommen statt umzukommen!

Einen Tag vorher bist du morgens schon mal gestartet, um den Eiger solo zu klettern. Dann bist du umgekehrt und hast abgebrochen – warum?

Ich war an dem Morgen so mit mir beschäftigt, dass ich die falsche Abzweigung genommen habe. Und dann hatte ich zwei Stunden verloren und hab mir gedacht: Okay, ich fühle mich grad eher so, als sollte ich Kaffee trinken gehen. Und müde war ich auch. Als ich zurück am richtigen Weg war, fühlte ich mich nicht so, als sollte ich noch mal nach oben starten.

Ich habe mich gefragt: Will ich das so sehr, dass ich es mit der Vorermüdung und dem kleinen Gefühl der Unsicherheit trotzdem machen will? Dann habe ich mir gedacht: Nein, morgen und übermorgen ist das Wetter auch noch gut. Lass mal chillen gehen!

Du sagst, du warst an dem Morgen so mit dir selbst beschäftigt – was für Gedanken kamen dir da?

Ich stellte mir die Fragen: Hey, wie geht es mir? Will ich das? Und wenn ich die Fragen nicht sofort mit »Mir geht es gut, ich will weiterklettern« beantworten kann, sondern eher so: »Naja, ich weiß nicht, wie es mir geht, keine Ahnung« – dann beanspruchen diese Gedanken zu viel Platz im Kopf. Denn die Fragen kommen dann noch viel öfter.

Wie war das an dem Tag für dich? Du startest morgens mit dem Plan, die Eigernordwand solo zu klettern, dann verläufst du dich und brichst ab.

Es war voll befreiend. Mir wurde klar, dass es mir nicht extrem wehtut, mit leeren Händen nach Hause zu fahren. Und dass es funktioniert, denselben Weg, den ich hochklettern wollte, zur Not auch wieder runterzuklettern beziehungsweise abzuseilen. Mit leeren Händen fährt man eh in keinem Fall nach Hause. Wenn ich es nicht geklettert wäre, hätte ich trotzdem eine wertvolle Erfahrung gemacht. Es hätte zwar weniger Schulterklopfen gegeben, aber das ist ja auch okay (lacht).

Fragst du dich in so einer Situation, für wen du solche Aktionen machst?

Ja, voll! Ich habe mir eigentlich an dem ersten Tag, an dem ich abgebrochen habe, schon den ganzen Tag die Frage gestellt: Warum mach ich den Scheiß? Meine Mama nimmt mir regelmäßig das Versprechen ab, dass ich auf mich aufpassen soll, und dann steh ich da und denk mir so: Ist das jetzt Auf-mich-Aufpassen? *I don't know.*

Und dann fragt man sich schon, warum man das macht. Und wenn man dann zu dem Schluss kommt: Ich habe da einfach so Bock drauf und habe das Gefühl, ich mache es für mich, weil es mir Spaß macht, weil ich das will und es sich gut anfühlt – okay, dann nichts wie los!

Da geht's ja dann schon extrem darum, dein eigenes Befinden, dein Stresslevel, die Fitness, dein Können in einem bestimmten Moment richtig einzuschätzen. Wie wichtig ist deiner Meinung nach die Selbsteinschätzung beim Soloklettern?

Für mich hat das gleich viel mit Selbsteinschätzung zu tun, wie wenn ich mit einer Freundin oder einem Freund klettern gehe. Selbsteinschätzung ist immer wichtig beim Bergsteigen – oder bei allem, was ein höheres Risiko beinhaltet.

Und wenn ich Anfänger bin und klettern gehe, dann sollte ich rational darüber nachdenken: Hey, habe ich genug Erfahrung? Und wenn man das auf einem höheren Niveau betreibt, muss man sich eben auch immer wieder die Frage stellen: Bin ich jetzt im Moment physisch und psychisch dazu in der Lage? – Das ist für jeden wichtig und nicht nur beim Soloklettern.

Und ich glaube, es ist ein Geschenk, wenn man einen guten Kopf hat. So wie das bei mir ist. Aber das hat dann für mich auch nichts mit Selbsteinschätzung zu tun. Man kann sich ja einfach eingestehen, dass man vielleicht nicht den Kopf zum Soloklettern hat. Und dann ist das auch in Ordnung, wenn man das nicht macht. Ich weiß eh nicht, wie erstrebenswert es ist, solo zu klettern oder *Free Solo* zu klettern, nur weil man einen guten Kopf hat. Man kann schon darüber diskutieren, ob das sein muss.

Weil du gerade die Physis und die Psyche angesprochen hast – beim Thema Kopfspiel und Selbsteinschätzung, ruhst du da einfach in dir, hast du immer ein gutes Gefühl für deine Fähigkeiten, oder spielen da auch bei dir Stress und Müdigkeit eine Rolle?

Das ist voll wichtig. Jetzt gerade arbeite ich zum Beispiel viel, und als Arbeitseinsteigerin ist das für mich vom Kopf her anstrengend. Trotzdem könnte ich mir ein, zwei Tage rausnehmen, und da würde sich so was wie der Eiger ja theoretisch ausgehen.

In der Praxis bin ich aber dann an den zwei Tagen einfach zu platt, um so was zu machen. Das ist wie bei einem Akku, der leer wird. Ich kann das nicht ständig und immer machen, und das will ich auch gar nicht.

Im Prinzip geht es da um Konzentrationsfähigkeit. Und wenn ich mich auf der Arbeit konzentriere und dann müde heimkomme, dann will ich meinen Kopf nicht mehr anstrengen. Ich kann nicht Vollgas arbeiten und mich dann an den Wochenenden auch noch zerstören. Dann hänge ich spätestens nach der zweiten Woche durch.

Du, es gibt Leute, die machen das.

Ja, es gibt Leute, die machen das, und die haben dann mit 30 ganz viele graue Haare (lacht). Man muss schon auf sich aufpassen.

Eben meintest du, dass du deiner Mama regelmäßig versprichst, auf dich aufzupassen. Vorhin hast du erzählt, dass du deinen Fokus am Eiger irgendwann noch stärker auf »ankommen statt umkommen« gelegt hast. Und du hast auch schon erwähnt, dass einige deiner Freunde und Bekannten zu früh gegangen sind. Wie sehr beeinflusst dich das Risiko Bergtod in deinen Entscheidungen?

Ich glaube, im Endeffekt hat mich das schon sehr beeinflusst. Mit 18 war mir das Risiko zwar bewusst, aber definitiv nicht das Ausmaß. Da fiel es leicht, sich unsterblich zu fühlen und zu denken, dass man ja auch beim Autofahren umkommen kann. Wenn man dann aber mehr in die Materie hineinwächst und es dann Jahre gibt, in denen fünf Menschen sterben, die man über ein paar Ecken kannte oder die einem sogar näherstanden – dann spricht die eigene Statistik schon eher dafür, dass der Tod beim intensiven Betreiben des Bergsports wahrscheinlicher ist als beim Autofahren. Das Risiko ist zu einem gewissen Teil kumulativ: Je mehr Zeit man im exponierten Gelände verbringt, desto höher das Risiko.

Als im Sommer 2022 zwei Bergführerinnen in Frankreich ums Leben kamen, taten mir zunächst die Angehörigen leid. Und danach dachte ich mir: Bin ich froh, dass ich als Ärztin noch was Zweites habe und nicht vom Bergsteigen und Führen leben muss! An solchen Tagen bin ich einfach froh, wenn ich ins Krankenhaus gehe, da meinen Haken machen kann und danach laufen gehe. Das sind die Tage, an denen ich mir sicher bin, dass es für mich gut ist, zweigleisig zu fahren. Außerdem kann ich mir inzwischen vorstellen, dass es schön sein kann, Alltag zu haben, was als Ärztin durchaus leichter fällt als als Bergführerin. Und irgendwann mit 50 ist man vielleicht dann echt froh, dass man gediegen in seiner Praxis sitzen kann und jeden Tag um zehn Uhr seinen Kaffee schlürfen geht.

Das klingt tatsächlich sehr gediegen. Und ich wünsch dir, Laura, dass du heute in 25 Jahren um diese Uhrzeit mit einer Tasse Kaffee am Schreibtisch deiner Hausarztpraxis sitzt und mit der Gelassenheit deines dann 50-jährigen Alters aus dem Fenster auf die Berge schaust.

Selbsteinschätzung lernen: Tipps für einen bewussteren Blick auf dich selbst

von Antonia Schlosser

Selbsteinschätzung am Berg ist schwer. Auch ich struggle regelmäßig damit. Auf der einen Seite die quälende Frage, ob ich einem Ziel gewachsen bin: Ist die Tour nicht zu anspruchsvoll für mich? Was ist, wenn auf einmal Stellen so ausgesetzt sind, dass meine Technik, Kraft oder Ausdauer nicht mehr ausreichen? Und auf der anderen Seite die Enttäuschung, wenn ich mich nicht getraut habe und schon wieder eine Chance verfliegen lasse, über mich selbst hinauszuwachsen. Und dann gibt's ja auch noch die, die zu wenig oder sogar nie an ihrem Können zweifeln und sich dadurch in brenzlige Situationen bringen. Aber wie können wir das ändern? Wie können wir sicherer mit unseren Stärken und Schwächen werden?

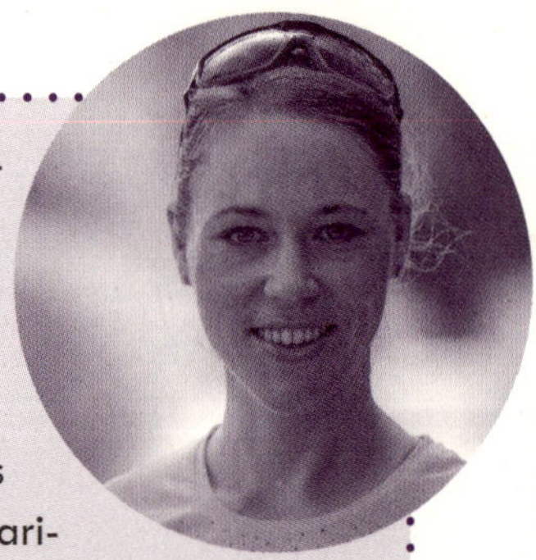

KERSTIN KÖGLER ist ehemalige Profimountainbikerin und arbeitet heute als Fahrtechnik- und Mentaltrainerin. Ihr Leitsatz lautet: »Ich bin nicht jeden Tag Superwoman.« Denn was wir in einem bestimmten Moment draufhaben – sei es am Berg oder auch sonst im Leben –, variiert von Tag zu Tag. Deshalb haben Kerstin und ich für dich sechs Tipps, wie du einen sicheren und bewussteren Umgang mit deiner Selbsteinschätzung bekommst.

TIPP 1: ÜBERPRÜFE DEINE MENTALE STÄRKE

Zu einer gesunden Selbsteinschätzung gehört laut Kerstin mentale Stärke. Aber wenn ich ehrlich bin – ich weiß gar nicht genau, was das ist: mentale Stärke. Für mich ist das einer der Begriffe, die wir viel zu oft verwenden, ohne genau zu wissen, was sie eigentlich bedeuten. Deshalb habe ich Kerstin gefragt: »Mentale Stärke ist für mich die Fähigkeit, in herausfordernden Situationen die optimale Leistung bringen zu können – ganz egal, was uns von innen oder außen beeinflusst.« Übersetzt heißt das: Mentale Stärke hilft uns dabei, in schwierigen oder unvorhergesehenen Situationen im Gebirge handlungsfähig zu bleiben. Also wenn zum Beispiel der Weg auf einmal ausgesetzter wird und uns vor eine Herausforderung stellt, mit der wir bei der Tourenplanung noch nicht gerechnet haben. »Gerade hier ist es wichtig, dass wir mental stark sind und uns gut selbst einschätzen. Denn die Konsequenzen im Gebirge sind einfach andere, wenn etwas schiefgeht, als wenn ich von meinem Wohnzimmer ins Schlafzimmer gehe.«

Das Gute an mentaler Stärke ist, dass sie aus vielen kleinen und großen Fähigkeiten besteht, die wir erlernen und weiter ausbauen können. »Im Outdoorsport ist es wichtig, dass du Vertrauen in dein eigenes Leistungsvermögen hast. Dass du Probleme lösungsorientiert angehst, dabei konstruktiv denkst und dich dann auch traust, zu handeln. Dass du deinen Fokus und deine Gedanken gut steuerst und auch, dass du dein Verhalten gut reflektierst und bereit bist, aus deinen eigenen Fehlern zu lernen«, erklärt Kerstin. Falls dir das jetzt zu theoretisch ist, gibt es zwei ganz konkrete Situationen, die dir zeigen, dass du noch an deiner mentalen Stärke arbeiten kannst: die **Unterschätzung** und die **Überschätzung**.

»Bei der Unterschätzung habe ich oft Zweifel und destruktive Gedanken. Viele malen sich auch Horrorszenarien aus, was alles passieren könnte. Und das hat natürlich Auswirkungen auf deinen Körper. Die Muskeln verkrampfen sich, der Atem stockt.« Und all das kann dazu führen, dass du in einer schwierigen Situation vielleicht sogar blockierst und in deiner Panik nicht das abrufen kannst, was du eigentlich draufhast.

Anders sieht es bei der Überschätzung aus, erklärt mir Kerstin. »Wenn ich oft stürze oder Fehler mache, wenn ich vielleicht sogar immer wieder richtige Misserfolge erlebe, dann kann es gut sein, dass ich mich vielleicht etwas überschätze.«

Du hast dich selbst in diesen Zeilen wiedererkannt? Dann kommen wir direkt zum nächsten Tipp, der vor allem für die Menschen hilfreich ist, die sich zu wenig zutrauen.

TIPP 2: MACH DIR DIE DINGE BEWUSST, DIE DU WIRKLICH GUT KANNST

Ich neige dazu, mich und mein Können zu unterschätzen. Das liegt vielleicht daran, dass ich mich viel besser an die Situationen erinnere, in denen mir das Herz an einer brenzligen Stelle in die Hose gerutscht ist, als an die, in denen ich anspruchsvollere Kraxeleien ohne große Probleme meistere. Und das ist auch ganz normal. Denn in der Gehirnforschung geht man davon aus, dass wir Menschen uns einfacher an die Situationen erinnern, die mit starken Emotionen verbunden sind – und dazu gehören eben auch die Momente, in denen auf dem Weg nach oben irgendetwas richtig schiefläuft.

Doch für mehr mentale Stärke und eine bessere Selbsteinschätzung ist es gerade wichtig, den Fokus auf das zu richten, was wir wirklich gut können. Kerstin hat dafür einen ganz einfachen Tipp: »Vielleicht hilft es dir, wenn du mal aufschreibst, was du schon alles in den Bergen erreicht hast. Wann hast du dich gut gefühlt? Welche Fähigkeiten hast du da erfolgreich eingesetzt? Mit diesem Wissen kannst du herausfordernden Situationen viel selbstbewusster begegnen.«

Klingt vielleicht ein wenig banal, aber mir selbst fiel diese Übung gar nicht so leicht, und mein Blatt war mehrere Wochen recht leer. Aber mit jeder Wander-, Berg- und Radtour haben sich die Zeilen darauf gefüllt. Und mir mit jedem aufgeschriebenen Wort mehr Sicherheit in meinem Können gegeben. Vielleicht probierst du es einfach mal aus?

An dieser Stelle noch ein wichtiger Hinweis von Kerstin, denn unsicheres oder ängstliches Verhalten muss nicht immer heißen, dass du dich unterschätzt und dir zu wenig zutraust. »Es kann auch sein, dass deine Unsicherheit berechtigt ist, weil dir noch eine körperliche Fähigkeit fehlt. Und da kann dieses Gefühl auch als Selbstschutz wichtig und richtig sein.« Und an dieser Stelle kommen wir direkt zum nächsten Tipp.

TIPP 3: DEIN KOPF IST WICHTIG – DEIN KÖRPER ABER AUCH

Bei aller mentalen Stärke und allem Fokus auf die Dinge, die du und ich gut können, dürfen wir eine Sache nicht vergessen: Am Ende klettert immer noch unser Körper über den ausgesetzten Felsen oder balanciert das Mountainbike über den schmalen Trail. »Wenn ich untrainiert bin, dann werde ich mich bei tausend Höhenmetern schwertun. Und dann kann mich meine mentale Stärke nur unterstützen, zum Beispiel durch gutes Zureden oder indem ich mir Etappenziele setze. Das Mentale kann aber meine Fähigkeiten nicht ersetzen.«

Hier ist ein Blick auf mein körperliches Können gefragt: Hab ich das, was ich für diese Route, diesen Klettersteig oder diesen Trail brauche, wirklich drauf? Oder muss ich vielleicht noch an meiner Ausdauer, Kraft, Balance oder Koordination feilen? Dass eine ehrliche Antwort gerade für Menschen, die noch recht neu in einer Bergsportart unterwegs sind, schwer ist, erklärt uns Kerstin so: »Man kann zu Beginn ja noch gar nicht abschätzen, was gut oder schlecht ist. Ich mache in meinen Fahrtrainings oft die Erfahrung, dass Menschen total baff sind, was man beim Mountainbiken überhaupt alles lernen kann. Und in so einem Fall ist dann einfach ein Blick von außen ganz hilfreich.« Bergführerinnen und Bergführer, Klettercoaches, Mountainbiketrainerinnen – das alles sind Menschen, die dir mit gezielten Übungen helfen können, dir sicherer darin zu werden, was du wirklich kannst. Und dann mit dir in einer gesicherten Trainingsumgebung, wie zum Beispiel in einer Kletterhalle oder auf einem Übungs-Trail, an deiner Technik und deinem körperlichen Können arbeiten und feilen. Du musst auch keine Sorge haben, als blutige Anfängerin abgestempelt zu werden. Denn auch ehemalige Profisportlerinnen wie Kerstin greifen gerne mal auf diesen Blick von außen zurück: »Ich habe eine Klettersteigtour gemacht und hatte einen Bergführer. Das war so wichtig, weil ich auf der Tour wirklich gemerkt habe, dass ich zwar körperlich fit bin, aber ganz viel Technisches noch nicht weiß.«

TIPP 4: ZEITEN ÄNDERN DICH: ACHTE IMMER AUF DICH, DEIN LEBEN UND DEINEN KALENDER

Gehen wir jetzt einfach mal davon aus, wir haben die optimalen Voraussetzungen: Du hast das nötige Selbstvertrauen, hast die Tour vielleicht auch schon vor ein paar Jahren problemlos gemeistert. Der Wetterbericht verspricht einen absoluten Traumtag. Du stapfst los, und plötzlich merkst du, dass irgendetwas mit dir nicht stimmt. Dass du an Stellen, die du damals so souverän gemeistert hast, auf einmal unsicher bist und von deinen eigenen Zweifeln überrumpelt wirst. Was war da los? Die Bedingungen waren doch perfekt?

Gründe kann es viele geben. Aber vermutlich hast du einfach einen schlechten Tag. Und die gehören zum Leben dazu. Vielleicht, weil wir Stress bei der Arbeit haben, uns mit unserer besten Freundin in die Haare gekriegt oder schlecht geschlafen haben. Eben all die Dinge, die sich auf deine mentale Stärke und dein Nervenkostüm auswirken können. Und hier kommen wir zu Kerstins Leitsatz: »Ich bin nicht jeden Tag Superwoman! Vielleicht war ich heute müde. Vielleicht war es heute einfach nicht mein Tag.«

Und gerade für uns Frauen kann es sich lohnen, an so einem Tag einen Blick in unseren Zykluskalender zu werfen. Denn der kann auch einen Grund für einen schlechten Tag zeigen, an dem wir uns unsicher und unwohl fühlen. »Nach dem Eisprung, ungefähr in der Mitte des Zyklus bis zum Beginn unserer Periode, fällt der Östrogenspiegel ab, während das Progesteron ansteigt. Diese hormonelle Veränderung kann in der Zyklusphase zu mehr Stimmungsschwankungen führen. Viele Frauen berichten, dass sie sich unsicher und gestresster fühlen oder weniger Motivation und Energie haben.« Natürlich ist der Zyklus von Frau zu Frau unterschiedlich. Falls du aber das Gefühl hast, dass es Zyklusphasen gibt, die sich auf deine mentale Stärke auswirken, nimm dir am besten ein paar Monate und beobachte dich und deinen Körper. Je mehr du dich selbst kennst, desto besser weißt du, was dir wann guttut und wann nicht. Spezielle Tipps zu (Berg-)Tagen mit deiner Periode findest du auch in unserem Kapitel »Menstruation & Zyklus«.

Und noch etwas: Dein Leben kann und wird sich immer ändern. Und damit auch deine Selbsteinschätzung. »Wenn ich zum Beispiel Mama bin und für ein Kind verantwortlich bin, kann es sein, dass ich plötzlich ein ganz anderes Sicherheitsbedürfnis habe. Denn dann hat ein Sturz für mein Leben deutlich andere Konsequenzen. Und bloß, weil ich diese Stelle an anderen Tagen schon zehnmal mit dem Mountainbike gefahren bin, darf ich nicht in die Falle tappen und sagen: Heute muss es auch gehen, obwohl ich mich eigentlich nicht danach fühle.«

Wirf also vor jeder Tour einen ehrlichen Blick auf dich selbst und frag dich: Wie geht's mir heute? Im Zweifel schmiedest du an schlechteren Tagen einen anderen Outdoor-Plan und holst die angedachte Tour an einem besseren Tag nach. Die Berge laufen uns ja nicht weg.

TIPP 5: TRAU DICH AUCH MAL, »NEIN« ZU SAGEN

Die Blockade. Sie ist für mich das Paradesignal für Selbstüberschätzung und plötzlich aufkommende Angst. Das sind die Situationen, in denen ich merke: Nichts geht mehr, weder vor noch zurück. Das Herz rast, die Hände und Muskeln verkrampfen sich. Wir denken nicht mehr klar, und unser ganzer Körper schreit »Hilfe!«. Eine Blockade ist kein schönes Gefühl. Und sie ist in den meisten Fällen – Gott sei Dank – vermeidbar. »Gerade in den Bergen kann ein bewusstes und frühes Nein viel wichtiger sein als ein Ja! Denn in so einer Blockade sind klare Entscheidungen kaum noch möglich.« Eine Frage, die wir uns deshalb vor jeder Tour stellen sollten, ist: Will ich das heute wirklich, oder lasse ich mich von irgendetwas oder irgendjemandem verleiten? Kerstin erinnert hier an den ersten Tipp: »Das ist dann wieder eine Sache der ehrlichen Selbstreflexion, wo wir uns fragen müssen, was uns wirklich antreibt. Brauchen wir vielleicht die Bestätigung, oder müssen wir unsere Grenzen austesten? Und ist ein alpines Gebiet, wo eine Bergrettung vielleicht schwer ist, wirklich das richtige Umfeld dafür?« Klare Entscheidungen treffen zu können und sich dabei auch öfter zu trauen, Nein zu sagen, ist für eine gute Selbsteinschätzung essenziell wichtig.

TIPP 6: SEI DIR IMMER BEWUSST, DASS DU MANCHE DINGE NICHT BEEINFLUSSEN KANNST

Eine Sache darf ich in diesem Kapitel nicht unter den Tisch fallen lassen: Das letzte Wort hat im Gebirge die Natur. Und manchmal haben wir auf einen plötzlichen Wetterumschwung, brüchigen Fels oder versteckte Gletscherspalten nur wenig oder auch überhaupt keinen Einfluss. In unserer Selbsteinschätzung können wir die Natur trotzdem berücksichtigen, erklärt Kerstin: »Es ist superwichtig, die Risikofaktoren meines Vorhabens zu kennen. Denn nur dann kann ich Maßnahmen treffen, um das Risiko zu minimieren und die Sicherheit zu erhöhen. Zum Beispiel durch einen Ausrüstungscheck, einen ganz genauen Wettercheck, ein gutes Notfallmanagement und auch alpines Können, wie zum Beispiel in Gletscherspalten-Bergungen. Es ist wichtig zu wissen, was man nicht weiß beziehungsweise nicht beeinflussen kann.« Auch wenn dir durch neues Wissen, wie zum Beispiel über Lawinen oder Steinschläge, bestimmte Gefahren überhaupt erst bewusst werden und du dich dadurch im ersten Schritt verunsichert fühlst, es wird dir auf Dauer dabei helfen, dich selbst besser einzuschätzen.

Selbsteinschätzung – Kerstins Checkliste:

Für einen schnellen und guten Überblick in Sachen Selbsteinschätzung hat mir Kerstin vier Fragen mitgegeben, die dir dabei helfen können, dich vor jeder Tour besser einzuschätzen. Frag dich ehrlich …

1. … ob du die Tour wirklich selbst machen möchtest oder dich irgendwas anderes antreibt!
2. … ob du das, was du vorhast, körperlich und technisch kannst und das richtige Equipment dafür dabeihast!
3. … ob es dir gut geht und du dich fit fühlst! Hast du genug geschlafen, gegessen und getrunken?
4. … ob du vor einer Herausforderung positiv aufgeregt und nervös bist, weil du auf dieser Tour über dich hinauswachsen kannst, oder ob du schon kurz vor der mentalen und körperlichen Blockade stehst!

Selbsteinschätzung und Angst sind zwei Themen, die eng miteinander verwoben sind. Falls du noch tiefer in das Thema einsteigen möchtest, kannst du das gerne ein paar Seiten weiter bei unseren Tipps für angstfreie Tage am Berg.

ANGST
EINE HÄUFIGE BEGLEITERIN

Angst begleitet uns durch unser ganzes Leben: Manche von uns betrifft sie mehr, manche weniger. Was für die einen eine Herausforderung ist, lässt andere müde gähnen. Angst kann man vor allem Möglichen haben: davor, dass alle anderen in der Gruppe viel besser oder schneller sind als man selbst. Dass man ein gestecktes Ziel nicht erreicht oder sich an der Schlüsselstelle nicht traut. Am Berg kommt für viele die Angst vor objektiven Gefahren hinzu, zum Beispiel vor Gewitter, Steinschlag oder Lawinen. Oder die Angst, zu stürzen, sich wehzutun oder zu sterben. Kurz: In irgendeiner Form betrifft Angst uns alle. Dass auch Extremsportlerinnen nicht frei von Ängsten sind, hat Kaddi von Géraldine Fasnacht erfahren. Die Snowboarderin und Wingsuit-Fliegerin hat schon viel mehr als nur eine beängstigende Situation in den Bergen erlebt. Wie sie ihre Leidenschaft trotzdem leben kann, darüber spricht sie mit Kaddi im Interview.

Damit Angst uns aber nicht einschränkt, hat Toni sich mit der Bergwanderführerin, Psychologin und Sport- und Mental-Coachin Kristina Stürz hingesetzt und für uns Strategien für einen besseren Umgang mit unseren Ängsten am Berg zusammengetragen. Doch zunächst erzählt uns Katharina von einer Angst, die sie schon lange begleitet und am Berg weitverbreitet ist: die Höhenangst. Und davon, wie sie sich dieser Angst gestellt hat.

Mit Herzklopfen am Abgrund – Katharina stellt sich ihrer Höhenangst

von Katharina Heudorfer

Mein Leben hängt an einem Bohrhaken. Und der steckt in einem Kalkfelsen in rund 20 Metern Höhe. Direkt links von mir fällt die Wand steil ab. Noch weiter unten im Tal, von mir aus gesehen rechts, brausen lärmend die Autos vorbei. Mein Herz schlägt schneller als sonst, meine Beinmuskeln zittern. Ich habe Angst. Keine Panik, aber Angst. So habe ich mir das nicht vorgestellt. Ich hänge in meinem Klettergurt am ersten Standplatz der Kletterroute und bin gerade einmal eine Seillänge, also ungefähr zehn, fünfzehn Meter geklettert. Rund 30 Meter habe ich noch vor mir.

Wir sind am Glasfels im Blautal bei Blaubeuren. Das ist in der Nähe von Ulm. Es ist September - ein lauer Spätnachmittag zwischen Sommer und Herbst. Noch tragen die Buchen tief unter mir ihr grünes Kleid. Zusammen mit meiner Cousine Regina will ich heute die erste Mehrseillängenroute meines Lebens klettern. Trotz meiner Höhenangst.

Im Gegensatz zu mir ist Regina ein Kletter-Profi. Sie ist 26 Jahre alt, klettert seit knapp zehn Jahren und hat - was mich wirklich beeindruckt - zeitweise neben ihrem Medizinstudium bis zu drei Jugendgruppen beim Alpenverein geleitet, mit denen sie regelmäßig am Berg war. Ich habe keine Ahnung, wie sie das geschafft hat, aber die Energie dafür scheint bei ihr endlos zu sein. Sie ist meine zwölf Jahre jüngere Cousine - aber heute nimmt sie mich unter ihre Fittiche.

Bei mir ist es ungefähr 20 Jahre her, seit ich das erste Mal geklettert bin. Seitdem gab es immer wieder Phasen, in denen ich mal mehr, mal weniger oder auch jahrelang überhaupt nicht klettern war. Mit 17 habe ich damit tatsächlich bewusst angefangen, um an meiner Höhenangst zu arbeiten.

Hier am Glasfels in Blaubeuren haben Regina und ich für heute Folgendes geplant: eine eigentlich leichte Kletterei, eine IV+, die Glaserkante. Auf der internationalen UIAA-Kletterskala, die vom ersten (= I) bis hoch zum zwölften (= XII) Schwierigkeitsgrad geht, ist der vierte Grad als der angegeben, bei dem man für gewöhnlich nicht mehr ohne Seilsicherung auskommt.

Von der Kletterschwierigkeit her ist das gut machbar für mich. In der Halle schaffe ich auch mal eine VII, am Fels beim Sportklettern liegt mein Können eher so um den V. Schwierigkeitsgrad. Meine Herausforderung wird heute die Höhe sein, die mit mehreren Seillängen auf mich zukommt. Alle anderen Touren, die ich bisher am Fels geklettert bin, waren Touren mit einer Seillänge. An deren Ende, in etwa 15 Metern Höhe, befand sich ein sogenannter Umlenker. Das ist ein fest installierter Umlenkpunkt, zum Beispiel ein Metallring, Bohrhaken oder Karabiner, in den ich das Kletterseil einhängen konnte. Und von dem aus ich dann von meiner Kletterpartnerin abgelassen wurde.

Bei einer Mehrseillängentour baut man als Vorsteigerin nach der ersten Seillänge einen Standplatz. Daran sichert man sich selbst und seine Kletterpartnerin, die nun gesichert nachsteigen kann. Von dort aus geht es dann weiter nach oben. So können mehrere Seillängen nacheinander geklettert werden. Als Seilschaft kann so Stück für Stück eine hohe Wand erklommen werden. Es werden mindestens zwei Seillängen nacheinander geklettert. Der wesentliche Unterschied ist, dass Mehrseillängenrouten deutlich länger sind und damit höher hinaufgehen.

Heute geht es ungefähr 40 Meter hinauf – so hoch ist die Wand hier am Glasfels im Blautal. Ich habe gerade die erste Seillänge hinter mir und frage mich schon am ersten Standplatz, ob die Tour nicht eine Nummer zu groß für mich ist. Ich spüre, dass es mir schwerfällt, Vertrauen zu fassen: in den Bohrhaken, an dem ich hänge, und in den Klettergurt. Statt am Standplatz im Gurt zu hängen und eine kleine Pause zu machen, stehe ich verkrampft auf einem schmalen Felsvorsprung und halte mich mit der rechten Hand angestrengt an einem großen Griff fest. In mir wächst die Befürchtung, dass ich mich mit dieser Tour übernommen habe und es langsamer hätte angehen sollen.

Meine Gedanken schweifen zurück zu dem Höhenangst-Training, das ich vor einem Monat bei Kristina Stürz gemacht habe. Damals hat sie mir geraten: »Mach nicht den Fehler, den viele machen. Geh nicht zu schnell raus aus deiner Komfortzone. Dehne sie lieber langsam aus, statt einen zu großen Sprung zu machen.« Für mich fühlt sich das hier gerade verdammt nach einem zu großen Sprung an. Aber der Reihe nach.

Meine Höhenangst begleitet mich, seit ich denken kann. Als ich ungefähr vier Jahre alt war, bin ich mit meiner Familie einmal spazieren gegangen. Wir kamen an einem kleinen Spielplatz vorbei, auf dem ein Klettergerüst stand. Ich erinnere mich noch, wie ich ziemlich mutig startete und mich zügig an den Seilen hochzog. Doch plötzlich verließ mich mein Mut. Keine Ahnung, warum. Aber oben angekommen, bekam ich Panik. Davor, mich nicht festhalten zu können. Oder aus Versehen die Seile des Klettergerüstes loszulassen und auf den Boden zu stürzen. Ich weiß nicht mehr, wie ich runterkam. Aber ich kenne das Gefühl danach: die Scham, mich nicht getraut zu haben. Das bleibt hängen.

Mehr als dreißig Jahre später sitze ich in meinem Auto und bin auf dem Weg nach Fulpmes. Das liegt im Stubaital, gerade mal eine Viertelstunde von Innsbruck entfernt. Es ist Ende August. Und wie fast den ganzen Sommer 2022 hindurch, soll es auch heute wieder ein Wahnsinnswetter werden. Sonne satt.

Gleich treffe ich Kristina Stürz, genannt Kris. Sie ist Psychologin. Und, was für mich und meine Situation viel wichtiger ist: Sie ist Höhenangst-Trainerin. Mit ihrer Hilfe will ich das Thema endlich professionell angehen. Und nicht nur das. Ich plane, das Gelernte in einem Monat umzusetzen – auf der allerersten Mehrseillängen-Klettertour meines Lebens.

Ich bin nervös. Jetzt und auch die letzten Tage schon. In meinem Kopf dreht sich das Gedankenkarussell: Was, wenn ich nach so vielen Monaten, in denen ich wegen meiner Schwangerschaft und jetzt mit Baby kaum ernsthaft im Gebirge unterwegs war, alles verlernt habe und nun wie auf rohen Eiern über Geröllpassagen stolpere? Was, wenn ich zu große Angst habe und mich nichts traue? Mein Kopf ist voller Selbstzweifel.

Und während ich bei der Ankunft am Parkplatz der Bergbahn noch versuche, diese Gedanken für heute beiseitezuschieben, entdecke ich ein großes Banner. Es bewirbt eine Aussichtsplattform, die offenbar am Berg oben unweit der Gipfelstation steht. Auf dem Foto sieht die im Sonnenuntergang zwar zweifellos idyllisch aus – aber ich mache darauf schnell diese Aussichtsbalkone aus Metallgittern mit verglaster Brüstung aus, die weit über den Abgrund ragen. Ich befürchte, das wird meine erste Aufgabe: auf diesen Metallgittern überm Nichts zu stehen.

Als ich Kris wenige Minuten später zur Begrüßung umarme, habe ich mich wieder gefangen. »Hey, guten Morgen, hast du gut hergefunden?« Meine Coachin steht mit Cap und darauf positionierter Sonnenbrille vor der Talstation. Bei ihr sieht das nicht gewollt, sondern lässig aus. Kris ist mir direkt sehr sympathisch. Sie ist ungefähr gleich groß wie ich, um die 1,70 Meter, schätze ich, 46 Jahre alt und wirkt sehr sportlich. Die Begrüßung ist herzlich, wir sehen uns das erste Mal, haben aber schon ein paarmal telefoniert. »Hat alles gepasst, ich bin nur ein bisschen aufgeregt«, beichte ich ihr.

Mit der Gondel fahren wir hoch auf rund 2 000 Meter. Situation Nummer zwei heute, die mir zumindest ein aufgeregtes Gefühl in der Magengrube beschert – Gondelfahren ist nicht meine Lieblingsbeschäftigung. Ich mag es nicht sonderlich, in so einem Kasten hoch oben über der Tiefe zu schweben. Aber Kris und ich unterhalten uns die Fahrt über, und so verfliegt das Gefühl auch wieder. Außerdem ist der Blick auf die Berge ringsum traumhaft. Sie wirken massiv – auf der einen Seite die Kalkkögel, die auch die Dolomiten Nordtirols genannt werden, auf der anderen Seite zeigt mir Kris den Habicht und weit hinten im Tal das Zuckerhütl.

Sie erklärt mir, dass sie heute immer wieder mein Angstlevel abfragen wird. »Die Skala geht von null bis zehn – null bedeutet keine Angst. Zehn richtige Panik. Und über sechs, sieben möchte ich mit dir heute nicht gehen, weil du sonst schon so stark in der Angst und Anspannung – sprich: im Stressmodus – bist, dass dein Gehirn die Erfahrung nicht mehr positiv abspeichert.«

Sie fragt mich nach konkreten Höhenangst-Situationen, an die ich starke Erinnerungen habe. Ich erzähle ihr von der Situation am Klettergerüst. Und von einer Tour, bei der ich vor ein paar Jahren mit meinem Freund den höchsten Berg Sloweniens bestiegen habe, den Triglav. Abgestiegen sind wir damals über einen sehr langen Grat, an dem es rechts und links 500 Meter fast senkrecht runterging. Es gab zwar ein Drahtseil, das aber lediglich an lockeren Eisenstangen befestigt war. »Ich hab es da nur runtergeschafft, weil ich gesungen und mir wie eine Bekloppte ununterbrochen selbst gut zugeredet habe«, sage ich lachend und mache ihr mit verstellter Stimme singend vor, wie das ablief: »Du schaffst das, Katharina! Nur noch ein Schritt, und dann noch einer, das ist ein Ki-Ka-Kinderspiel! Du brauchst keine Angst zu haben, GAR KEINE!« Kris muss auch lachen.

Mir war es in Slowenien vollkommen egal, wie das auf andere wirkte oder was Entgegenkommende über mich dachten, denn mir half es sehr. Und mir ist auch jetzt egal, ob Kris mich für verrückt hält. Vielleicht ist das mein Joker: In der Hinsicht habe ich keine Hemmungen.

Kris muss immer noch grinsen, als sie erklärt: »Du hast da intuitiv schon ganz viel richtig gemacht. Du hast zwei Strategien angewandt, die auch zur Behandlung von Angst verwendet werden. Die funktionieren sehr gut in Situationen, in denen man akute Angst erlebt beziehungsweise sich ihr aussetzt. In der sogenannten Expositionstherapie konfrontiert man sich so lange behutsam mit seiner Angst, bis diese ein erträgliches Maß annimmt.«

Kris legt sich ihre Hand auf die Brust. »Wenn wir Angst haben, dann kommt es zu einer flacheren Atmung, und unsere Muskeln verspannen sich. Es ist super, wenn du dann pfeifst oder eben singst. Denn dann kannst du die Luft gar nicht anhalten und dich weiter verkrampfen. Das heißt, in dieser Angstsituation entspannt sich durch das Singen deine Atmung automatisch.«

Ich bemerke, wie ich mich, während sie das sagt, gleich aufrichte und beginne, tief in den Bauch ein- und auszuatmen. Stimmt, so banal es ist, das hilft immer.

»Und auch dieses Selbstgespräch, das du da mit dir geführt hast, ist eine gute und verbreitete Methode, um allgemein mit Unsicherheiten umzugehen. In deinem Fall mit der Höhenangst. Die Methode heißt: sich selbst der ideale Coach sein.

Dabei spricht man im Kopf oder auch laut mit sich selbst, wie das ein wohlwollender, motivierender Trainer machen würde, und bekommt dadurch wieder mehr Selbstvertrauen, bis man schließlich die Zuversicht fasst, dass man das packen kann. Voraussetzung ist natürlich, dass man die technischen Fähigkeiten draufhat, also zum Beispiel die Kletterschwierigkeit beherrscht.«

Unsere Gondel erreicht die Bergstation auf rund 2000 Metern. Wir steigen aus und gehen tatsächlich als Erstes in Richtung der Aussichtsplattform, die ich auf dem Werbebanner gesehen habe. Die mit den Metallgittern über dem gähnenden Abgrund. Ich spüre: Von Panik bin ich zwar weit entfernt, aber ich habe Schiss. Auf der Angst-Skala stehe ich vielleicht bei einer guten Drei, Tendenz Richtung vier. Wir nähern uns der Plattform langsam. Der Wanderweg ist so breit, dass wir nebeneinandergehen, während Kris mir Tipps für meine erste Aufgabe gibt. Sie spricht dabei ruhig und gelassen, und mir fällt auf, wie das meine Nervosität mindert. »Mach einen Schritt zurück und schau dir die Ausgangssituation in Ruhe von einem sicheren Platz aus an. Achte auf deine Atmung – wenn du merkst, dass du verkrampfst, atme noch mal tief durch.«

Ich soll den vor mir liegenden Weg in mehrere Unterwege unterteilen – also nicht das große Ganze vor mir sehen, sondern die kleinen Schritte dazwischen. Und dann einen Schritt nach dem anderen machen. Klingt einfach. Mal sehen, ob ich das umsetzen kann.

Ich atme ein und aus. Von meinem Standort aus, nur wenige Meter von der Plattform entfernt, sehe ich, dass die Plattform zum Großteil aus Holzplanken besteht. Ich weiß: Auf diesen Planken zu stehen stellt für mich kein Problem dar. Denn sie sind nicht durchsichtig, und daher habe ich auf ihnen nicht das Gefühl, über dem Abgrund zu hängen. Ich überlege kurz und bin mir dann sicher: Das krieg ich hin. Eins nach dem anderen!

Ich laufe also von dem breiten Wanderweg zu den Planken. Es fällt mir leicht. Da stehe ich jetzt, ohne Angst. Und entdecke plötzlich, dass der Berg direkt unter dem ersten Gitterbalkon gar nicht so abrupt in die Tiefe stürzt, wie es auf dem Banner unten im Tal wirkte. Kein jäher Abgrund. Kein luftiges Nichts.

Ich werde mutiger, marschiere schnurstracks auf den Aussichtsbalkon zu, betrete eine Sekunde später die Metallgitter und stehe am Geländer mit der Glasscheibe. Und bin völlig überraschend total entspannt. Mein Angstlevel ist in null Komma nichts runter auf eine läppische Eins gepurzelt.

Ich lächle und blicke mich zufrieden um. Und es kommt noch besser: Von hier aus sehe ich, dass auch die beiden anderen Aussichtsbalkone gar nicht so weit in den luftleeren Raum ragen, wie es auf dem Foto für mich aussah. Und so betrete ich alle drei innerhalb weniger Minuten. Ohne Angst.

Ich bin baff. So leicht hätte ich mir das vor einer knappen Stunde nicht ausgemalt. Kris war die ganze Zeit an meiner Seite. Jetzt steht sie direkt neben mir auf dem dritten Balkon mit Blick hinunter ins Stubaital. Sie hebt die Augen, und mit einem herzlichen Lächeln lobt sie mich: »Ich finde, das hast du gerade richtig toll gemacht.« Ich spüre, dass sie sich wirklich für mich freut. »Du bist auf Stufe drei, vier gestartet und stehst jetzt hier ganz entspannt neben mir. Das ist eine starke Leistung.« Es tut gut, dass sie das sagt. Für Leute ohne Höhenangst mag es lächerlich klingen, aber ich bin stolz darauf, wie ich meine erste Aufgabe gemeistert habe.

Kris und ich verlassen die Aussichtsplattform und gehen bergauf. Mein erstes positives Erlebnis beschwingt mich. Kris geht ein Stück vor mir, der Steig ist hier viel schmaler als eben noch. Rechts neben uns verläuft ein Hochtal mit saftigen Almwiesen, die im Winter Teil des Skigebietes sind. Hier und da entdecke ich Hütten, dazwischen wechseln sich Nadelbäume und Seilbahnmasten ab, bis sich schließlich in der Ferne die schroffen grauen Kalkkögel mächtig erheben.

Kris will wissen, ob ich mich an Situationen in meiner Kindheit erinnere, in denen ich Sturzangst hatte. Meine Klettergerüstgeschichte kennt sie ja schon aus der Gondel. Ich überlege und spüre, wie eine flüchtige Nervosität in mir aufsteigt. Denn ich muss an sehr steile, vereiste Hänge beim Skifahren als Kind denken. Da bin ich zwar als Zehnjährige immer irgendwie runtergekommen. Doch als ich ihr davon erzähle, fällt mir auf, dass ich das nicht als Erfolgserlebnis in Erinnerung habe.

Kris bleibt an einer breiteren Stelle des Weges stehen, und ich schließe zu ihr auf. »Es stimmt zwar, dass Angst weniger wird, wenn du dich mit ihr konfrontierst. Aber da sollte man langsam vorgehen. Bei der Angst gibt's die Komfort-, die Lern- und die Panikzone. Und das Ziel ist, deine eigenen Grenzen langsam in Richtung Lernzone auszudehnen! Und dabei nicht einen großen Sprung zu machen – rein in die Panikzone. Das Problem daran:

Wenn die Angst zu stark ist, dann werden auch Situationen, die man gut bewältigt hat, nicht positiv abgespeichert. Weil der Körper in dem Moment zu sehr mit Stresshormonen, wie beispielsweise Adrenalin und Noradrenalin, durchströmt wird. Das verhindert einen positiven Lerneffekt.«

Das ist für mich ein echter Aha-Moment. Selbst wenn ich also das Klettergerüst damals irgendwie wieder runtergekommen bin und die steile, vereiste Skiabfahrt geschafft habe – mein Gehirn hat das nicht als Erfolgserlebnis verbucht, weil es so unter Stress stand.

Einen Monat später, als ich mit meiner Cousine Regina im Blautal meine allererste Mehrseillängenroute klettere, kommen mir die warnenden Worte von Kris wieder in den Sinn: Keinen großen Sprung machen! Grenzen langsam ausdehnen! »Hätte ich sie mir nur stärker zu Herzen genommen!«, denke ich mir. Meine Knie zittern. Meine Hände sind leicht feucht vom Schweiß. Irgendwie hatte ich gehofft, dass ich nach dem Training mit Kris ein gutes Gespür für meine Höhenangst hätte.

Eigentlich bin ich vorhin ganz gut gestartet. Ich habe die Methode, die Kris mir an der Plattform gezeigt hatte, schon angewendet, bevor wir losgeklettert sind: von einem sicheren Standort aus den Weg in kleine Abschnitte unterteilen.

Am Fuß des Felsens habe ich neben Regina gestanden und mit ihr die Route durchgesprochen. Sie zeigte mit dem Finger auf ihr Handy mit einem Foto vom Topo der Tour, also von der grafischen Routendarstellung. Darauf ist der Fels mit den einzelnen Sicherungen und Standplätzen zu sehen. »Die erste Seillänge ist relativ leicht, da gibt es bis zum ersten Standplatz nicht mal feste Zwischensicherungen, ich werde aber mobile Sicherungen legen.« Während sie fortfuhr, hob sie immer wieder die Hand und deutete auf Stellen im Fels. »Es geht dann ziemlich bald auf die Rückseite des Felsens und dann über leichtes Gelände zum ersten Standplatz.« Sie klang souverän und routiniert, und das gab mir Vertrauen.

Es klang machbar. Sie kletterte vor, machte den Vorstieg, wie das genannt wird, ich sicherte sie. Und als ich dran war, lief es auch bei mir wie am Schnürchen. Ich stieg nach, während sie mich am von oben herabhängenden Seil sicherte. Und es war wirklich eine leichte Kletterei. Die erste Seillänge hatte ich flugs hinter mir.

Doch nun hänge ich an diesem verflixten Bohrhaken unseres ersten Standplatzes und fühle mich überhaupt nicht gut. »Da hilft es mir jetzt auch nicht weiter, wenn ich den Weg in Gedanken unterteile!«, denke ich trotzig. Regina neben mir bereitet sich darauf vor, gleich die zweite Seillänge vorzusteigen. Ich merke, wie ich anfange, mich über mich selbst zu ärgern, als Regina mich fragt: »Katharina, wovor hast du eigentlich gerade Angst?« Ich überlege, sehe sie mit einem zerknirschten Lächeln an, zucke mit den Schultern. »Meine Angst ist, dass dieser Bohrhaken locker werden könnte, aus der Wand bricht und ich in die Tiefe stürze. Oder dass die Bandschlinge mich nicht hält.« So laut ausgesprochen ist es mir fast ein bisschen peinlich. Aber ja, das ist meine Angst.

Und während ich das sage, erinnere ich mich an eine andere Strategie, die Kris mir beim Höhenangst-Training gezeigt hat: den Reality-Check. Dabei überprüft man die eigene Angst, überlegt, was daran rational und was irrational ist.

Rational: Ich bin hoch oben an einem Felsen, da darf man schon Angst haben. Und der Bohrhaken? Ich greife danach, spüre das kalte Eisen an meinen Fingern und rüttele mit aller Kraft daran. Und es passiert: gar nichts. Er hat kein Spiel, sitzt nicht locker, steckt bombenfest in der Wand. »Die Routen hier im Blautal sind in einem sehr guten Zustand und immer top saniert. Die Wahrscheinlichkeit, dass dieser Haken ausbricht, geht gegen null.« Während Regina das mit ruhiger Stimme sagt, blickt sie mich direkt an. »Und das Gleiche gilt für den Klettergurt, die Bandschlinge, Karabiner und so weiter. Schau mal, was die kräftemäßig aushalten müssen, damit sie verkauft werden dürfen!« Sie zeigt mir das Etikett der Bandschlinge, auf dem 22 kN steht, also 22 Kilonewton.

»Das bedeutet, dass sie 22 Tonnen Gewicht aushält.« Jetzt lacht sie mich an: »Was wiegst du? 60? 65 Kilo? Ich glaube nicht, dass du an die 22 Tonnen rankommst.«

Ergebnis meines Reality-Checks: Meine Angst ist gerade überwiegend irrational. Ich darf mich hier sicher fühlen. Und tatsächlich entspannt sich meine Hand ein wenig, löst sich vom Griff, und ich setze mich langsam in den Klettergurt. Hält.

Regina klettert unterdessen weiter und steigt die nächste Seillänge vor. Mein Blick streift umher, doch besonders viel kann ich noch nicht sehen, denn wir stecken noch mitten in den Bäumen. Nur direkt neben mir fällt der Fels auf beiden Seiten beunruhigend steil ab. Ich bemühe mich, tief und ruhig zu atmen und meine Aufmerksamkeit auf Stellen vor mir zu lenken und nicht in die Tiefe unter mir. Eine Seillänge habe ich geschafft. *Two more to go.*

Zurück zu meinem Höhenangst-Training mit Kris im Stubaital gut einen Monat vorher. Wir kommen jetzt an dem Punkt an, der heute vermutlich mein Untergang werden wird.

Bis hierher habe ich den Eindruck, dass mir alles leichter fällt, als ich es am Morgen erwartet hätte. Wir sind jetzt vier Stunden unterwegs, und ich bin sicher, dass ich heute nicht mal ansatzweise an meine Grenzen komme und sogar deutlich unter der von Kris maximal angepeilten Angst-Stufe sechs bleiben werde. Aber ich habe mich geirrt.

Von dem breiten Grat, auf dem wir wandern, zweigt ein kleiner Weg ab, der immer schmaler wird. Nach etwa zehn Metern bricht der Fels plötzlich ab. Es geht circa 50 Meter steil nach unten.

Kris ist vorausgegangen und deutet auf die Abbruchkante. »Deine Aufgabe ist, dich hier an den Abgrund zu stellen. Wenn du magst, kannst du dich auch an der Kette ein bisschen nach hinten lehnen.« Sie sagt es, als wäre es nichts Großes. Vermutlich, weil sie mich in den letzten Stunden als nicht sehr ängstlich kennengelernt hat. Sie zeigt mir die Eisenkette, die ich bisher übersehen habe. Sie ist kurz vor dem Abgrund an eine Abseilstelle montiert. »Die Bergführerinnen und Bergführer üben hier mit ihren Kursen das Abseilen«, sagt Kris, als sie meinen irritierten Blick auf die Konstruktion wahrnimmt.

Ich merke, wie mein Körper verkrampft. Meine Hände schwitzen. Ich spüre mein Herz klopfen. Mein Brustkorb fühlt sich eng an, mein Bauch flau. Die 50 Meter Tiefe machen mir zu schaffen. Ich traue mich kaum, hinunterzublicken. »Wenn ich da stürze, falle ich ungebremst«, schießt es mir durch den Kopf, und mir kommt die Erinnerung vom Klettergerüst in den Sinn. Die Angst, plötzlich aus Versehen loszulassen.

Trotzdem will ich es versuchen und das anwenden, was Kris mir heute an die Hand gegeben hat: einen Schritt zurück machen, die Situation beurteilen, den Weg in kleine Abschnitte unterteilen.

Ich setze den ersten Fuß auf den kleinen Vorsprung. Und will den zweiten danebensetzen. Es geht nicht. Ich breche ab.

Kris steht ein Stück entfernt. Sie geht zur Eisenkette und macht es mir einmal vor: Sie nimmt sie in die Hand, stellt ihre Füße auf die kleine Stelle kurz vor dem Abgrund, lehnt sich an der Kette nach hinten, Richtung Abbruchkante, und fragt mich dabei: »Wovor konkret hast du Angst? Was davon sind rationale oder irrationale Gedanken?« Als sie meinen verkrampften Gesichtsausdruck bemerkt, stellt sie sich wieder neben mich, in die Sicherheit. Wir machen gemeinsam den Reality-Check. Ergebnis: Rein rational gibt es im Moment keinen Grund für mich, Angst zu haben. Und trotzdem.

»Auf welcher Stufe der Angst-Skala bist du gerade?«, möchte Kris wissen. Ich setze mich auf den Boden – kurz durchschnaufen. Ich überlege laut: »Es fühlt sich mindestens nach einer Fünf an. Eigentlich sogar eher eine Sechs bis Sieben.« Ich zwinge mich, tief ein- und auszuatmen. Dann stehe ich auf, schüttle meine Glieder und probiere es ein zweites Mal.

Der erste Fuß, der zweite, ich zögere.

Aber der Reality-Check hat nichts geholfen. Wieder breche ich ab.

So schnell kann es gehen – eben noch war ich die Selbstsicherheit in Person, und jetzt traue ich mich nicht mal, mich für ein paar Momente an einer massiven Eisenkette an einen Abgrund zu stellen. Kris spürt offenbar, wie sehr ich mich über mich selbst ärgere. »Katharina, du musst das nicht machen. Es ist okay! Wir sind seit einigen Stunden unterwegs, du bist wahrscheinlich einfach durch!« Tatsächlich merke ich, dass die letzten Stunden doch ziemlich an mir gezehrt haben. Aber ich will noch nicht aufgeben. Ich versuche es ein drittes und letztes Mal. Dieses Mal will ich es wieder mit der Methode versuchen, die mir schon vor fünf Jahren an dem ausgesetzten Grat am Triglav geholfen hat. Ich will mir selbst eine ideale Coachin sein.

Ich lege los, nehme die massive Eisenkette in die Hand und fange an zu singen. »Katharina, die hält bombensicher! Geh mal einen Schritt da runter, da ist zwar Geröll, aber das ist kein Themaaa! Tritt einfach langsam und vorsichtig dahin.«

Mein erster Fuß steht jetzt auf der Stelle wenige Zentimeter vor dem Abgrund.

Ich rüttle noch mal heftig an der Eisenkette, gröle dabei leidenschaftlich vor mich hin: »Keine Angst, das geeeeht, du schaaaffst das, und du kannst dich ja festhalteeeeen!«

Ich setze den zweiten Fuß daneben. Und stehe da. Lehne mich vorsichtig nach hinten, hänge an der Eisenkette. Und spähe runter in den Abgrund. Krass.

Ich habe noch immer ziemlichen Respekt vor dieser Situation, vor der Kante am Abbruch, vor der Tiefe. Aber keine richtige Angst mehr! Ich hätte es niemals für möglich gehalten, dass es mit der idealen Coachin so einfach geht. Ich bin stolz auf mich, es noch mal gewagt zu haben. Und dass es beim dritten Anlauf tatsächlich geklappt hat.

Rund einen Monat später, am Glasfels in Blaubeuren. Am ersten Standplatz unserer Mehrseillängenroute. Immer noch hänge ich hier. An diesem unsäglichen Bohrhaken. Und dieser Moment an der Eisenkette am Abgrund beim Höhenangst-Training mit Kris kommt mir in Erinnerung. Wie sehr sie sich mit mir gefreut hat, als ich es doch noch geschafft hatte. Mich doch überwunden hatte. Wie gut ich mich danach fühlte. Und ich entscheide auch jetzt, auf diese Methode zurückzugreifen: Ich will mir selbst die ideale Coachin sein. Ich werde sie brauchen, denn die zweite Seillänge ist technisch die schwierigste. Und sie ist deutlich ausgesetzter als die erste. Regina ist schon vor einiger Zeit weiter vorgestiegen. Ich fange an, mich zu wundern, warum sie so lange braucht bis zum zweiten Standplatz. Just in dem Moment kommt sie oben an. Und wir spulen das übliche Programm der Kommandos und Handgriffe ab:

»Stand!«

»Seil ein!«

»Seil aus!«

»Nachkommen!«

Das ist mein Signal. Ich baue den Standplatz ab, hänge die Karabiner, Expressen und Bandschlingen an meinen Klettergurt, atme tief ein und aus, schüttele noch mal meine Arme aus und rufe dann: »Okay, ich klettere los. Hast du mich?« Natürlich antwortet sie: »Jaaa!« Und mir fällt auf, dass ich ihr zu hundert Prozent vertraue. Das hilft sehr.

Ich muss jetzt nach rechts rausklettern, in Richtung lärmende Autos im Tal. Dahin, wo ich gleich sehen werde, wie tief es wirklich runtergeht. Bestimmt mindestens 50 bis 60 Meter. Mir fällt der Tipp ein, den Kris mir am Ende des Höhenangst-Trainings zum Abschied für meine Klettertour mitgegeben hat: »Wenn es irgendwo ordentlich runtergeht, dann richte deine Aufmerksamkeit nicht in die Tiefe. Sondern konzentriere dich ganz bewusst auf den Teil des

Felsens und der Kletterei direkt vor dir! Es geht um diesen einen Griff, diesen einen Tritt.«

Ich werde jetzt einen Schritt nach dem anderen machen. Mit der rechten Hand habe ich schon einen guten Griff gefunden. Mit der linken suche ich noch, an der ersten Stelle ist der Fels locker, aber ein Stück daneben geht es. Okay. Zwei gute Griffe. Jetzt brauch ich was für die Füße. Ich sehe einen sehr kleinen Tritt. Halte inne. Und lasse meine ideale Coachin zu mir sagen: »Auf genau solchen Tritten standest du erst vorgestern in der Boulderhalle, du weißt also: Wenn du dahin trittst, das hält.« Das gibt mir Sicherheit. So komme ich Stück für Stück weiter. Meine Coachin baut mich auf: »Der Griff ist super, den kannst du gut halten! Wenn du den nimmst, dann kannst du mit dem linken Fuß an der Wand auf Reibung treten.« Ich fasse Stück für Stück Vertrauen in mein Kletterkönnen. Und spüre regelrecht, wie es da, wo sich in meiner Brust eben noch die Angst breitgemacht hatte, warm wird. Ich konzentriere mich auf den Felsen vor mir. Schaue nicht verängstigt in die Tiefe. Oder zumindest nur für den Hauch einer Sekunde.

Ich fange tatsächlich an, es gut zu finden. Dabei bin ich nicht mehr geschützt in den Bäumen wie eben. Sondern an der freien Wand. Und unter mir, das weiß ich, geht es gerade runter.

Während ich weiterklettere, merke ich, dass meine Coachin mich vernachlässigt. Ein Gedanke taucht auf: Ich glaube, ich will das nie wieder machen. Ich erwische mich, wie Unruhe in mir aufkommt: Danach kommt noch eine Seillänge, und dann müssen wir uns auch noch abseilen. Ich frage mich nervös, wie zur Hölle ich das schaffen soll. Ich spüre einerseits: Ich kann das. Und andererseits: Es kostet mich sehr viel Energie. Ich muss da psychisch echt ackern. Um das hier entspannt machen zu können, müsste ich wieder viel mehr klettern, vor allem am Fels.

Doch bevor die Zweifel und negativen Gedanken überhandnehmen können, komme ich ENDLICH am zweiten Standplatz an. Regina grinst mich breit an, hält mir ihre Hand hin und zieht mich die letzten Zentimeter hoch. »Das hat ja voll gut geklappt, super, Katharina!« Ich will schon irgendwas Abwehrendes entgegnen, aber dann sage ich einfach: »Danke!«

Wir sind jetzt an einer Stelle am Fels hoch über den Bäumen, und vor uns breitet sich der herrliche Blick hinunter ins Blautal aus. Direkt vor uns erstreckt sich das Städtchen Blaubeuren durch das Tal. Ich entdecke ein paar Fachwerkhäuser mit ihren spitzen Giebeln, und links und rechts vom Ort erheben sich die bewaldeten Hügel der Schwäbischen Alb sanft hinauf bis auf ein Plateau. Ein paar Minuten blicken wir einfach umher, ganz beseelt. Dann schauen wir uns an, und sie sagt: »Es ist richtig schön hier, oder?«

Während ich noch nicke, deutet sie nach oben und zeigt mir, wo der Endpunkt der Route und gleichzeitig der kleine Gipfel des Glasfelsens ist. »Jetzt ist es nicht mehr weit!«, motiviert sie mich für den Endspurt. »Die letzte Seillänge ist total kurz und wieder viel leichter, das schaffst du mit links!« Sie verbreitet gute Stimmung, macht mir Mut. Ich realisiere, dass ihre sichere, positive und anpackende Art einen großen Anteil daran hat, dass ich bis hierher gekommen bin.

Es wird höchste Zeit, dass wir oben ankommen, denn es fängt langsam an, dunkel zu werden. Regina steigt wieder vor, ein wenig später komme ich nach. Über eine letzte ausgesetzte, schmale Gratstelle krabbele ich hemmungslos auf allen vieren. Mir ist völlig wurscht, wie das ausschaut. Völlig egal. Ich will jetzt nur noch hoch. Fertig werden. Die letzten Züge sind wirklich leicht. Zum Glück! Ich merke, wie ich langsam müde werde. Vor allem vom Kopf her. Aber ich konzentriere mich noch ein letztes Mal.

Und dann bin ich oben. Regina umarmt mich, als ich das kleine Gipfelkreuz erreiche. »Geschafft!«, entfährt es mir dabei erleichtert. »Herzlichen Glückwunsch! Deine erste Mehrseillängenroute!«, entgegnet sie mir und klopft mir auf die Schultern.

Die Sonne geht gerade über dem Blautal unter. Es ist ein bisschen kitschig. Und wunderschön. Blaubeuren liegt schon im

Schatten der umliegenden Hügel. In der Ferne erstrahlen noch ein paar von ihnen in einem satten Orange. Ganz hinten links wird noch ein letzter Fels angestrahlt. Der Himmel ringsum färbt sich langsam in zahllose Gelb- und Rosatöne, bis er weiter oben in ein tiefdunkles Blau übergeht.

Regina blickt ins Tal hinunter und lächelt glücklich neben mir. Ich fühle mich total befreit und bin froh, dass ich es hinter mir habe. Und spüre, wie die Anspannung der letzten zwei Stunden von mir abfällt.

»Ich finde, das hast du heute echt gut gemacht.« Ich schaue zu ihr rüber und bin dankbar, dass sie das sagt. »Aber wie war das heute für dich?«, will sie wissen. Ich muss kurz überlegen. »Es war schon eine richtig große Herausforderung für mich. Und zwischendrin habe ich krass mit mir gehadert. Hatte Angst. Und ich weiß auch nicht, ob ich das jemals wieder machen möchte. Aber gerade bin ich einfach stolz, hier mit dir zu stehen.«

Ich denke an meine ideale Coachin, an Kris und sehe hinüber zu meiner kleinen Cousine, die heute definitiv die Große von uns beiden war. »Danke, dass du das mit mir gemacht hast!«

Extremsportlerin Géraldine Fasnacht über die Angst vor der Stadt und Selbstverantwortung beim Wingsuit-Fliegen und Freeriden

von Katharina Kestler

Géraldine Fasnacht steht schon lange auf meiner Wunschliste der Menschen, die ich gerne mal interviewen würde. Wie schön, dass es fürs Bergfreundinnen-Buch und zum Thema Angst endlich geklappt hat. Denn ich wage zu behaupten: Für dieses Kapitel gäbe es keine passendere Interviewpartnerin. Géraldine wurde bekannt als Snowboard-Pionierin und hat sich einen Namen damit gemacht, die steilsten und spektakulärsten Abfahrten dieser Welt unters Brett zu nehmen. Ganz nebenbei hat sie auch eine Menge Pokale und Medaillen eingeheimst, sie hat zum Beispiel dreimal den legendären Freeride-Wettbewerb »Verbier Xtreme« in ihrer Heimat gewonnen. Ich kann mich noch genau erinnern, wie ich selbst mal im Winter beim Skifahren unterhalb des 3 223 Meter hohen Bec de Rosses stand, des Bergs, an dem der »Verbier Xtreme« ausgetragen wird. Und ich weiß auch noch ganz genau, wie mich vom bloßen Anschauen der steilen, felsdurchsetzten Schneeflanken die Angst überkam. Obwohl ich mir den Wettbewerb, auch die Abfahrten von Géraldine schon häufig im Livestream angeschaut hatte. Doch nicht nur beim Snowboarden und in der Freeride-Geschichte war und ist Géraldine ganz vorne mit dabei: Sie hat auch das Wingsuit-Fliegen entscheidend geprägt. Viele von euch kennen sicher diese spektakulären Videos, in denen Menschen nur mit ein bisschen Stoff zwischen Armen und Beinen gefährlich tief durch Schluchten und nah an Felsen vorbeisausen. So muss es sich anfühlen, ein Vogel zu sein! Doch Hunderte Menschen haben dieses Gefühl in der jungen Geschichte des Sports, der als gefährlichster Sport der Welt gilt, bereits mit dem Tod bezahlt. Und auch Géraldine hat geliebte Menschen an die Berge und den Sport verloren. Das könnte einen ziemlich verängstigt hinterlassen, aber Géraldine lebt weiter für ihre Leidenschaften. Im Videocall will ich von Géraldine wissen: Hast du gar keine Angst?

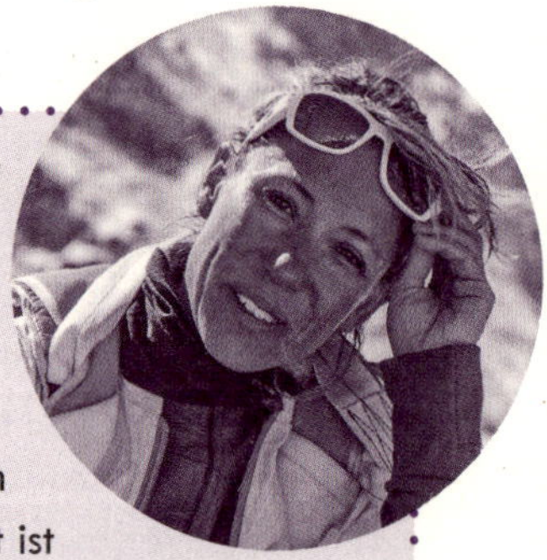

Sie ist vielleicht eine der furchtlosesten Frauen der Welt: **GÉRALDINE FASNACHT**. Die 1980 in Lausanne geborene Schweizerin lebt mit ihrem Sohn Odin und ihrem zweiten Ehemann im Bergort Verbier im Kanton Wallis in der Schweiz. Ihr Heimatort, der bekannt ist für seine Snowboard- und Freeride-Geschichte, hat Géraldine von Kindesbeinen an geprägt. Und so wurde die Schweizerin nicht nur Snowboard- und Freeride-Pionierin, sondern war auch bei der Entwicklung des Wingsuit-Fliegens von Anfang an beteiligt. 2014 fliegt Géraldine als erster Mensch überhaupt mit einem Wingsuit vom Gipfel des Matterhorns. Sie führt ein Leben fernab des Gewöhnlichen – aber voller Schicksalsschläge. So verlor sie nicht nur ihren ersten Mann beim Speedflying, beim Gleitschirmfliegen mit Ski, oder die von ihr gecoachte Snowboarderin Estelle Balet in einer Lawine, auch Géraldines Bruder starb viel zu jung bei einem Verkehrsunfall.

Kaddi: Findest du es nervig, dass du immer Fragen nach Angst, Risiko und Tod beantworten musst?

Géraldine (lacht): Ich finde es lustig, denn ich habe den Eindruck, heutzutage wollen die Menschen nichts mehr mit Risiko zu tun haben. Alles muss kontrolliert und in eine Form gepresst werden, in der keine Fehler mehr passieren können. Und wenn sie doch passieren, wird die Schuld bei jemand anderem gesucht. Ich wuchs auf dem Land und in den Bergen auf, unter Bauern, habe mit Tieren gearbeitet. Damals hat man mir beigebracht: Du triffst deine eigenen Entscheidungen und bist verantwortlich für dich und deine Taten. Es können und dürfen Fehler passieren, aber du kannst sie vermeiden, indem du dich gut vorbereitest.

In meinem Sport kannst du die Verantwortung nicht an jemand anderen abschieben. Wenn ich eine steile Abfahrt fahre oder von einer Steilklippe springe, stört mich niemand. Ich bin allein. Ich weiß, was ich kann, kann die Bedingungen einschätzen, und wenn dann trotzdem etwas passiert, bin ich ganz allein verantwortlich. Das liebe ich an meinem Sport. Du bist verantwortlich für dich selbst. Und du musst dich wirklich gut kennen, um ab und zu auch abzubrechen und umzudrehen. Aber manchmal kannst du große Dinge erreichen.

Ich werde auch ein paar Fragen stellen über Angst und Risiko, ich entschuldige mich schon mal vorab …

Kein Ding! Ich glaube, für viele Menschen ist meine Sicht auf das Thema interessant. Ich zum Beispiel würde niemals auf der Straße Fahrrad fahren, nur auf dem Land oder in den Bergen. Auf der Straße habe ich zu viel Angst vor Autofahrern, die mich nicht sehen könnten. Ich glaube, deswegen mag ich auch Freeriden und fahre so gerne abseits der Pisten. Als ich schwanger war, bin ich bis in den achten Monat Skitouren gegangen, weil ich mir dachte: Bevor mich auf der Piste jemand umfährt, gehe ich lieber eine Tour!

Viele halten Wingsuit-Piloten für komplett lebensmüde Adrenalin-Junkies. Aber es gehört sehr viel Wissen und Planung dazu, und auch Erfahrung: Bevor man Wingsuit-Pilotin werden kann, muss man eine Menge Basejumps machen, man muss sich an das Gefühl des Körpers in der Luft gewöhnen und so weiter. Erzähl mir von deinem ersten Flug mit dem Wingsuit!

Ich erinnere mich daran, als wäre es gestern gewesen! Wenn du mit dem Wingsuit-Fliegen anfängst, dann springst du nicht gleich von einem Berg, sondern erst mal aus dem Flugzeug. Ich hatte bereits an die 50 Fallschirmsprünge gemacht und wollte den Wingsuit eines Freundes ausprobieren. Damals wusste nur eine sehr kleine Community, wie man einen Wingsuit benutzt, und nur sehr wenige Menschen besaßen einen, wie mein Freund. Also habe ich seinen Wingsuit geliehen, bin in das Flugzeug gestiegen, und der verantwortliche Mensch in dem Flugzeug kam zu mir und sagte: Wie viele Sprünge hast du gemacht? Und ich sagte: 45, warum? Er: Du bist noch nicht bereit, um mit dem Wingsuit zu springen! Und ich sagte: Es gibt keine Regeln, woher willst du das wissen? Niemand weiß genau, wie man damit fliegt! Ich war wirklich sauer auf den Typ, weil er keine Ahnung von Wingsuits hatte, aber nicht wollte, dass ich damit fliege. Aber es ist sinnlos, mit Menschen zu diskutieren, die so stur sind. Am nächsten Tag bin ich nach Voss in Norwegen geflogen, und einer meiner guten Freunde von dort gab mir seinen Anzug. Ich habe mir einen Platz in einem Flugzeug gebucht. Tatsächlich war ich ein bisschen nervös, weil mich der Typ am Tag vorher verunsichert hatte. Also bin ich meinen Sprung, vor allem den Ausstieg aus dem Flugzeug, noch ein paarmal im Kopf und trocken durchgegangen. So, dass ich mir sicher sein konnte, keine Probleme in der Luft zu bekommen. Doch das Flugzeug war anders als die Flugzeuge, die ich gewohnt war. Es hatte seinen Ausstieg nicht seitlich, sondern hinten. Es gab also eine Menge Neues, mit dem ich klarkommen musste. Ich war dann als Letzte dran, sprang aus dem Flugzeug raus, und schon flog ich. Ich war überwältigt von den ganzen Gefühlen! Denn auf einmal fällst du nicht mehr vertikal nach unten, sondern fliegst vorwärts. Ich habe mich wie ein Vogel gefühlt! Das war ein unglaublicher Moment. Ich flog und flog und flog und flog. Irgendwann ist mir dann eingefallen: Okay, jetzt muss ich meinen Fallschirm öffnen. Aber ich hatte vor lauter Begeisterung vergessen umzudrehen, um zum Landeplatz zurückzukommen. Also musste ich meinen Fallschirm drei Kilometer vom Landeplatz entfernt öffnen und hatte keinen blassen Schimmer, wo ich war. Schließlich war ich zum ersten Mal in Voss. Und ich hatte auch kein Handy dabei. Als ich wieder am Landeplatz ankam, hatten die anderen mich bereits gesucht und sich Sorgen gemacht. Aber ich habe nur übers ganze Gesicht gelacht und gesagt: Ich bin gerade zum ersten Mal geflogen.

Bevor du dein Geld mit dem Snowboarden verdient hast, hast du am Flughafen in Genf gearbeitet. War die Luft schon immer dein Lieblingselement, das Fliegen schon immer dein Traum?

Ja! Schon als Kind wollte ich Pilotin werden. Doch weil die Ausbildung so teuer ist, war es für mich ein unerreichbarer Traum. Ich hatte dann die Idee, zum Militär zu gehen, um dort die Pilotenausbildung zu machen und die Ausbildung und Möglichkeiten dort als Training fürs Snowboarden im Winter zu nutzen. Damals gab es in der Freeride-Szene noch keine Vereinigung oder Ähnliches, die die Fahrer unterstützt, zum Beispiel in puncto medizinischer Versorgung oder mit Trainingscentern. Deswegen dachte ich, der Militärdienst wäre die perfekte Kombination für mich und meine Leidenschaften. Doch als ich mich bewarb, war ich schon ein Jahr zu alt.

Ich habe dann am Genfer Flughafen eine Ausbildung bei Swissair begonnen. Das war unglaublich, weil ich so nahe an meinen geliebten Flugzeugen sein konnte. Ich traf in der Zeit viele Piloten und interessante Menschen, die einen großen Einfluss auf mich, mein Leben und meine Entscheidungen hatten. Bald habe ich mit dem Fallschirmspringen, dem Basejumpen und Wingsuit-Fliegen angefangen. Dafür und fürs Snowboarden habe ich dann auch mein ganzes Geld ausgegeben, denn Sponsoren hatte ich noch keine. Aber meine Hobbys haben mich auch viel Zeit gekostet. Also musste ich den Traum vom Fliegen als Pilotin auf später verschieben. Doch bald entdeckte ich dank eines Freundes Ultraleichtflugzeuge, machte die Ausbildung, und seitdem fliege ich mein eigenes Ultraleichtflugzeug. So wurde mein Traum doch noch wahr.

Wie fühlt es sich für dich an, wenn die Leute dich Vogelfrau nennen?

Ich fühle mich geehrt, denn Vögel inspirieren mich. Oft verbringe ich viele Stunden damit, sie zu beobachten. Denn ich will verstehen, wie sie fliegen, damit ich besser fliegen kann. Ich bin ein kleiner Vogel verglichen zu den großen Vögeln dort oben, aber es ist ein schöner Name!

Du bist als erste Person mit einem Wingsuit vom Gipfel des Matterhorns gesprungen. Wie kam es dazu?

Nachdem ich mit dem Wingsuit-Fliegen angefangen hatte, hat es noch Jahre gedauert, bis meine Skills und auch das Material besser wurden. Am Anfang waren Wingsuits nicht mehr als ein bisschen Stoff zwischen den Beinen und den Armen. Wir konnten damit pro gefallenem Meter nur einen Meter nach vorne gleiten. Deshalb mussten wir von Bergen oder Klippen springen, die sehr vertikal waren. Mit der Zeit wurden die Wingsuits immer besser. Irgendwann habe ich einen neuen Prototypen bekommen, und mir ist aufgefallen, dass ich damit nicht mehr auf dem üblichen Landeplatz lande, sondern viel weiter fliegen kann. Das hat alles verändert. Es ist ja auch nicht so, dass sich Wingsuit-Piloten ohne Plan völlig lebensmüde irgendwo herunterstürzen würden. Im Gegenteil: Ich begann mit einem GPS-Gerät auf meinem Helm zu fliegen, um ganz genau zu wissen, wie weit der Wingsuit gleitet. Ein passionierter Wingsuit-Flieger hatte eine Software entwickelt, mit der ich jede Sekunde meines Flugs herunterladen und analysieren konnte. Dadurch habe ich gesehen, dass die Gleitphase der Wingsuits immer länger wurde. Mit so einem neuen Wingsuit konnte ich endlich die Berge erkunden und auch im Sommer das tun, was ich im Winter mit dem Snowboard mache. Also nicht nur vertikale

Felsvorsprünge nahe an der Straße herunterspringen, sondern ins richtige Gebirge gehen und bis ins Tal fliegen. 2012 habe ich mit meinen Berechnungen herausgefunden, dass es möglich sein muss, vom Gipfel des Le Dru zu fliegen. Wir hatten es bereits zwei Jahre vorher probiert, aber hatten Probleme und mussten den Versuch abbrechen. 2012 gelang mir und meinem guten Freund Julian Meyer dann endlich, wovon alle dachten, es sei unmöglich. Das hat den meisten Fliegern klargemacht: So was geht!

Das Matterhorn hatte ich schon 2009 als fixe Idee in meinem Kopf, als ich die Ostflanke des Bergs mit dem Snowboard gefahren bin. Ich habe den Gipfel über meinem Kopf betrachtet und mir gedacht: Wenn die Entwicklung der Wingsuits so weitergeht, kann ich eines Tages vom Gipfel des Matterhorns springen. Denn die Abfahrt hier ist wirklich steil genug, dass ich darüberfliegen kann, wenn ich oben einen guten Absprungplatz finde.

Nachdem wir vom Gipfel des Le Dru geflogen waren, kam das Matterhorn wieder in meinen Kopf. Ich sagte Julian: Wir haben den Le Dru geschafft, jetzt müssen wir zum Matterhorn! Und Julian sagte: Du spinnst völlig. Das geht nicht, der Gipfel des Matterhorns ist nicht hoch genug, dass wir von dort springen können. Also bin ich mit ihm und meinem Ultraleichtflugzeug rund ums Matterhorn geflogen und habe ihm die Dimensionen gezeigt: Siehst du, wie groß das Flugzeug ist? Und siehst du, wie groß der Fels da oben ist? Wir haben dort genug Platz zum Springen! Und er sagte: Ja, du hast recht, wir müssen da hoch und es uns aus der Nähe anschauen. (Lacht)

Ich war davor noch nie auf dem Matterhorn, weil sich ein Berg für mich nicht lohnt, wenn man ihn nicht hinunterfliegen oder -fahren kann. Aber wenn eine Chance bestand, dass wir das Matterhorn springen konnten, dann lohnte es sich auch, gemeinsam auf den Gipfel des Matterhorns zu steigen. Also haben wir angefangen, richtig viel mit den neuen Wingsuits zu trainieren, und dabei mit der Software Daten gesammelt, damit wir gut vorbereitet sind und uns am Gipfel schnell entscheiden können, ob es machbar ist oder nicht. Wir wollten nicht, dass uns dasselbe passiert wie bei unserem ersten Versuch am Le Dru und wir abbrechen müssen.

Die Besteigung des Matterhorns war ziemlich anstrengend, weil sehr viel Schnee lag. Wir haben nicht viereinhalb, sondern sieben Stunden gebraucht. Als wir oben ankamen, waren die Bedingungen perfekt, und wir haben uns verschiedene Absprungstellen angeschaut. Ich nahm mein Lasermessgerät, um auszumessen, ob wir hier genug freien Fall hätten, um springen zu können. Und es sah sehr gut aus! Wir hatten einen Absprungpunkt gefunden! Das hat sich fast zu leicht angefühlt! Und dann sind wir gesprungen. Es war der 7. Juni 2014. Das werde ich nie vergessen.

Wann in deinem Leben hast du dich am meisten gefürchtet?

Da gibt es zwei Situationen. Eine war am Gipfel vom Le Dru. Ich hatte hart trainiert, denn es war mein erster großer Berg. Trotzdem hatte ich im Vorfeld Angst, nicht gut genug für die anspruchsvolle Kletterei zu sein. Außerdem musste ich meine 15 Kilo schwere Tasche mit meinem Wingsuit, meinem Fallschirm, dem ganzen Klettermaterial, Essen, Wasser und so weiter tragen. Irgendwie hatte ich mich auf den Aufstieg viel besser vorbereitet als auf den Sprung. Und als ich dann oben ankam und hinunterschaute, bekam ich plötzlich große Angst. Dieser Berg war völlig anders als alles, was ich bisher gesprungen war. Voller Felsvorsprünge. Ich habe mich überhaupt nicht wohlgefühlt, weil ich einfach nicht mental auf den Flug vorbereitet war.

Die zweite Situation war auf dem Heimweg vom Holtanna-Massiv in der Antarktis. Ich habe dort eine Gruppe geführt, wir waren ein paar Skitouren gegangen, und wir wollten zurück zur Basis fliegen. Doch der Pilot hatte vor dem Start die Ski des Flugzeugs nicht richtig kontrolliert, was man aber unbedingt machen muss, weil es sonst gefährlich werden kann. Er hat einfach alle einsteigen lassen, den Motor angemacht und versucht loszufahren. Aber das Flugzeug rührte sich nicht, denn die Ski des Flugzeugs waren vereist. Also stoppte er den Motor, stieg aus, reinigte die Ski ein bisschen und dachte wohl, mit der Kraft des Motors würde der Rest des Eises dann schon weggehen. Also hat er den Motor wieder angemacht und versucht abzuheben. Aber wir waren nicht schnell genug, um abheben zu können, stießen gegen eine große Eiswelle und prallten mit der Maschine auf dem Boden auf. Das Flugzeug hatte keine Ski mehr, keinen Motor, es war einfach tot. Zum Glück hatte sich keiner schwer verletzt und das Flugzeug nicht angefangen zu brennen, sodass wir alle genug Zeit hatten auszusteigen. Aber wir waren einfach im Nirgendwo in der Antarktis. In dem Moment, als der Pilot versucht hatte, genug Geschwindigkeit zum Abheben aufzunehmen, dachte ich mir als Pilotin, Wingsuit-Fliegerin, Freeriderin, Steilwandfahrerin: Ich habe so viele gefährliche Dinge getan – aber ich werde mitten in der Antarktis sterben, weil dieser Typ eine falsche Entscheidung getroffen hat?! Das kann doch nicht sein! Ich versuche solche Situationen zu vermeiden. Mache deshalb nur Sportarten, bei denen ich meine eigenen Entscheidungen treffen kann. Ich springe nicht mal an einem Bungeeseil von einer Brücke, weil ich den Menschen misstraue, die das Seil an meinen Füßen befestigen. Diese Situation hat mein Leben verändert, und es ist immer noch meine größte Angst, zu sterben, weil jemand anders einen Fehler macht.

Wie hat die Situation dein Leben verändert?

Selbst wenn ich mit sehr erfahrenen Menschen in den Bergen unterwegs bin, frage ich immer nach: Hast du das Seil festgebunden? Hast du alles überprüft? Ich fühle mich auch nicht angegriffen, wenn das jemand bei mir macht. Für mich ist diese Kontrolle die Basis von allem. Wir machen gefährliche Dinge, deswegen gibt es keine dummen Fragen. Wir müssen uns gegenseitig helfen! Es geht ja meistens gar nicht darum, nur mein Leben zu retten, sondern das von uns beiden! Dieser Tag wäre anders gelaufen, wenn ich oder jemand anders den Mut gehabt hätte, dem Piloten zu sagen: Lass uns schnell alle zusammen die Ski sauber machen! Statt nur dazusitzen und sich zu denken: Er ist der Pilot, er hat die Verantwortung.

Hast du einen anderen Zugang zum Thema Angst als andere? Als Menschen, die keine Wingsuit-Pilotinnen oder Freeriderinnen sind?

(Denkt nach.) Ich habe Angst davor, in einer Stadt zu sein. In der Natur weißt du immer, was als Nächstes passiert. Wegen der Farbe des Himmels, wegen der Luftfeuchtigkeit, wegen der Wolken, weil ein Tier dich anschaut, weil ein Vogel genau hier fliegt – man kann so viele Dinge beobachten und daraus Schlüsse ziehen. Du kannst erkennen, wann sich das Wetter oder die Bedingungen ändern. Die Menschen in den Städten sind schwer einzuschätzen, deswegen habe ich vor ihnen mehr Angst als vor der Natur. Ich bin kein besonderer Mensch. Ich habe auch meine Ängste, auch wenn diese vielleicht anders sind als bei den meisten Menschen.

Du hast nahestehende Menschen an den Sport verloren, zum Beispiel Estelle Balet, die du gecoacht hast, die so was wie eine kleine Schwester für dich war und die in einer Lawine starb. Oder deinen ersten Mann, der beim Speedflying ums Leben kam, also beim Gleitschirmfliegen mit Ski. Was hat ihr Tod für dich geändert, an deiner Einstellung zum Sport und zu den Dingen, die du so liebst?

Letzte Woche ist eine sehr gute Freundin von mir an Krebs gestorben. Sie hat zehn Jahre lang dagegen gekämpft. Sie hat zwei Söhne, einen großartigen Ehemann und eine tolle Familie gehabt. In solchen Situationen bin ich viel wütender auf das Leben als in Situationen, in denen Menschen sterben, weil sie das tun, was sie lieben.

Glaubst du, die Gesellschaft denkt von dir anders als von einem Mann, der dieselben Sportarten macht?

Es ist oft schwer als Mutter zu sagen: Ich muss raus an den Berg. Das ist meine Inspiration, ich brauche das einfach! Wenn ich aufbreche und meinen kleinen Sohn zurücklasse, fühle ich mich manchmal schuldig. Aber wenn ich zurückkomme, dann bin ich so erfüllt, weil ich getan habe, was ich brauche, was mein Leben und meine Leidenschaft ist. Und dann kann ich auch meinem Sohn mehr geben. Ich liebe es, zu sehen, wie er aufwächst. Wie er jetzt schon die Natur liebt, mit seinen zweieinhalb Jahren. Es gäbe nichts Schlimmeres für mich, als eine frustrierte Mutter zu sein. Ich lebe das Leben, für das ich mich gemacht fühle. Und ich bin jeden Tag, den ich aufwache, glücklich. Das ist das größte Geschenk, das man bekommen kann: seinen Weg und eine Leidenschaft zu finden. Das versuche ich meinem Sohn Tag für Tag beizubringen. Ich hoffe, ich kann ihm helfen, seine Leidenschaft zu finden, um die beste Version von sich selbst zu werden.

Angstfrei durch die Berge: So wird's was

von Antonia Schlosser

Wenn die Knie trotz festem Stand zittern, wenn die Hände am Fels feucht werden und wenn das Herz bis in die Wanderhose rutscht: Dann steckst du ziemlich wahrscheinlich schon mittendrin, in der Angst am Berg. Die schlechte Nachricht: Selbst die erfahrensten Berggeherinnen und Berggeher können an diesen Punkt kommen, an dem sie keinen Schritt mehr weiterkönnen und der Körper mit jeder Pore »Panik!« schreit. Die gute Nachricht: Es gibt eine ganze Menge an Dingen, die du beachten kannst, damit es gar nicht erst so weit kommt.

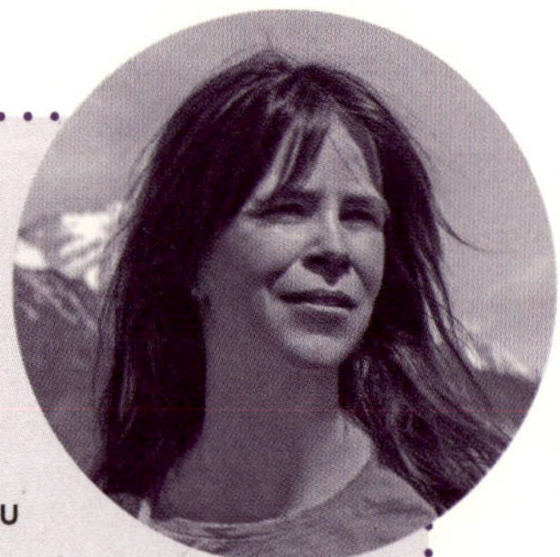

KRISTINA »KRIS« STÜRZ kennt sich mit Ängsten aus. Sie ist Psychologin am Universitätsklinikum in Innsbruck, Sport- und Mentalcoachin und Bergwanderführerin. Du kennst sie schon von Katharinas Versuch, ihre Höhenangst zu besiegen. Dabei hat Kris sie unterstützt. Nach ihrer gemeinsamen Tour im Stubaital hat sie sich noch ein wenig Zeit für mich und meine Fragen genommen. Herausgekommen sind ein paar einfache, aber sehr hilfreiche Tipps, mit denen du es schaffen kannst, angstfrei(er) in den Bergen unterwegs zu sein.

MEIST SCHEITERT ES SCHON AN DER VORBEREITUNG

Angstsituationen am Berg sind oft ein Präventionsproblem. Das heißt: Damit du sie vermeiden kannst, ist eine gute Vorbereitung der Schlüssel! Schon bei der Auswahl der Tour kannst du als Betroffene von Höhen-, Fall- oder Sturzangst in den Tourenbeschreibungen auf erste Warnsignale achten. Was lösen Aussagen wie »erfordert Schwindelfreiheit und Trittsicherheit« oder Worte wie »Kraxelei« und »seilversicherte Stellen« in deinem Kopf aus? Wirst du vielleicht schon beim Lesen nervös? Und wie sieht es aus mit deinen körperlichen Fähigkeiten? Weißt du, dass du das kannst, was da steht? »Damit du dich bei der Tourenplanung bestmöglich einschätzen kannst, musst du dich auch mit deinem tatsächlichen Können auseinandersetzen. Wie ist deine Schwindelfreiheit? Wie ist deine Trittsicherheit?«, betont Kris.

Und noch etwas solltest du in deine Vorbereitung für den Bergausflug integrieren: einen kritischen Blick auf deine Tagesverfassung. Denn Kris weiß aus ihrer beruflichen Erfahrung: »Wenn du schon angespannt an den Berg gehst, dann braucht es nicht viel, um diese Anspannung noch weiter zu erhöhen. Du bist vielleicht unkonzentriert, weil du mit deinen Gedanken noch woanders bist, oder ermüdest schneller.« Und wie wir schon von Kerstin Kögler im Kapitel Selbsteinschätzung erfahren haben: Eine müde Muskulatur hat einen wesentlichen Anteil an mentalen Problemen. Deshalb rät dir auch Kris, an solchen Tagen bei der Routenwahl auf Nummer sicher zu gehen: »In Tirol sagen wir immer: Fit IN die Berge und nicht fit durch die Berge! Bei leichten Wanderungen kann ich natürlich meine Kondition und Leistung trainieren und fit durch die Berge werden. Aber bei anspruchsvollen Touren ist es wirklich wichtig, fit IN die Berge zu gehen!«

DEIN KÖRPER SENDET SIGNALE – DU MUSST NUR AUF SIE HÖREN

Unser Körper sagt uns in der Regel, wenn irgendetwas nicht stimmt. Und das meistens blitzschnell, denn unser Gehirn verarbeitet sofort alle Reize und Impulse. Wenn du zum Beispiel eine ausgesetzte Stelle siehst, geht dieser Reiz übers Auge in dein limbisches System, in dem – vereinfacht gesagt – deine Gefühle sitzen. »Wenn dein Hirn sagt, ›Achtung, Gefahr!‹, dann werden dort Hormone ausgeschüttet, die in unserem Körper den Fight-, Flight- oder Freeze-Modus auslösen«, erklärt Kris. In diesen drei Modi reagieren wir, wenn wir Angst haben: kämpfen, fliehen oder erstarren.

Im Gebirge äußert sich der Freeze-Modus zum Beispiel in einer klassischen Blockade. Aber auch der Fight- und der Flight-Modus lösen in vielen von uns deutliche Körperreaktionen aus: Du fängst an zu schwitzen, dein Herz klopft schneller, dein Blutdruck steigt, deine Muskeln spannen sich an, und du bekommst einen starren Blick, immer gerichtet auf die potenzielle Gefahr. »Unsere komplette Körperhaltung verändert sich, wenn wir Angst haben. Wir verlagern dann oft unser Gewicht zu weit nach hinten. Dadurch fangen wir beim Bergabgehen eher an zu rutschen. Oder wir sehen einen guten Tritt oder einen guten Griff nicht mehr, weil wir zu sehr auf die Gefahr fixiert sind. Und dann wird es für uns gefährlich am Berg.«

Deswegen solltest du am besten sofort gegensteuern, sobald du merkst, dass dein Körper erste Stressreaktionen zeigt. Das kannst du mit ein paar ganz einfachen Übungen machen. Zum Beispiel, indem du erst einmal ganz tief durchatmest. »Atmen ist wirklich das allererste Mittel bei angespannten Situationen. Es ist einfach Fakt, dass es bei Angst hilft, wenn du langsam, bewusst und tief in deinen Bauch atmest.« Zusätzlich rät Kris, dass du deine Muskeln in deinem ganzen Körper durch ein paar Entspannungsübungen lockerst: »Spanne deine Muskeln einzeln an und lass sie dann wieder locker. Zieh die Schultern hoch und lass sie wieder locker. Dieses Anspannen und Lockerlassen hat auf dich nicht nur einen physiologischen, sondern auch einen psychologischen Effekt.« Wenn du auf die Signale, die dein Körper dir sendet, hörst, kannst du auf das ein oder andere aufkommende Unwohlsein direkt reagieren. Und im besten Fall deinen Bergtag ohne Angst weiter genießen.

(FACH-)WISSEN HILFT – AUCH WENN ES SICH FÜR DICH MANCHMAL NICHT SO ANFÜHLT

Viel hilft viel. Vor allem, wenn es um Wissen am Berg geht. Denn jedes Know-how über Wetter, Witterung, Erste Hilfe, Orientierung und alpine Gefahren kann dir helfen, Angstsituationen in den Bergen besser zu meistern oder sogar zu vermeiden. Um dir die wichtigsten Facts und Infos anzueignen, hast du eine Vielzahl an Möglichkeiten: spezielle Kurse von Bergschulen und Alpenvereinen, Fachbücher, Onlineblogs, Vorträge, oder du tauschst dich einfach immer wieder mit anderen Bergfreundinnen und Bergfreunden aus.

Manchmal kann Wissen allerdings auch Angstgedanken fördern. Ganz nach dem Motto: Damit du dich vor alpinen Gefahren fürchten kannst, musst du erst einmal wissen, was alles passieren kann – beispielsweise bei Lawinen. »Wenn ich mich mit einer sehr komplexen Materie, wie zum Beispiel Lawinenkunde, beschäftige, merke ich schnell: Je mehr ich weiß, desto mehr weiß ich, dass ich eigentlich so gar nichts weiß«, erklärt mir Kris. Das sollte dich aber auf keinen Fall davon abschrecken, dich weiter über Schneeverhältnisse, Hangbeschaffenheit und so weiter zu informieren. Das betont auch Kris: »Ein gewisses Restrisiko herrscht am Berg immer. Aber es gibt zum Beispiel Risiko-Minimierungsmethoden, mit denen man nach bestimmten Kriterien entscheiden kann, ob man in einen Hang hineinfahren kann oder nicht. Und je mehr Fachwissen du hast, desto mehr weißt du auch, was du tun kannst, um Gefahren zu verhindern.« Und wenn du am Ende doch lieber auf Nummer sicher gehst: *So what!* Der Berg und die Tour laufen dir nicht weg. Du kannst es einfach bei besseren Verhältnissen noch einmal versuchen.

DIE ZEIT IST DEINE WICHTIGSTE TOURENBEGLEITERIN

Eine Sache darf nie in deinem Rucksack fehlen, wenn du zu anspruchsvollen Touren aufbrichst: genug Zeit. Vor kritischen Schlüsselstellen, wie zum Beispiel vor dem Queren eines Schneefeldes, solltest du dir einen Moment für einen bewussten Selbst-Check nehmen: Wie geht es mir? Bin ich erschöpft? Braucht mein Körper vielleicht eine kleine Rast?

Denn das richtige Pausenmanagement ist gerade vor Herausforderungen superwichtig, betont Kris: »Wenn du weißt, dass gleich ein anspruchsvolles Stück kommt, mach davor noch einmal eine kleine Regenerationspause. Trink etwas, komm noch mal zur Ruhe, lockere deine Muskeln. Dann kannst du mit voller Kraft losstarten.« Beim Weitergehen oder -klettern solltest du zusätzlich auf dein Tempo achten und im Zweifel einen Gang zurückschalten. »Augen zu und durch ist genau das Verkehrte. Gerade, wenn es anspruchsvoll wird, musst du langsam, achtsam und behutsam über die Stelle drübergehen und auf keinen Fall noch schneller werden«, empfiehlt Kris.

Falls du dann wider Erwarten doch in eine Angstsituation und Blockade kommst, kann die Zeit zu deiner Retterin in der Not werden. Sofern du nicht in einer akuten Notsituation und auf Fremdhilfe angewiesen bist, hast du zwei Optionen: »In einem Gelände, in dem du dich noch bewegen kannst, kannst du einfach ein paar

Schritte gehen«, empfiehlt Kris. »Körperliche Bewegung reduziert nämlich Stresshormone. Wenn du aber weder vor noch zurück kannst und alle Entspannungsübungen nicht helfen, kannst du auch versuchen, die Angst auszusitzen.« In unserem Körper gibt es nämlich Rezeptoren, die merken, wenn in uns Stresshormone in einer sehr hohen Dosierung ausgeschüttet werden. Irgendwann sagen dann diese Rezeptoren: Jetzt ist es genug – jetzt soll der Körper nichts mehr nachproduzieren. Und deine Muskulatur entspannt sich wieder, und der Freeze-Zustand löst sich.

An dieser Stelle ist mir noch ein kleiner Perspektivwechsel wichtig. Denn auch als Begleitung kannst du eine Bergfreundin, die eine Blockade hat, unterstützen. »Frag, ob es okay ist, sie anzufassen. Durch Berührungen gelingt es oft, Menschen in Angst ins Hier und Jetzt zu bringen und ihnen zu zeigen, dass sie sicher sind.« Zusätzlich kann es auch helfen, wenn du ihr den Rucksack abnimmst oder dich vor sie stellst, damit sie nicht weiter nach unten gucken kann. Gemeinsam könnt ihr dann versuchen, die Blockade aufzulösen.

MIT DEN RICHTIGEN BERGFREUNDINNEN UND BERGFREUNDEN GEGEN DIE ANGST

Jeder Mensch hat vor irgendetwas Angst. Und es ist auch völlig okay, wenn man das zugibt. Doch manchmal ist es gar nicht so leicht, in einer Gruppe mit anderen motivierten Bergfreundinnen und Bergfreunden offen zu sagen, dass man sich eine Tour nicht zutraut. Auch Kris kennt das von ihrer Arbeit als Psychologin: »Viele Menschen schämen sich, wenn sie das Gefühl haben, sie wären zu langsam. Und Scham ist ein Gefühl, das wir in der Psychologie sehr ernst nehmen, weil es sehr unangenehm ist und im gleichen Hirnareal wie die Angst verankert ist.«

Doch gerade das frühzeitige Ansprechen von Ängsten ist wichtig, damit man sich in einer Gruppe aufeinander einstellen und Rücksicht nehmen kann. »Da kann man auch an sich selber arbeiten und sagen: Hey, ich kann zu meinen aktuellen Schwächen stehen – und ich brauch mich dafür nicht zu schämen. Es ist gerade halt Fakt, dass ich davor Angst habe. Punkt!« Zusätzlich kannst du im Vorfeld darauf achten, ob deine Begleitung und du für diesen Tag und eure Tour ähnliche Werte und Ziele habt. Wollt ihr einfach gemeinsam eine gute Zeit haben? Oder steht ein ambitioniertes Leistungsziel auf dem Programm? »Da geht es gar nicht darum, was richtig oder falsch ist. Das Grundbedürfnis einer Gruppe sollte einfach zusammenpassen. Und das kann bei jedem Menschen an einem Wochenende ein anderes sein als am nächsten.«

Deshalb: Trau dich unbedingt schon im Vorfeld zu sagen, was du dir von der Tour erhoffst, wenn du etwas nicht kannst, dir etwas nicht zutraust oder du etwas, warum auch immer, nicht machen möchtest. Gruppen mit »Stell-dich-nicht-so-an«-Mentalität – ganz egal ob im Freundeskreis oder im geführten Rahmen – sind nicht das richtige Umfeld für dich und deine Angst.

MANCHMAL HAT ANGST AUCH IHRE BERECHTIGUNG

Was wir auch hier bei all unserer Bergliebe nicht vergessen dürfen: Das Gebirge ist und bleibt teilweise unberechenbar, und die Bedingungen können sich von jetzt auf gleich ändern, ohne dass du das durch Planung, Wissen oder ausreichend Ruhe ändern kannst. Das kann ein unerwarteter Steinschlag sein, der sich plötzlich im alpinen Gelände löst, oder Gletscherspalten, mit denen man auf Hochtouren immer rechnen muss. Deshalb solltest du deine Angst auch nie ignorieren, betont Kris. »Angst sichert Überleben. Denn ohne Angst kann ich in Situationen kommen, die wirklich bedrohlich sind. Und deshalb ist es gut, wenn du Unwohlsein am Berg immer wahrnimmst und in dich hineinhörst: Was sagt die Angst mir? Wo muss ich aufpassen? Wo muss ich hinschauen?« Zusätzlich empfiehlt Kris, dass du für eine bessere Einordnung der Situation kurz innehältst und mit einem kleinen Reality-Check deinen präfrontalen Cortex aktivierst. Das ist evolutionsgeschichtlich der jüngste Teil unseres Gehirns, der erst im Erwachsenenalter voll ausgebildet ist. Und dieser präfrontale Cortex hilft uns dabei, rational zu denken, und unterstützt uns so bei Entscheidungsprozessen. »Sag dir ganz bewusst: Hey, *cool down*! Was sind die Fakten? Ist da wirklich oberhalb von mir was, das einen Steinschlag auslösen kann? Ist meine Angst wirklich begründet oder nicht?«

Wenn du am Ende im Gebirge ein paar Ängste, oder anders gesagt, einen gesunden Respekt in Verbindung mit einer guten Selbsteinschätzung behältst, ist das manchmal gar nicht verkehrt. Denn im Zweifel können diese Ängste dein Leben verlängern.

MEIN LETZTER WICHTIGER HINWEIS ZUM THEMA ANGST

Ängste sind sehr unterschiedlich, und ein pauschales Rezept gegen sie gibt es nicht. »Angst ist nicht gleich Angst! Es gibt eine große Bandbreite. Die fängt bei einem Gefühl der Unsicherheit oder des Selbstzweifels an und geht dann in der ganzen *range* bis zum anderen Ende, wo Menschen wirklich eine sehr starke Angst vor etwas haben.« Wenn du unter einer bestimmten Angst leidest und sie deinen Alltag stark beeinträchtigt, kannst du die ganze Sache mit der professionellen Unterstützung von Menschen wie Kris angehen. Dennoch lassen sich viele Situationen bereits im Vorfeld einer Tour vermeiden, indem du richtig planst und versuchst, in dich hineinzuhören und deinem Gefühl zu vertrauen. Denn am schönsten sind doch die Tage in den Bergen, die man angstfrei erlebt.

Checkliste für angstfreie Tage am Berg:

- ✓ Kann ich entspannt zur Tour aufbrechen?
- ✓ Habe ich mich über die Tour ausreichend informiert?
- ✓ Passen die äußeren Bedingungen (Wetter, Schneeverhältnisse etc.)?
- ✓ Bin ich darüber informiert, wie ich mich bei potenziellen Gefahren (z. B. Steinschlag, Schneefelder etc.) verhalten muss?
- ✓ Habe ich genug Verpflegung (Getränke und Essen) dabei?
- ✓ Habe ich ausreichend Zeitpuffer, um ein entspanntes Tempo zu gehen und genug Pausen einzuplanen?
- ✓ Bin ich mit Menschen unterwegs, die mit mir und meinen Ängsten rücksichtsvoll umgehen können?

MUTTERSEIN

DIE BERGE MIT KINDERN

In einem Bergfreundinnen-Buch muss es natürlich auch um die Themen Kinder und das Muttersein gehen. Weil vielen von uns unsere Leidenschaft für die Berge schon im Kindesalter von den Eltern eingeimpft wurde. Und weil wir deswegen jede Menge Vorstellungen und Ideen haben, was wir bei den eigenen Kids genauso oder eben gerade anders machen würden. Und selbst wenn wir nicht planen, (Berg-)Nachwuchs in die Welt zu setzen, als Frauen kommen wir qua Geschlecht fast gar nicht darum herum, uns mit dem Thema Kinder und Mutterschaft zumindest mal auseinanderzusetzen.

Wir drei Autorinnen bilden übrigens die komplette Bandbreite ab: von überzeugter Mama über unentschlossen bis überzeugt kinderlos. Und so liefert dieses Kapitel zum Beispiel Kaddis Geschichte von der Trailrunnerin und Bergwanderin Julia, die schon mehrere Fehlgeburten hinter sich hat und ihren Kinderwunsch und den romantischen Traum von einer kleinen Familie am Berg trotzdem nicht aufgeben will. Kaddi, die selbst gewollt kinderlos ist, trifft Julia im November 2020 zum ersten Mal zu einem Spaziergang mit Ausblick auf die Berge. Julia ist damals zum vierten Mal schwanger. Im siebten Monat. Wird ihr Traum diesmal wahr?

Katharina stellt dir Gudrun Weikert vor – die erste Bergführerin Deutschlands, die sich in ihrer Mutterrolle zu Beginn nur schwer zurechtfinden konnte.

Und für alle, die schon Mutter sind, hat Toni zusammen mit Bloggerin Sophie Folger von Alpenbaby Tipps fürs Berggehen mit Kind zusammengetragen.

Vier Sternenkinder – wie Julia für ihren Traum von einer Bergfamilie kämpft

von Katharina Kestler

Julia und ich stehen ein bisschen verlegen an unserem Treffpunkt auf einem Parkplatz an einer Straße zwischen Garmisch-Partenkirchen und Mittenwald. Zwei Bergfrauen zwischen dreißig und vierzig. Ich habe keine Kinder, will keine und wollte auch nie welche. Julia hingegen versucht seit drei Jahren, schwanger zu werden – beziehungsweise es zu bleiben. Drei Fehlgeburten hat sie bereits hinter sich. Wir kennen uns kaum, und obwohl uns die Bergliebe eint, verbindet uns sonst vermutlich wenig. Oder vielleicht doch? Ich bin selten nervös vor Interviews, dafür arbeite ich schon zu lange als Journalistin, aber heute beschäftigt mich die Frage, ob ich es schaffe, den richtigen Ton zu treffen.

»Bergfan, Möchtegernläuferin und Reisebiene«, das schreibt Julia auf Instagram über sich. Ich habe die kleine dunkelblonde Frau mit den Sommersprossen bisher als ruhig und zurückhaltend kennengelernt. Bevor sie auf meine Interviewanfrage antwortete, hatte sie sich mehrere Tage Bedenkzeit erbeten.

Am Parkplatz in der Nähe des Barmsees treffen wir uns nicht zufällig, denn hier war Julia nach ihrer zweiten Fehlgeburt, erzählt sie mir: »Ich hatte dabei viel Blut verloren, war sehr geschwächt durch den Eisenmangel und musste länger im Krankenhaus bleiben. Meine Frustration war noch sehr frisch. Wir wollten einen einfachen Spaziergang machen, bei dem man die Berge sieht. Der Barmsee war dafür der perfekte Ort. Es war im Frühling und superruhig. Die Krokusse wuchsen schon – es tat gut, hier zu sein. In solchen Phasen im Leben gibt es nichts Besseres als die Natur und die Berge.«

Jene Natur, die bei unserem Spaziergang um den Barmsee mit

ihrer prächtigen Herbstschönheit angibt. Julia erzählt mir, dass sie im Schwarzwald auf dem Dorf aufgewachsen ist, nachdem ihre Eltern damals einen Ausreiseantrag aus der DDR gestellt hatten. Mit Julia, ihrem großen Bruder und ein bisschen Handgepäck sind sie nach Westdeutschland, um dort ein neues Leben anzufangen. Julias kleiner Bruder kam unterwegs zur Welt. Die Abenteuerlust und Offenheit, sich auf neue Situationen und Länder einzulassen, hat Julia von ihren Eltern geerbt, glaubt sie. Genau wie ihre Bergliebe. »Seit ich Kleinkind war, bin ich in den Bergen. Zu Beginn nicht unbedingt freiwillig – meine Eltern haben uns immer mitgeschleppt früher.« Julia und ich lachen, diese Erfahrung teilen wir.

»Dort oben ist man klein, die Welt ist groß. Alles ist möglich. Die Probleme sind vergessen, sie bleiben unten im Tal. Die Berge sind friedvoll. Sie sind der perfekte Ort, um den Alltag zu vergessen.«

Ihren Mann Jakub lernt Julia während ihres Au-pair-Aufenthalts in den USA kennen. 13 Jahre ist das jetzt her. Ihre Neugier auf die Welt verbindet sie. Gemeinsam leben sie in den USA, London und in Jakubs Heimat Tschechien. Vor zwei Jahren heiraten sie in Kalifornien am Strand. »Jakub ist nicht so bergverrückt wie ich. Meistens gehe ich allein oder mit Freundinnen in die Berge. Er lässt mir den Freiraum, wünscht mir viel Spaß und macht mir was zu essen, wenn ich wieder zurück bin«, erzählt sie.

Während Julias Mann eher ein Genießer ist, mag sie es gerne sportlicher am Berg. Sie geht wandern, auf Hüttentouren, langlaufen oder Ski fahren – aber ihre größte Leidenschaft ist das Trailrunning. In dieser Disziplin startet sie auch bei Wettkämpfen. Durchzuhalten, nicht gleich aufzugeben, das sind Fähigkeiten, die Julia aus ihren sportlichen Aktivitäten zieht und in ihrem Alltag anwenden kann.

»Ich habe gelernt, das Leben wie einen Trailrunning-Wettkampf oder eine Wanderung in Etappen zu sehen. Ich habe nicht die einschüchternde Gesamtstrecke vor Augen, sondern immer nur die nächste Verpflegungsstation, die nächste Hütte, den nächsten

Aussichtspunkt. Beim Wandern gehst du oft über einen Hügel und denkst, du bist schon da – und dann geht es aber noch ein Stückchen weiter. So war unser Weg mit den Fehlgeburten auch: Du wartest auf einen Arzttermin, danach wartest du auf das Ergebnis, dann wartest du auf den positiven Test, dann wartest du die kritischen Zeiträume ab. Wir dachten, wir wären schon da, und dann kam doch noch was um die Ecke. Es gibt viele Parallelen zwischen den Bergen und dem Leben.«

Während wir am Uferweg des Barmsees entlangschlendern, verfliegt meine anfängliche Aufregung. Unser Gespräch läuft gut. Berge verbinden einfach. Es wird langsam Zeit, konkreter zur Frage nach dem Kinderwunsch und zu Julias Fehlgeburten zu kommen. Wir setzen uns auf einen umgefallenen Baum direkt am Wasser mit Blick auf die Nördliche Karwendelkette. Julia erzählt mir, dass sie immer Ausschau nach Gipfeln hält, deren Namen sie kennt und auf denen sie schon war. Wir können den 2474 Meter hohen Wörner und die Schöttelkarspitze ausmachen. Auf Letztere ließ sich bereits König Ludwig der Zweite in seiner Sänfte tragen.

Noch drücke ich mich, Julia die K-Frage zu stellen und herauszufinden, seit wann und warum sie Kinder will. Denn ich selbst finde diese Fragen häufig übergriffig. Wenn ich auf »Willst du Kinder?« mit »Nein« antworte, folgt zwangsläufig ein »Warum?«. Doch warum »warum«? Warum muss ich beantworten, warum ich keine Kinder will? Wenn ich »Ja« antworten würde, würde dann auch nach den Gründen gefragt? Fragt man das überhaupt: Warum willst du Kinder? Klingt das nicht sogar irgendwie vorwurfsvoll? Und wüssten die Befragten wirklich eine Antwort? Oder ist der Wunsch einfach da, so wie der Nicht-Wunsch auch einfach da ist?

Ich weiß es nicht. Und ich weiß auch nicht, warum ich keine Kinder will. Es ist so, seit ich etwa zwölf Jahre alt bin. Ich wollte nicht heiraten und keine Kinder kriegen. Alle dachten natürlich, das gibt sich noch, verwächst sich wie der Babyspeck. Aber so war es nicht. Bis heute habe ich keinen Kinderwunsch, was ich halbjährlich meiner Frauenärztin erklären darf, denn »langsam wird es ja dann auch schwierig«. Und immer dabei ist der seltsame Reflex, sich für diesen Nicht-Wunsch entschuldigen oder zumindest erklären zu müssen – denn »normal ist das ja nicht«. Wie oft habe ich mir schon gedacht: Warum kann ich nicht einfach Kinder bekommen wollen?!?

Natürlich kann ich für meinen nicht existenten Kinderwunsch Argumente zusammensammeln. Von: Ich möchte keine Kinder in diese kaputte Welt setzen. Über: Ich bin Perfektionistin, ich hätte ständig Angst, was falsch zu machen. Bis zu: Ich kann mir nicht vorstellen, mein Leben so umzustellen. Das würde schon alles irgendwie passen, wäre aber nicht der eine wahre Grund. Denn den gibt es einfach nicht.

Dabei mag ich Kinder! Wirklich! Sehr sogar! Und nein, keine Sorge, ich hatte keine schreckliche Kindheit. Klar gab es Ärger, manchmal vielleicht auch ein bisschen mehr – aber bei wem nicht? Mann hin oder her, den Kinderwunsch sollte eine Frau doch schon selbst haben, für sich, so ganz alleine, oder?!

Du merkst, ich bin ein Mensch, der das Gefühl »Kinderwunsch« so gar nicht kennt, und vielleicht habe ich mir darüber schon viel zu oft den Kopf zermartert. Deswegen interessiert mich, wie und wann sich diese den meisten Menschen bekannte Emotion bei Julia geäußert hat.

Sie erzählt mir, dass sie schon mit 15 den Wunsch hatte, Kinderkrankenschwester zu werden, weil sie Babys so gerne mochte, und ihr der Gedanke, eine eigene Familie zu gründen, schon immer gefallen hat. Der Gedanke wurde konkreter, nachdem ihr Bruder Kinder bekam, die Julia sehr in ihr Herz schloss. Julia ist dann zu ihrer Frauenärztin, hat die Pille abgesetzt und schnell noch geheiratet. »Ich dachte, ich setze die Pille ab, wir wollen jetzt Eltern werden, und schwuppdiwupp sind wir es«, erinnert sie sich. Doch schwuppdiwupp ging gar nichts, oder besser gesagt: fast nichts.

Denn schwanger wurde Julia schon, doch während sie und Jakub schon dachten, den nächsten Sommer zu dritt verbringen zu können, stellte sich heraus, dass die Fruchthöhle, die sich in den ersten Wochen der Schwangerschaft bildet und das heranwachsende Leben wie ein Kokon schützt, leer war. Doch es gab noch eine kleine Chance, dass der Embryo sich nur versteckte. Eine winzige Hoffnung, dass es eben kein Windei war. So nennt man es umgangssprachlich, wenn sich das Ei nicht weiterentwickelt und es zu keiner Zellteilung mehr kommt. »Wir mussten wochenlang immer wieder zum Arzt, immer wieder zum Ultraschall. Jedes Mal haben wir gedacht, dieses Mal sehen wir was! Kurz vor Weihnachten hieß es dann, dass es nichts mehr bringt, zu warten, und es entfernt werden muss«, erzählt Julia. So ein Abgang ist erst mal nichts Außergewöhnliches und kommt relativ häufig vor, vor allem in frühen Stadien der Schwangerschaft. Man spricht von ungefähr der Hälfte der befruchteten Eizellen, die bereits vor ihrer Einnistung in der Gebärmutter abgestoßen werden – häufig bemerken die betroffenen Frauen das gar nicht. Und etwa 15 bis 20 Prozent aller Schwangeren erleiden zwischen der fünften und zehnten Schwangerschaftswoche eine Fehlgeburt. Julia nimmt ihre Fehlgeburt deswegen erst einmal gelassen und glaubt, dass ihr Körper schon weiß, was er tut, und seine Gründe für die Fehlgeburt hat. Doch das Windei ist erst der Anfang.

Julia unterzieht sich einer Ausschabung. Ein ambulanter operativer Eingriff unter Vollnarkose, bei dem die Gebärmutter einmal aufgeräumt wird. Entfernt werden dabei Gebärmutterschleimhaut, die Reste des Embryos und der Mutterkuchen. »Das ist kurz und schmerzlos, aber emotional nicht ganz ohne, denn du kommst gefühlt schwanger ins Krankenhaus und gehst nicht schwanger wieder heim. Das ist ein drastischer Schritt«, sagt sie. Mit Jakub spricht sie wenig über den Abgang. Doch er gibt ihr das Gefühl, immer für sie da zu sein. Auch wenn es ihm schwerfällt, zu begreifen, was in diesem frühen Stadium der Schwangerschaft in Julias Körper vorging. Die beiden blicken nach vorne und probieren es direkt noch einmal. Dass sie sich und ihrem Körper so wenig Zeit gegeben hat, wird Julia später noch bereuen. Für den Moment ist sie zuversichtlich: »Das war ein Fehler im System, aber beim nächsten Mal wird es schon rundlaufen.« Zwei Monate später erscheint erneut ein zweiter Streifen auf dem weißen Stäbchen des Schwangerschaftstests. Die ersten Ultraschallbilder sehen gut aus. »Wir waren glücklich, denn wir haben den Herzschlag gesehen. Wenn das Herz schlägt, ist die Chance, dass alles gut ausgeht, recht hoch«, erzählt Julia. Es läuft also gut beim zweiten Mal. Doch der Schein trügt.

In der zehnten Woche fühlt sich Julia komisch. Die meisten Abgänge finden in dieser Phase der Schwangerschaft statt. Das Risiko sinkt erst ab der zwölften Woche. Sie spürt keine typischen Anzeichen einer Schwangerschaft mehr, kein Unterleibsziehen, kein Spannungsgefühl in der Brust. Doch Julia bleibt positiv. Geht davon aus, dass alles in Ordnung ist. Nur zur Sicherheit radelt sie bei ihrer Frauenärztin vorbei. Die Ärztin macht einen Ultraschall – und kann keinen Herzschlag mehr sehen.

»Damit hatte ich nicht gerechnet. Mir hat es den Boden unter den Füßen weggezogen. Die Tränen sind nur so gelaufen, und ich war kaum zu beruhigen. Die Helferinnen und die Ärztin wussten gar nicht, was sie machen sollten.«

Wieder eine OP, wieder eine Ausschabung. Zwar weiß Julia mittlerweile, dass die Ausschabung nicht sein muss, dass sie auch warten kann, bis der Körper den Embryo abstößt, doch der Eingriff hilft ihr: »Es hört sich hart an, aber damit ist das Thema abgeschlossen, und ich weiß, dass ich nicht mehr schwanger bin. Das ist besser, als wochenlang zu warten, bis es von alleine abgeht, und dabei schon zu wissen, dass es nicht mehr lebt.« Selbst durch Julias dunkle Sonnenbrille sehe ich, dass ihre Augen feucht werden, wenn sie von der zweiten Fehlgeburt und ihrem Sternenkind spricht. Sternenkinder – so nennt man Kinder, die vor oder bei der

Geburt sterben. Julia zeigt mir ihr mittlerweile schon etwas ausgeblichenes blaues Armband mit einem kleinen Stern. »Nach meiner zweiten Ausschabung habe ich mir das gekauft, damit ich das Kind immer bei mir trage. Bei Windeiern, wie bei meiner ersten Fehlgeburt, diskutiert man darüber, ob das wirklich Sternenkinder sind, weil die Fruchthöhle da ja leer bleibt. Aber für mich sind beide meine Kinder. Wenn wir endlich ein Kind bekommen, werden wir ihm auch erzählen, dass es im Himmel oben, in den Sternen, noch Geschwister hat.«

Nach ihrer zweiten Ausschabung ist Julia, die in der Outdoorbranche im Kundendienst arbeitet, zwei Wochen krankgeschrieben. In ihre Trauer mischt sich bald ein anderes Gefühl: Selbstzweifel. Weil sie immer wieder schwanger wird, aber das Kind in ihr dann nicht heranwächst, sieht sie das Problem bei sich. Von ihrer Ärztin fühlt sich Julia nicht ernst genommen und zu wenig unterstützt. Sie hat das Gefühl, um Untersuchungen betteln zu müssen. Aus Julias Trauer wird Frust: »Ich will wissen, warum! Warum funktioniert das bei uns nicht? Warum ist es diesmal wieder nicht geblieben? Es kann doch nicht bloß Pech sein, wie die Ärzte sagen. Doch für die fällt man mit zwei Fehlgeburten noch in die Kategorie: normal.«

Julias Ärztin schickt sie schließlich doch ins Kinderwunschzentrum. Dort lässt sie ihre Werte checken, zum Beispiel die der Schilddrüse. Es stellt sich heraus, dass sie unter einer leichten Form von Hashimoto leidet, einer Autoimmunerkrankung, die zu einer chronischen Entzündung der Schilddrüse und damit zu einem Mangel von Hormonen führt. Doch auch wenn Julia ab diesem Zeitpunkt Tabletten einnehmen muss, sieht der Arzt ihre Diagnose nicht als Grund für ihre Fehlgeburten.

Julia und Jakub geben noch nicht auf, doch diesmal wollen sie sich länger Zeit lassen. Zwar gibt es keine medizinischen Beweise dafür, dass ihre kurze Pause zwischen dem ersten und zweiten Versuch schuld an der Fehlgeburt ist, dennoch wartet sie diesmal drei

Zyklen. Danach wird sie auf Anhieb wieder schwanger. Versuch Nummer drei. Doch Julia bleibt realistisch: »Beim zweiten Mal hatte ich meinen Mann an seinem Geburtstag mit einem Schnuller in einer kleinen Geschenkdose überrascht. Beim dritten Mal habe ich nur gesagt: Der Test ist wieder positiv. Der große Wow-Moment blieb diesmal aus.«

Es ist Juni. Und bei Julia und Jakub laufen die Untersuchungen wieder an. Die beiden haben bereits Routine entwickelt, agieren fast schon ein wenig abgeklärt. Da ist nicht mehr viel von der Romantik des ersten Ultraschallbilds, von der Begeisterung über den ersten Herzschlag. Die Wochen zwischen den Kontrolluntersuchungen ziehen sich wie Kaugummi. Direkt vor den Terminen hält Julia die Anspannung kaum aus. Sie ist jetzt in der neunten Woche. Das ist die Woche ihrer ersten und eine Woche vor ihrer letzten Fehlgeburt. Und wie beim letzten Mal kann der Arzt beim Ultraschall keinen Herzschlag mehr feststellen. Dafür hat er eine Nachricht, die es für Julia noch schwerer macht: Plötzlich sind zwei Embryos zu sehen. Julia hätte eineiige Zwillinge bekommen.

Diesmal will sich Julia keiner Ausschabung mehr unterziehen, sondern abwarten, bis der Körper den Abgang auslöst. Doch nach der dritten Fehlgeburt will der Arzt im Kinderwunschzentrum die Gebärmutterschleimhaut untersuchen. Julia muss wieder in den OP. Jakub hofft, dass alles in Ordnung und seine Frau gesund ist. Im Gegensatz zu Julia: Sie wünscht sich fast, dass der Arzt bei der Chromosomenuntersuchung etwas findet, damit sie endlich eine Erklärung bekommt. Doch die Antwort, die Julia sich erhofft, bekommt sie nicht. Und sie ist kurz davor, ihren Traum von der eigenen Familie aufzugeben.

Trotzdem geht sie im Oktober 2019 noch zu einer Bauch- und Gebärmutterspiegelung – der vierte Eingriff in nicht mal einem Jahr. Der Arzt im Kinderwunschzentrum vermutet Endometriose. Dabei siedeln sich gebärmutterschleimhautartige Zellen außerhalb der Gebärmutterhöhle an. Viele Frauen mit Endometriose leiden unter starken Menstruationsschmerzen, Schmerzen beim Geschlechtsverkehr oder Unfruchtbarkeit. Julia hat von der Krankheit noch nie gehört. Sie dachte, ihre Regelschmerzen seien normal. Das Ergebnis der Spiegelung: Julia hat Endometriose im ersten Grad, das allerdings dürfte auch kein Grund für ihre Fehlgeburten sein. Wieder keine Antwort auf Julias Fragen: »Ich glaube an Zeichen und daran, dass Dinge aus einem bestimmten Grund passieren. Das hat es mir schwer gemacht, unsere Fehlgeburten einzuordnen und damit umzugehen. Soll ich das als Zeichen sehen? Sind wir nicht dafür bestimmt? Ist das alles passiert, weil es so sein soll, oder wäre es ein zu frühes Aufgeben?«

Julia lenkt sich mit Sport und den Bergen ab. Sie will bei ein, zwei Trailrunning-Events starten, erarbeitet einen Trainingsplan, rennt an dunklen Winterabenden den Blomberg bei Bad Tölz rauf und runter. Doch ein Leben ohne Kind, das will sie nicht akzeptieren – trotz aller Angst vor einem erneuten Versuch.

Es ist Februar 2020. Seit ihrem ersten Versuch sind eineinhalb Jahre vergangen. Julia versucht, nicht drüber nachzudenken, doch mit jeder Fehlgeburt sitzt ihr das Alter immer mehr im Nacken. Dann wirft die Corona-Pandemie Julias sportliche Pläne über den Haufen, und gemeinsam mit ihrem Mann Jakub beschließt sie, es ein letztes Mal zu versuchen.

Sie sucht sich eine neue Frauenärztin – die vierte – und wird wieder schwanger. Zum vierten Mal. Wieder denkt sie in Etappen, wie beim Trailrunning. Von Woche zu Woche. Von Ultraschall zu Ultraschall. Die neunte Woche kommt. Die Woche ihrer ersten und letzten Fehlgeburt – und sie geht vorbei. Die zehnte Woche kommt. Die Woche ihrer zweiten Fehlgeburt – und sie geht vorbei. Die zwölfte Woche kommt. Die Woche, in der das Risiko deutlich sinkt – und sie geht vorbei. Die 23., 24., 25. Schwangerschaftswoche kommen – und sie gehen vorbei. Jetzt wäre Julias Sohn schon lebensfähig, wenn man ihn holen müsste. Doch entspannt ist sie trotzdem nicht: »Bei allem, was dir komisch vorkommt, springst du gleich auf und bist in Alarmstellung. Die Sorgen werden wahrscheinlich noch bis weit nach der Geburt da sein. Unbeschwert werden wir nie mehr sein.«

Julia hat die private Nummer ihrer Frauenärztin im Handy eingespeichert. Und die Angst immer im Hinterkopf. Die Geschichten von anderen Frauen, von anderen Babys, deren Herz noch in der 39. Woche aufgehört hat zu schlagen, beeinflussen die Vorfreude, das Glücksgefühl – und auch Julias Entscheidungen darüber, was sie als Schwangere überhaupt noch machen darf. »Es ist schwer, die Balance zu finden zwischen dem, was meinem Körper guttut und was ihn überfordert oder ihm schaden könnte. Aber gleichzeitig wollte ich mich in der Schwangerschaft auch nicht derart einschränken, dass ich neun Monate nur auf dem Sofa sitze«, erzählt sie. Die Berge mussten dennoch zurückstecken. Bald kann sie wieder ins Gebirge, und dann hoffentlich mit ihrem Sohn, den sie mit ihrer Bergliebe anstecken will. Julia ist jetzt in der 32. Woche. So weit, dass sie sich traut, ihr Leben mit ihrer kleinen Familie zu planen: »Bei uns wird es die klassische Rollenverteilung, wir sind da nicht sonderlich kreativ. Jakub wird weiterhin arbeiten gehen, ich bleibe zu Hause und passe auf unseren Sohn auf. Das wollte ich mir nicht nehmen lassen.«

Eine Geschichte und eine Zukunft, die kaum weiter weg sein könnten von meinem Leben. Mein gewollt kinderloses Ich fühlt sich automatisch egoistisch und selbstzentriert. Kein neues Problem: Wenn mir Eltern von ihrem Familienleben berichten, fühle ich mich häufig angegriffen. Wir leben einfach in verschiedenen Welten. Eine Mauer aus schreienden und mit Tomatensoße verschmierten Kindern steht zwischen uns. Ihre Welt wirkt auf mich immer wie eine Welt der Selbstlosen. »Schau an, ich habe Kinder, ich kümmere mich, habe eine größere Aufgabe, leiste einen Beitrag für die Gesellschaft. Dafür opfere ich meine Zeit, meine Hobbys, ja sogar meine Persönlichkeit, und DU gehst einfach Ski fahren!« – das schreien sie mir gefühlt jedes Mal entgegen, vor allem dann, wenn es um die schwierigen, die schlaflosen, die anstrengenden Seiten des Familienlebens geht. Sie wollen es vermutlich gar nicht, doch es kommt bei mir so an.

In meiner Welt entscheiden nur ich, das Wetter, ab und an mal der Job und selten der Kater vom Vorabend darüber, was ich am Wochenende tue. Dem Hedonismus und Egoismus kann ich einen Thron bauen. Ich könnte heute beim Biken am Gardasee und morgen beim Powdern in Japan sein, ohne irgendeine Verpflichtung, aber auch, ohne dass jemand auf mich wartet oder mich braucht. Nein, ich muss keine Skitour umplanen, weil das Kind krank zu Hause liegt. Es wäre auch nicht weiter tragisch, wenn ich mir beim Biken den Fuß bräche, ich muss ja kein Baby umhertragen. Um's kurz zu sagen: Ich bin frei. Freier geht kaum.

Ich kann verstehen, dass meine Elternbekannten diese Freiheit vermissen und mich vielleicht sogar beneiden. Zwischen ihren Klagen höre ich irgendwie immer ein ganz leises. »Mein Leben ist wertvoller als deines. Meine Leistung ist größer, mein Egoismus kleiner.« Bilde ich mir das nur ein? Schließlich ist das Leben kein Wettbewerb darum, wer mehr leistet oder es schwerer hat. Warum empfinde ich es dann oft so?

Während ich noch über die zwei Welten, jene der Menschen mit Kindern und meine Welt der Kinderlosen, nachdenke, empfinde ich trotz aller Unterschiede ein Gefühl der Bewunderung für Julia und auch für ihren Partner Jakub: Bewunderung für ihre Ausdauer, ihre Geduld, für ihre emotionale Stärke, für die Stärke ihrer Partnerschaft und für ihre Dankbarkeit: »Unser Weg hat uns extrem geprägt als Menschen. Er hat uns realistischer werden lassen und uns gelehrt, dass wir nicht alles planen können. Vielleicht war das der Sinn des Ganzen, uns zu lehren, dass wir nicht alles beeinflussen können.«

Als Julia das sagt, muss ich schmunzeln. Denn offenbar sind wir uns doch gar nicht so unähnlich. Wir beide suchen ständig nach dem Sinn in den Streichen, die uns das Leben spielt. Wie oft habe ich mir gewünscht, einfach Kinder bekommen zu wollen. Um zu sein wie alle anderen. Und auch wenn ich nie Nachwuchs wollte und deswegen keinen habe, beneide ich euch, liebe Eltern. Darum, dass sich die meisten von euch die K-Frage nie so stellen mussten, sondern die kleinen, süßen Tomatensoßenmonster einfach wollten. Darum, dass ihr einen anderen Menschen gefunden habt, mit dem ihr euch auf so ein großes Wagnis einlassen wolltet. Darum, dass ihr gar keine Zeit habt, euch ständig um euch selbst zu drehen, euch den Kopf über euch oder eure Aufgabe in der Welt zu zerbrechen. Darum, dass ihr ihnen Fahrradfahren beibringen dürft. Dass ihr ihnen eure Vorstellungen, Ideen und Werte weitergeben könnt. Dass ihr dabei zuschaut, wie sie wachsen, lernen und zu kleinen Persönlichkeiten werden. Darum, dass ihr euch in ihnen selbst erkennt. Dass ihr - zumindest für eine Weile — alles für sie seid. Darum, dass ihr euch sicher nicht beim Gedanken ertappt, ob ihr wohl mit 90 im Altenheim denkt: Hätte ich mich damals doch anders entschieden ...

Ich könnte mit dieser Liste ewig weitermachen. Ich weiß sicher nicht, wie euer Leben im Detail ausschaut und wie schwer der Rucksack ist, den ihr gerade mit euch herumtragen müsst, liebe Eltern. Dafür weiß ich: Freiheit ist viel. Aber eben auch nicht alles. Und mein Rucksack ist manchmal euer Familienglück. Weil ich schlichtweg neidisch bin. Weil ich das Gefühl habe, etwas zu verpassen. Doch am Ende trage ich diesen Rucksack gern, denn offenbar ist er genau der Rucksack, den das Leben für mich vorgesehen hat. Und auch wenn ich eigentlich nicht gläubig bin, bete ich an dem Abend auf der Heimfahrt dafür, dass in Julias und Jakubs Lebensrucksack noch ganz viel Familienglück für sie steckt. Ich bin sogar so versunken in diese Gedanken, dass ich die falsche Auffahrt nehme und statt zurück nach München Richtung Berge fahre. Es dauert eine Weile, bis mir mein Fehler auffällt.

Es ist der 7. Oktober 2022. Fast zwei Jahre nach unserem ersten Gespräch schickt mir Julia Sprachnachrichten aus ihrem Familienurlaub auf Mallorca. Das Wetter ist viel schlechter als auf der Ferieninsel üblich, aber das macht Julia nichts. Die kleine Familie will es – samt den Großeltern, die auch dabei sind – ohnehin ruhig angehen lassen. Julia sitzt auf dem Balkon, ihr einjähriger Sohn Benjamin schläft, deswegen muss sie leise sprechen. Sie erzählt, dass Benjamins Geburt traumatisch für sie war, so sehr, dass es ihr immer noch schwerfällt, darüber zu sprechen. Und gleichzeitig war sie irgendwie schön, symbolisch schön: Benjamin war ein Sterngucker, so nennt man Kinder, die sich kurz vor Ende der Schwangerschaft in die falsche Richtung drehen und dann mit dem Kopf nach oben gucken, zu den Sternen. »Er hat bei der Geburt zu seinen vier Geschwistern, den vier Sternenkindern, geschaut.«

Benjamin ist ein abenteuerlustiges Kind, neulich ist er auf dem Wank in Garmisch-Partenkirchen herumgerannt, dass Julia Angst hatte, er würde bald in einem Kuhfladen landen, erzählt sie mir vergnügt. Seit Benjamin ein Jahr alt ist, geht er in die Krippe, Jakub arbeitet Vollzeit, Julia will bald auf 20 Stunden erhöhen. Die Arbeit und die Abwechslung sind ihr wichtig, sagt sie. Ich will wissen, ob Julias Ängste geblieben sind, ihre Befürchtung, dass die Unbeschwertheit für immer verloren ist, sich bewahrheitet hat. Julia lacht ins Telefon: »Also, ich hab schon oft gehört, dass wir wahnsinnig entspannte Eltern sind. Ich hab gelernt, dass es so viele Sachen gibt, die ich sowieso nicht beeinflussen kann. Es bringt nichts, sich Sorgen zu machen. Es kommt sowieso, wie es kommt.«

»Ich würde all das noch mal auf mich nehmen, die vier Anläufe noch mal durchmachen, wenn ich wüsste, ich bekomme so ein tolles Kind«, spricht Julia auf ihrem Balkon auf Mallorca in ihr Telefon und erzählt von der starken Bindung, die sie zu ihrem Sohn hat. »Das war unser Happy End. Aber es gibt vielleicht noch ein zweites Happy End. Wahrscheinlich hat Benjamin im April ein kleines Geschwisterchen.«

Julia und Jakub hatten es nicht geplant, doch Julia ist wieder schwanger. Noch haben die beiden es niemandem verraten und keine Tests gemacht. Denn Julia weiß einfach, dass alles in Ordnung ist. »Es ist ganz anders als bei Benjamin. Alles läuft völlig problemlos und wird sich fügen. Ich habe ein Urvertrauen. Wenn es so sein soll, wird alles gut gehen.« Julia ist zu diesem Zeitpunkt in der dreizehnten Woche.

Deutschlands erste Bergführerin Gudrun Weikert über das Hadern mit der Mutterrolle

von Katharina Heudorfer

Mich beeindruckt es sehr, wenn Frauen sich einen Platz in einer Männerdomäne erkämpfen. Gudrun Weikert ist so eine. Sie war Ende der 1980er-Jahre die erste weibliche Bergführerin in Deutschland.

Schon von klein auf hatte sich Gudrun nicht damit zufriedengeben wollen, was man als Mädchen in den 1960er-Jahren zu tun und zu lassen hatte oder was sich als junge Frau Anfang der 1970er gehörte. Sie wollte Eishockey spielen und Motorrad fahren. Auch wenn sie sich dafür Sprüche anhören oder viel mehr anstrengen musste. Ich finde es noch heute schwer, als Frau meinen Platz in der Gesellschaft zu finden – mich von Geschlechter-Klischees frei zu machen. Doch damals war der Druck von außen noch viel größer.

Mit Anfang 30 wird Gudrun plötzlich schwanger und hadert mit der neuen Mutterrolle. Weil ich auch seit einem guten Jahr Mama bin, war ich neugierig, zu erfahren, wie sie das erlebt hat, welche Schwierigkeiten sie hatte und ob sie sie überwinden konnte.

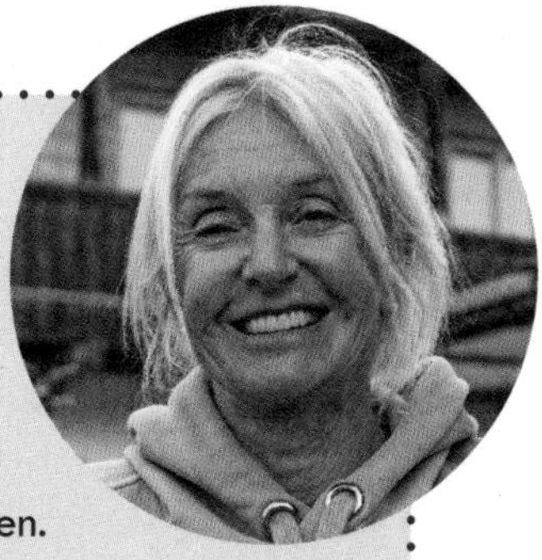

GUDRUN WEIKERT wurde am 12.11.1959 in Geretsried, südlich von München, geboren. Als Jugendliche macht sie viel Leichtathletik und ist als 12-Jährige bei den Olympischen Spielen 1972 eine derjenigen, die die olympische Fackel nach München tragen. Mit 18 Jahren fängt sie mit dem Klettern an – es wird ihr Einstieg in den Alpinismus. Nach dem Abitur beginnt sie, an der TU München Sport zu studieren. Während des Studiums startet sie als eine von vier Frauen die Bergführerausbildung und wird 1988 die erste weibliche Bergführerin Deutschlands. Zum neuen Semester wechselt sie als Diplomsportlehrerin auf die Seite der Dozierenden am damaligen Sportzentrum der TU München und leitet bis heute den praktischen und vor allem prüfungsrelevanten Teil der Bergführerausbildung in Deutschland. Als Bergsteigerin und Kletterin führen sie ihre wildesten Touren unter anderem an die Eigernordwand, ins Yosemite Valley und auf die Shackleton-Traverse in Südgeorgien (das liegt im Nirgendwo des Südpolarmeers, 1400 km vom südlichsten Zipfel Argentiniens entfernt).

Katharina: Liebe Gudrun, bevor wir gleich über Kinder sprechen, lass uns weiter vorne anfangen. Du bist ja nicht »nur« Mutter. Du bist Bergführerin und warst 1988 die erste Frau in Deutschland, die die Bergführer-Ausbildung abgeschlossen hat. Wie bist du dazu gekommen?

Gudrun Weikert: Das hat angefangen, als ich beim Klettern eine Clique aus Lenggries kennengelernt habe. Bei denen gingen die Mädels meistens nur bis zum Einstieg der Kletterroute mit, und dann haben sie dort auf die Männer gewartet. Aber ich wollte nicht am Einstieg sitzen bleiben, sondern mitklettern. Das war für mich von Anfang an klar.

Das kann ich verstehen, nur rumsitzen klingt fad. Und wie haben deren Partner auf dich reagiert?

(lacht) Das hat einige Herren sehr verwundert, weil sich ihre Mädels nicht so ans Klettern rangetraut haben. Über diese Clique habe ich dann meinen späteren Mann Helmut kennengelernt, der mich von Anfang an sehr gefördert hat. Und als ich beim Klettern ein gewisses Level erreicht hatte, hat er zu mir gesagt: »Hey, jetzt wird es Zeit, dass du auch lernst, vorzusteigen. Denn wir sind hier in extremem Gelände unterwegs, und wenn mir mal was passiert, dann musst du die Führung übernehmen können.« Er hat das wirklich sehr gefördert, dass wir die Kletterrouten gleichberechtigt vorsteigen. Einige Zeit später hat er mit der Bergführer-Ausbildung angefangen, und so bin ich mit diesem Beruf überhaupt erst in Berührung gekommen.

Und das hat dich dann auf die Idee gebracht, selbst Bergführerin werden zu wollen?

Ja, das kam eigentlich mehr von extern. Ich wurde immer wieder gefragt: »Was ist eigentlich mit dir? Möchtest du nicht auch Bergführer werden?« Und dann habe ich angefangen, mich so langsam damit zu beschäftigen, was es mit dem Bergführerberuf auf sich hat und welche Anforderungen es da gibt.

Das stelle ich mir nicht leicht vor – damals, Mitte der 1980er-Jahre, als eine von nur drei, vier Frauen die Bergführer-Ausbildung zu machen. Die hatten zwar schon andere Frauen vor dir begonnen, aber abgebrochen. Wie hast du die Ausbildung erlebt, als eine der wenigen Frauen unter lauter Männern?

Für mich hat das keinen großen Unterschied gemacht. Ich war es ja gewohnt, hauptsächlich mit Männern im Gebirge unterwegs zu sein und dass der überwiegende Teil der Leute, denen ich in den Kletter- und Eisrouten begegnet bin, Männer waren. Daher war die Situation in der Ausbildung für mich nichts Besonderes. Außerdem gab es damals bei den Bergführer-Ausbildern einen Generationenwechsel. Und die Jüngeren waren schon damit aufgewachsen, dass ihre Freundinnen oder Frauen mit ihnen am Berg unterwegs waren. Für die war das dann nicht mehr so wahnsinnig ungewöhnlich.

Trotzdem habe ich meine Weiblichkeit in der Ausbildung manchmal totgeprügelt. Es werden mich nicht viele jammern gehört haben, von wegen: Es ist zu kalt, ich habe Hunger, ich bin müde, ich will heim, es regnet oder sonst irgendwas.

Deine Ausbildung zur Bergführerin dauerte drei Jahre, kostete dich 15 000 Mark, die du neben dem Studium selbst verdient hast. 1988 bestehst du dann die letzte der zwölf Prüfungen und bist mit 28 Jahren die erste Bergführerin Deutschlands. Wie ging's dann weiter?

Ich habe zeitgleich zur Bergführer-Ausbildung Sportlehrerin auf Diplom studiert und nach dem Ende des Studiums gleich eine halbe Stelle am damaligen Sportzentrum, der heutigen Sportfakultät der TU München, bekommen. Parallel dazu habe ich schon ziemlich viel geführt.

Du bist schon immer viel gereist und rumgekommen, warst damals im Sommer beim Klettern in den Dolomiten, aber auch an der Eigernordwand und im Yosemite Valley am Half Dome. Mit der Bergführerei warst du dann noch mehr unterwegs. Und hattest auch für deine akademische Karriere große Ziele: Du wolltest eigentlich promovieren. Und dann bist du mit 34 schwanger geworden.

Genau, ganz plötzlich.

Ich hab gelesen, du hattest zwar einen Kinderwunsch, aber nicht konkret zu diesem Zeitpunkt.

Das ist so was, was man leicht übersehen kann, wenn man berufstätig ist und es Spaß macht und cool ist. Und das Schwangerwerden und -sein ist ja noch das geringste Problem, zumindest in meiner Erfahrung. Denn die Zeit der Schwangerschaft kann man gut überstehen – vorausgesetzt, alles läuft gut. Aber wenn das Kind dann da ist, das schaut einfach komplett anders aus.

Du hattest einen Notkaiserschnitt. Und weil sich die Wunde entzündet hat und du sehr hohes Fieber hattest, hast du in den ersten Tagen kaum etwas von deinem Kind mitbekommen. Wie war das für dich?

Irgendwann legt dir jemand das Kind in den Arm und sagt: Das ist deins. Und du denkst dir: Das könnte auch das Kind einer anderen Frau sein. Natürlich glaubst du, dass es dein Kind ist. Aber mir fehlte da was ganz Wichtiges. Und dadurch, dass meine Tochter die ersten Tage kaum bei mir war, habe ich am Anfang keine wirkliche Verbindung zu ihr gespürt.

Wie hast du die Zeit danach dann erlebt?

Ich dachte zwar: Logisch, das ist ein kleiner Mensch, ein Baby, um das musst du dich kümmern. Aber dass dieser Mensch dich mit dem Zeitpunkt der Geburt so anders ins Leben stellt, damit hatte ich nicht gerechnet. Ich habe mich plötzlich fremdbestimmt gefühlt – und natürlich war für mich klar, dass so ein Baby auch das Recht hat, mich fremdzubestimmen, weil es eben Hunger hat. Aber daran musste ich mich erst gewöhnen. Und so etwas kann man selbst heutzutage als frischgebackene Mutter kaum äußern. Weil es heißt: »Na, das hättest du doch schon vorher wissen können!« oder »Du hast doch neun Monate Zeit gehabt!«, und so weiter. Ja, das stimmt einerseits. Aber andererseits muss man selbst erst mal diese Situation begreifen und sich wieder neu orientieren.

Kannst du dich noch erinnern, wie du dir vor der Geburt dein Bergleben mit Kind vorgestellt hast?

Ich glaube, ich habe mir das viel zu wenig vorgestellt. Ich dachte tatsächlich, dass die Schwangerschaft das größte Problem ist. Aber ich habe mir kaum Gedanken gemacht, wie es danach weitergehen könnte.

Denken kann man es sich ja eh nicht so wirklich. Man muss es erleben, oder?

Man kann sich wahrscheinlich schon einen Plan machen. Aber ich wollte mich, glaube ich, mit dem, was auf mich zukommt, vor der Geburt gar nicht so richtig auseinandersetzen. Ich habe das verdrängt. Und dann, als mein Kind da war, bin ich in ein Loch gefallen und war im Grunde krank. Jeder hat gefragt: »Was ist denn mit der los? Die ist doch sonst so tough. Und jetzt kommt sie damit nicht zurecht.« Das war für mich ungewohnt. Ich dachte: Kneif mal die Arschbacken zusammen, das geht schon. Es muss gehen – das mit dem Kinderkriegen haben schon so viele geschafft. Aber diesen Zugang hatte ich nicht mehr.

Und das ist der große Unterschied: Wenn du dir das Bein brichst, weiß jeder, was zu tun ist. Dann bringen sie dich ins Krankenhaus. Aber wenn es dir psychisch schlecht geht, du nicht mehr zurechtkommst, es nicht mehr im Griff hast … Ich habe damals zu meinen Eltern und zu Freunden gesagt: »Ich trage den Kopf unterm Arm, ihr seht das bloß nicht.«

Das ist ja eigentlich noch krasser als bei einem gebrochenen Bein. Denn nach der Geburt eines Kindes gehen die Leute nicht von Neutralität aus, sondern sie fordern Glück.

Genau, sie fordern das Glück. »Hey, es ist doch alles gut, alle sind gesund!« Stimmt, aber ich war nicht mehr gesund. Und das, was da im Kopf abgeht, wird unterschätzt. Da kommt dann von außen so ein Spruch wie: »Jetzt reiß dich bitte mal zusammen!« Du kannst dich aber leider nicht zusammenreißen. Es geht nicht!

Wenn dein Bein gebrochen ist, dann hilft es dir ja auch nicht, dich zusammenzureißen. Da geht man zum Orthopäden. Aber wenn oben irgendwas falsch verknüpft ist und du dich immer mehr in die Depression reinreitest und bei einem Traumwetter in Tränen ausbrichst, dann brauchst du wirklich professionelle Hilfe.

Meinst du aus heutiger Sicht, dass du damals eine Wochenbett-Depression oder eine postnatale Depression hattest?

Ja, ganz sicher. Mein Umfeld hat das dann auch registriert. Aber bei so einer Krankheit kann man nichts tun, da braucht es professionelle Hilfe. Aber damals war das Thema Wochenbett-Depression noch nicht so verbreitet. Und dann habe ich ganz groteske Auftritte von Psychologen und Psychiatern erlebt. Die haben mir teilweise gesagt: »Sie haben doch ein gesundes Kind, was wollen Sie denn? Ihnen geht's einfach zu gut!« Danach bin ich rausgegangen und dachte mir: Von so einem Vollidioten muss ich mich so anreden lassen? Der hat doch keine Ahnung! Der kennt mich doch gar nicht! Die haben mir jedenfalls nicht geholfen.

Wie und ab wann ging es dir besser?

Das war ungefähr ein halbes Jahr nach der Geburt meiner Tochter Lisa. Da hat mein damaliger Mann Helmut gesagt: »So, ich nehme jetzt Lisa, und du machst deinen Job als Bergführerin.« Lisa hat damals keinen Schnuller gekriegt und die Flaschenmilch nicht angenommen. Aber Helmut meinte: »Du gehst jetzt! Das klappt schon.« Und so war's auch. Nach ein, zwei Tagen hat meine Tochter aus der Flasche getrunken. Und ich konnte ein großes Seminar mit vielen Bergführern leiten. Die Organisation dafür war ein Riesending. Aber ich habe es durchgezogen und gemerkt: Okay, jetzt geht es wieder. Danach war ich wirklich befreit.

Im Anschluss an das Seminar kam ich heim und war ein ganz

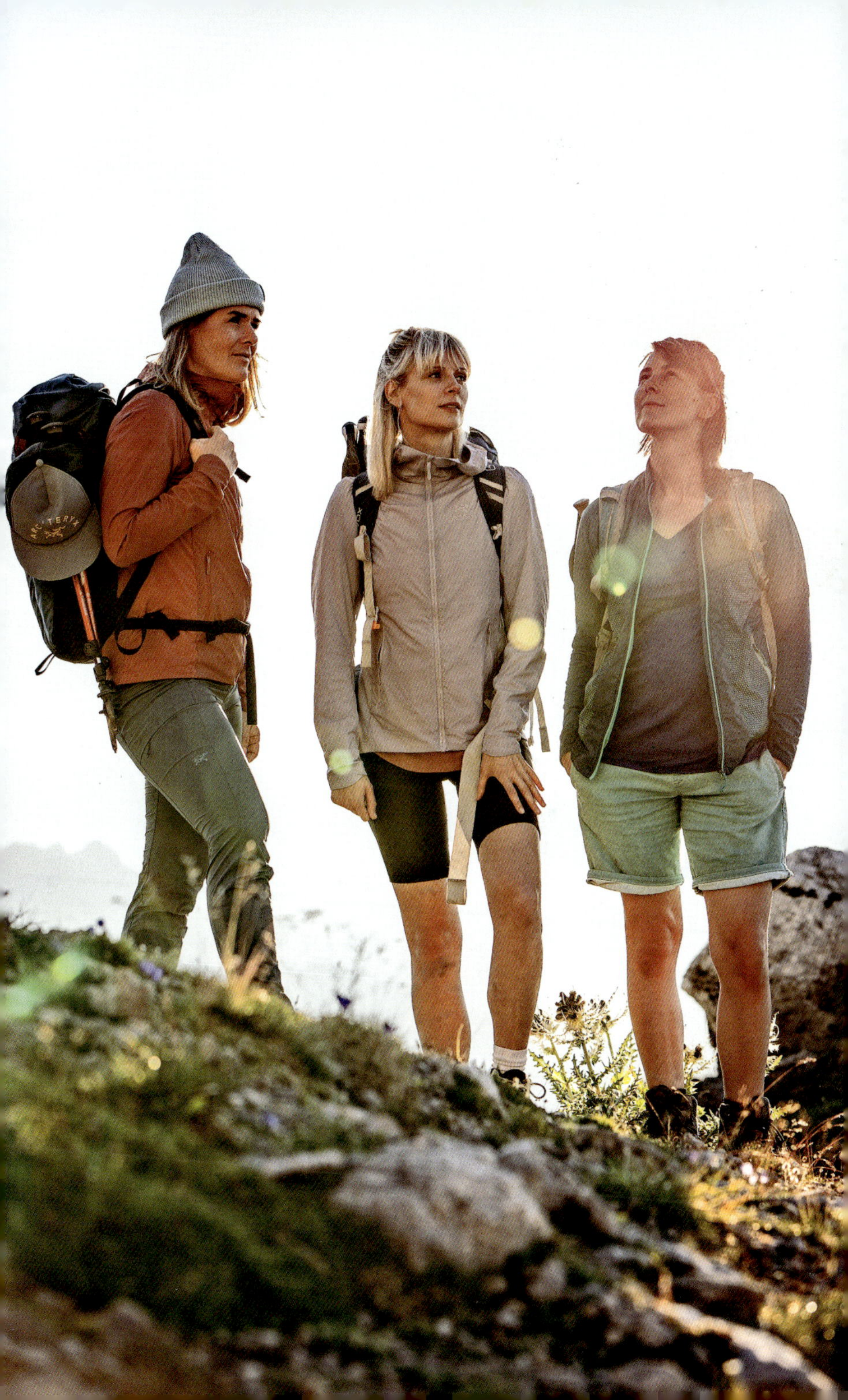
ARC'TERYX

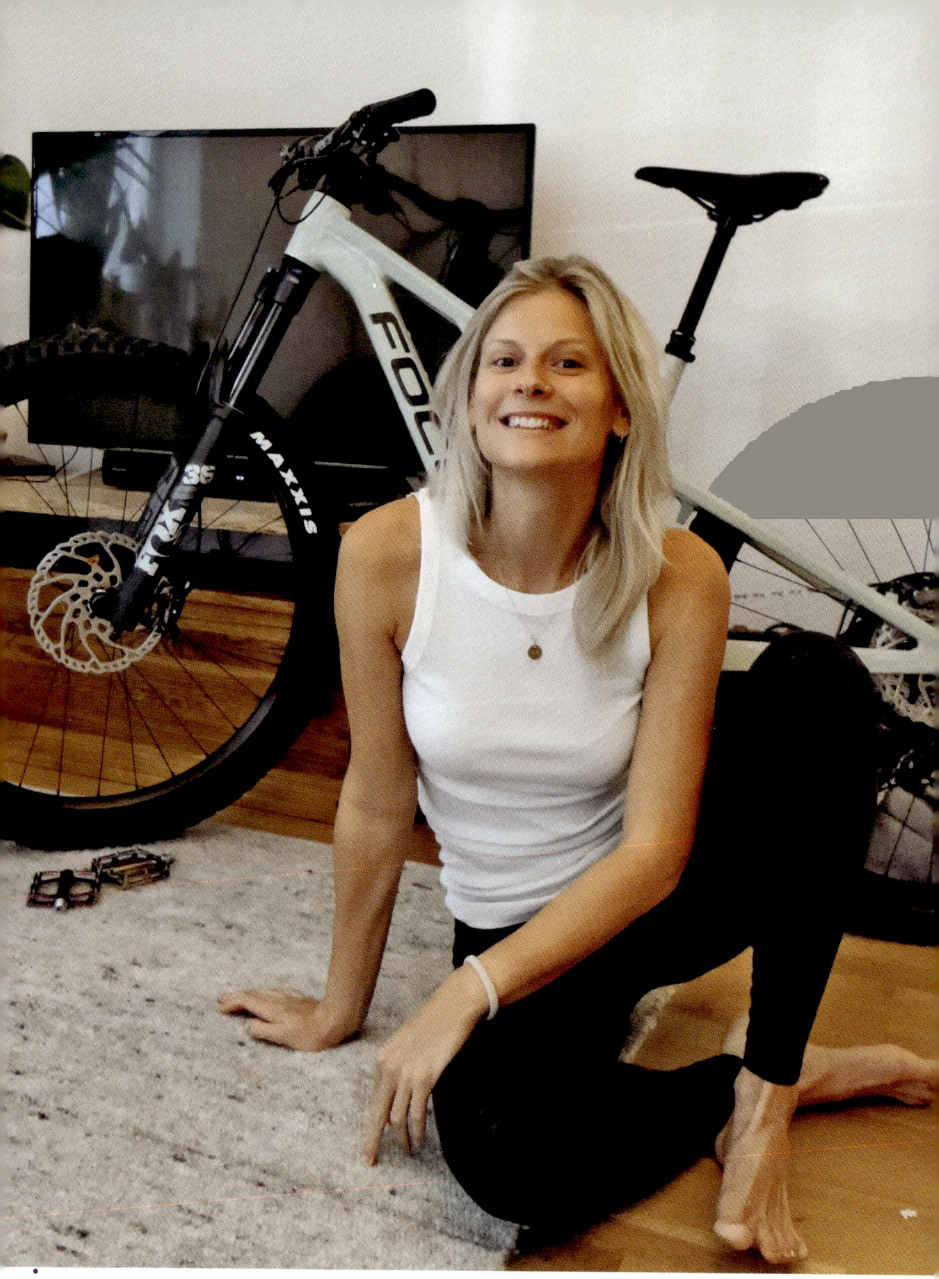

Ein Lächeln voller Vorfreude in Tonis Gesicht. Kurz zuvor wurde ihr Mountainbike geliefert und natürlich direkt ausgepackt. Jetzt noch fix die Pedale anschrauben und dann los zur ersten Testfahrt!

Da sind Kaddi und Toni schon fast oben! Und freuen sich riesig über die schneebedeckte Kampenwand – und natürlich auch auf die bevorstehende Trailabfahrt.

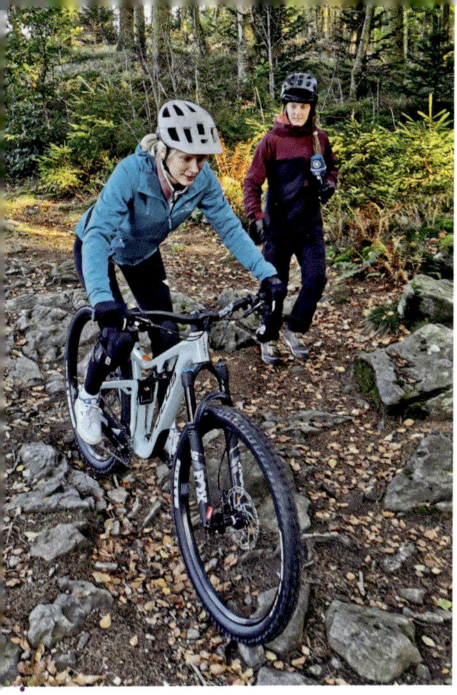

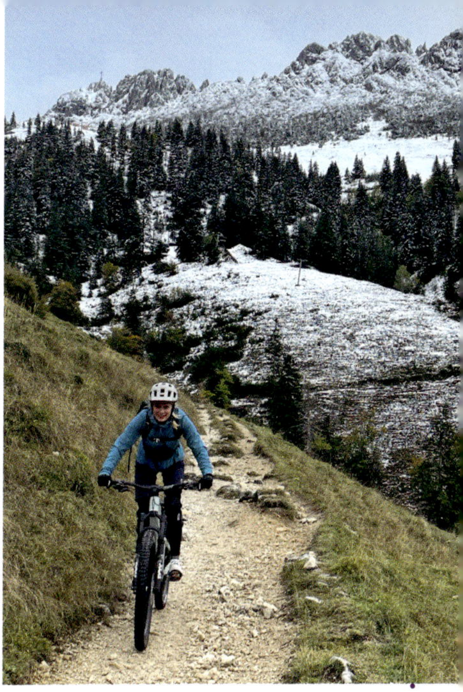

Die erste Trainingsfahrt im Gelände. Toni fährt im Trailmodus über eine kleine Steinstufe, während Fahrtechnik-Trainerin Claudia Wolf ihre Haltung korrigiert.

Huiiii – dieses Wort beschreibt ganz gut Tonis Gefühl auf diesem Bild. Ihr Neuanfang auf dem Mountainbike erreicht hier seinen Höhepunkt. Es geht los auf den ersten richtigen Trail!

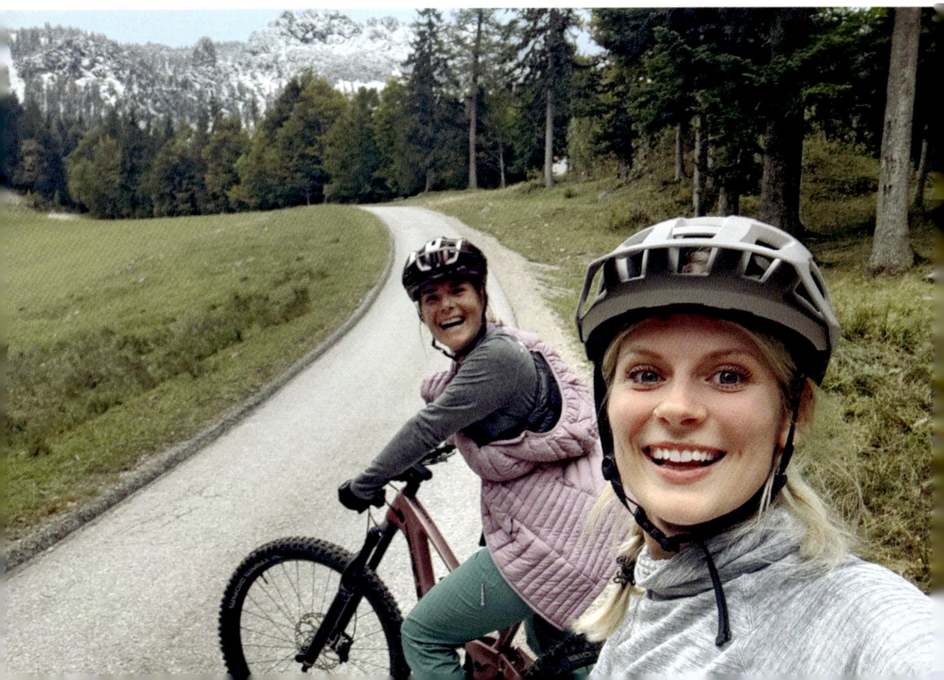

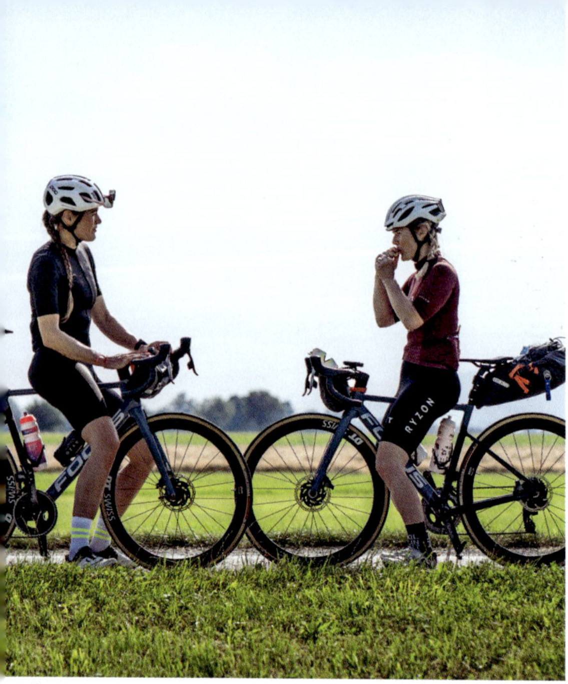

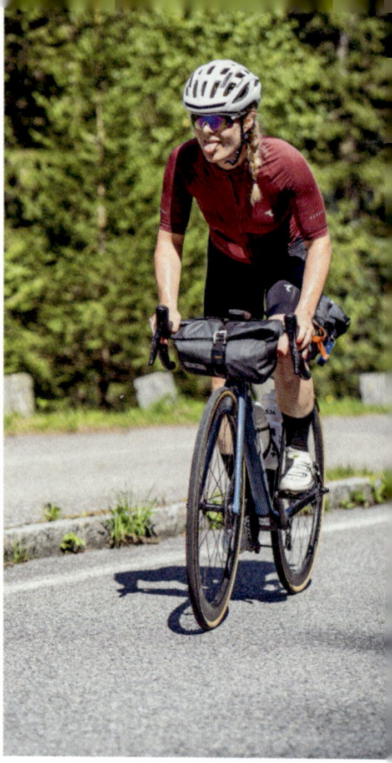

Kaddi mit ihrer besten Radlfreundin Meike bei ihrer Tour von München an den Wörthersee über die berühmte Großglockner-Hochalpenstraße. Noch ist es flach. Und Kaddi gut drauf, ihre Periode lässt auf sich warten …

… doch pünktlich mit Beginn der Steigung ist sie auf einmal da. Wie Kaddi das findet? Naja, ihr Gesicht sagt doch alles, oder?

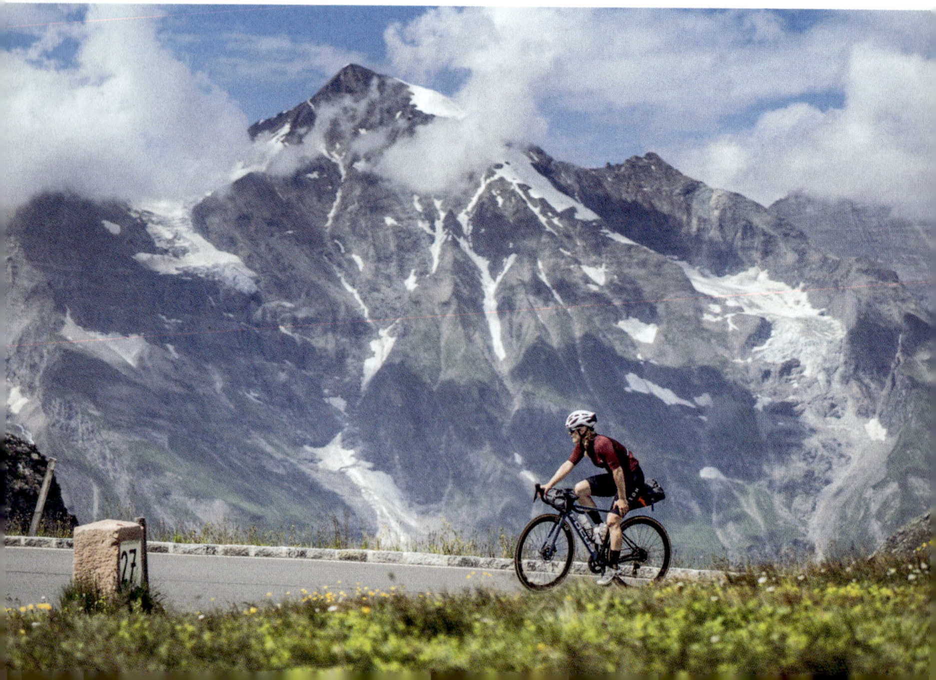

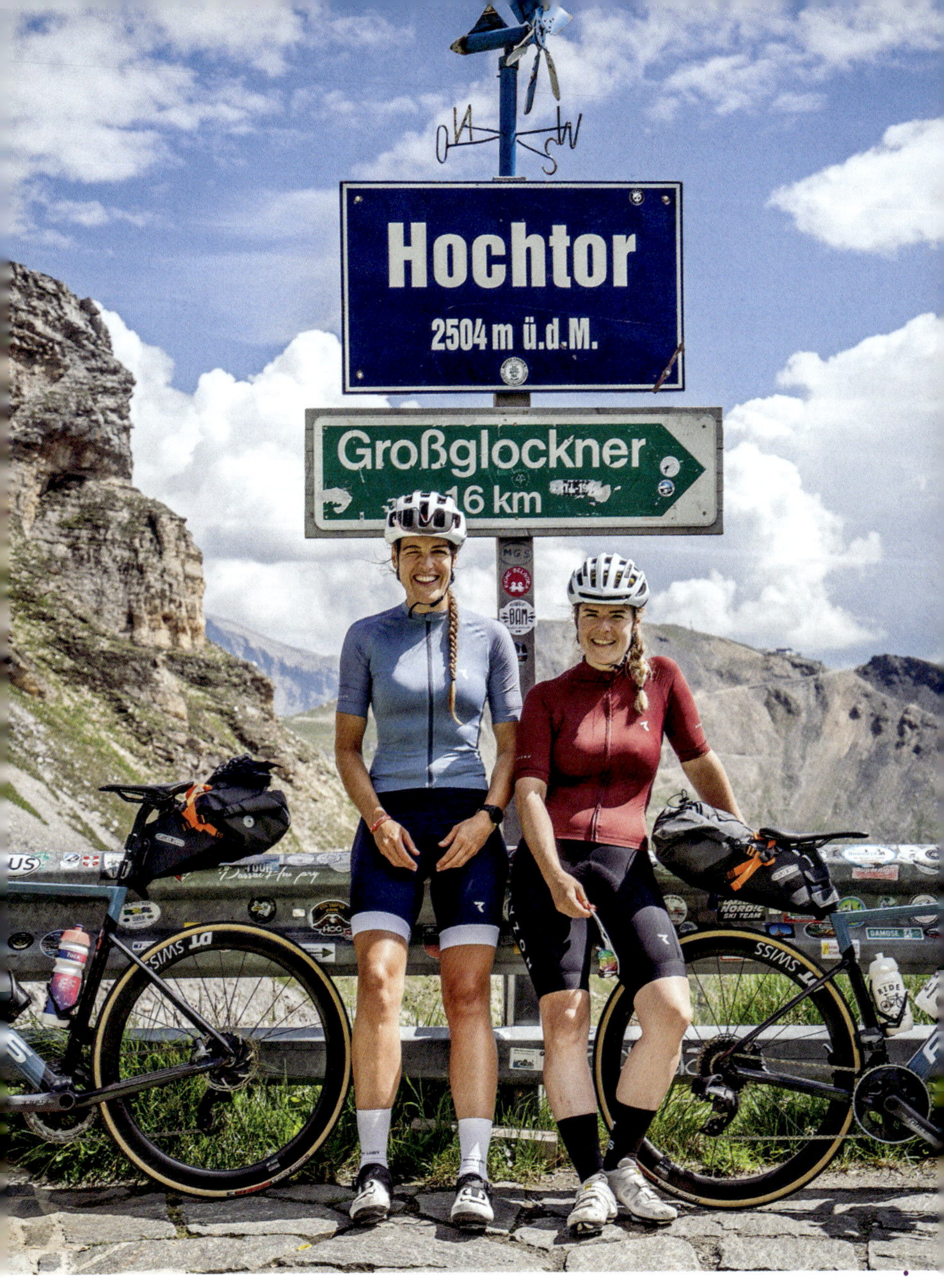

Die Großglockner-Hochalpenstraße hat 36 Kehren und 1 200 Höhenmeter am Stück – zur Entschädigung bietet sie großartige Ausblicke. Schön anzuschauen, aber gegen die Periodenschmerzen helfen Kaddi gerade trotzdem nur Schmerzmittel.

Meike und Kaddi haben es geschafft! Sie sind endlich oben, auf der Passhöhe von 2 504 Metern. Ab da geht's erstmal nur noch bergab, in den Ort mit dem sehr passenden Namen Heiligenblut. Lustig, oder?

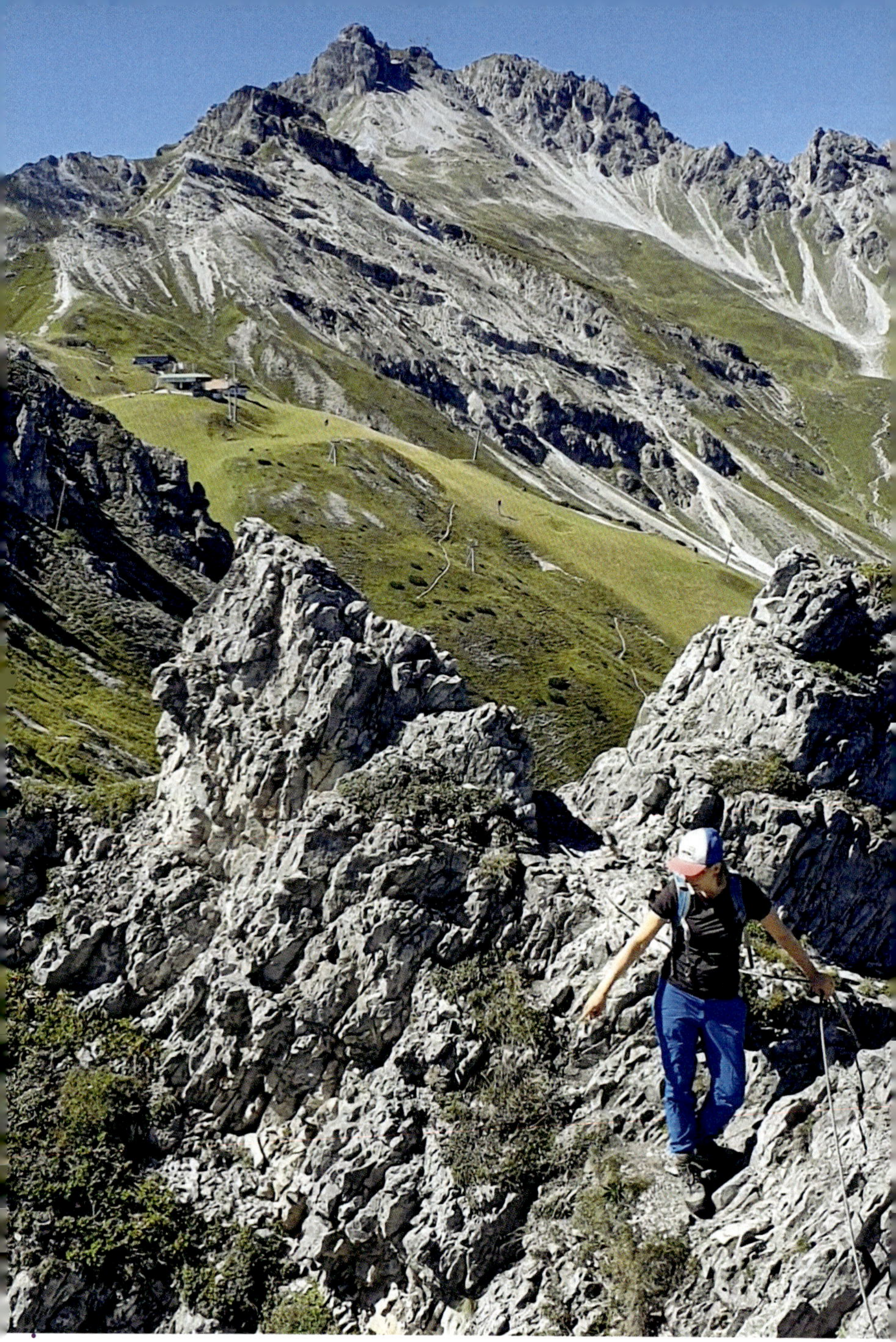

Katharina beim Höhenangst-Training, mit dem Hohen Burgstall im Hintergrund. Zusammen mit Coachin Kris Stürz versucht sie in dem Moment herauszufinden, warum ihr manche abschüssigen Stellen Angst machen und andere nicht.

Höhenangst-Coachin Kris in der Gondel.

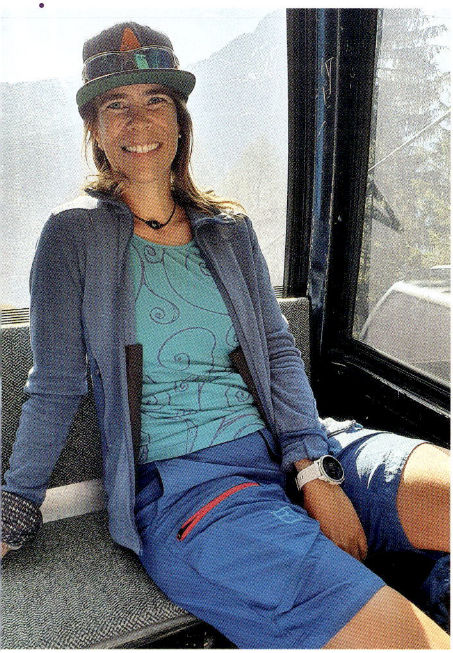

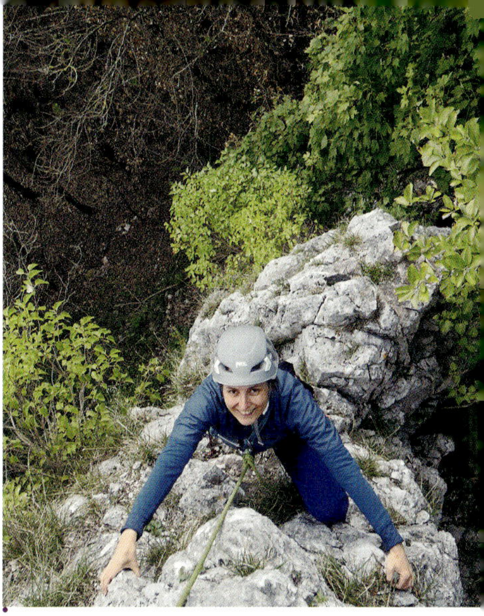

Ein paar Wochen später: Katharina bei der allerersten Mehrseillängen-Klettertour ihres Lebens. Am Glasfels im Blautal nahe Blaubeuren. Da war die Kletterei noch leicht und ihr noch zum Lachen zumute …

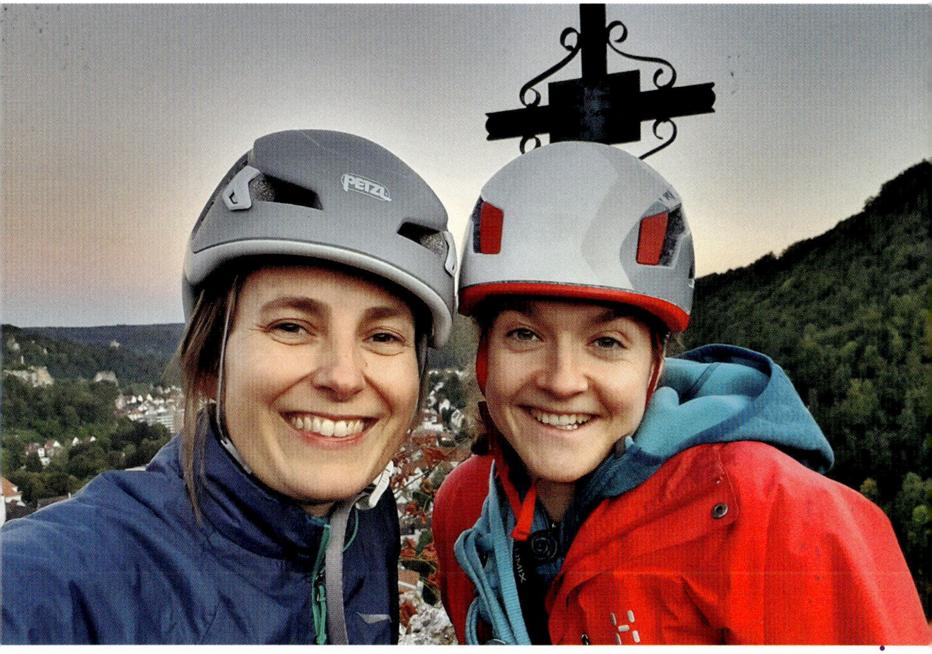

… und da konnte sie dann – nach Angst und einigem Fluchen – wieder lachen. Drei Seillängen später: Geschafft! Auf dem »Gipfel« des Glasfels mit ihrer Kletterpartnerin und Cousine Regina. In dem Moment war sie einfach nur stolz und glücklich, es hinter sich zu haben.

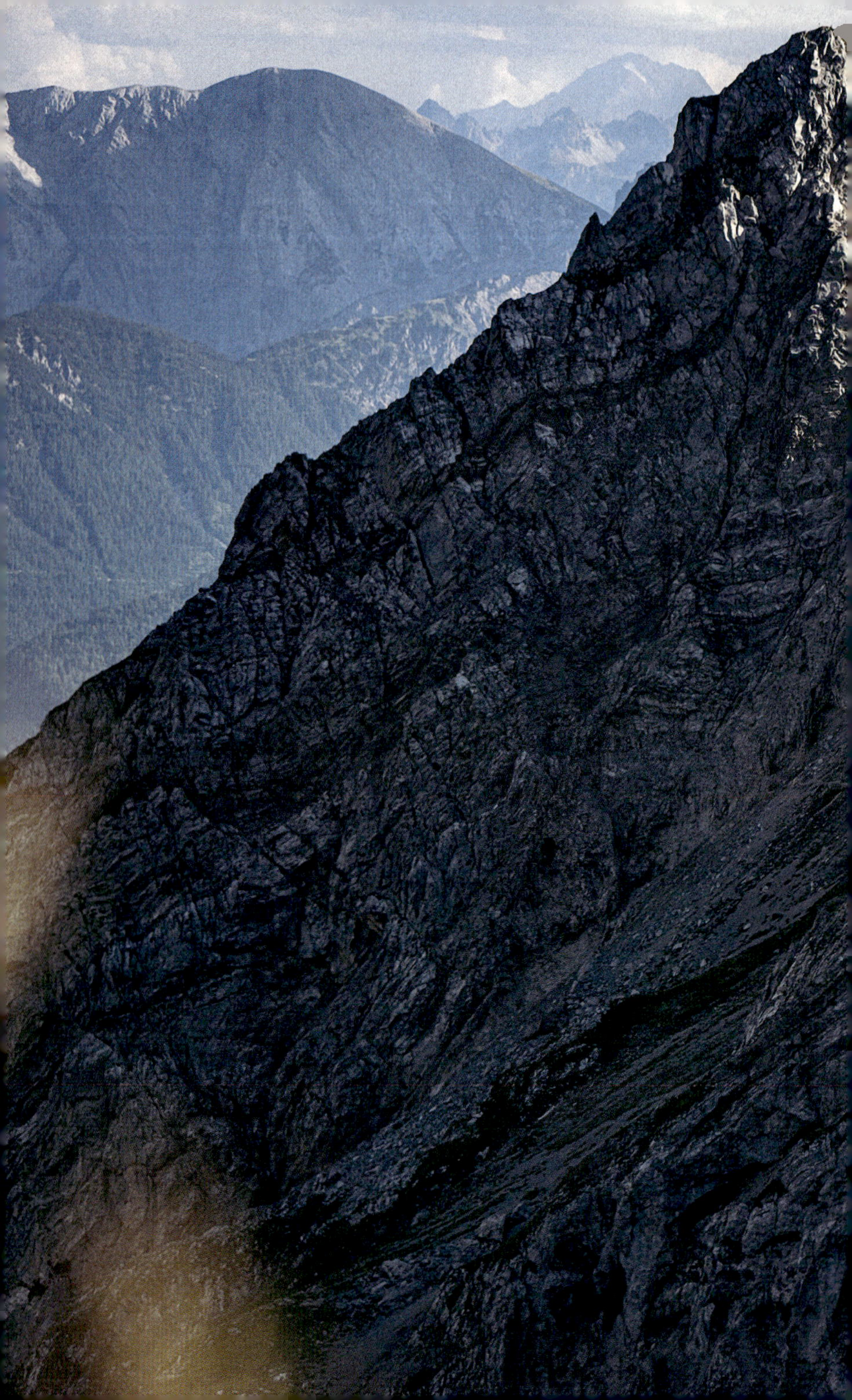

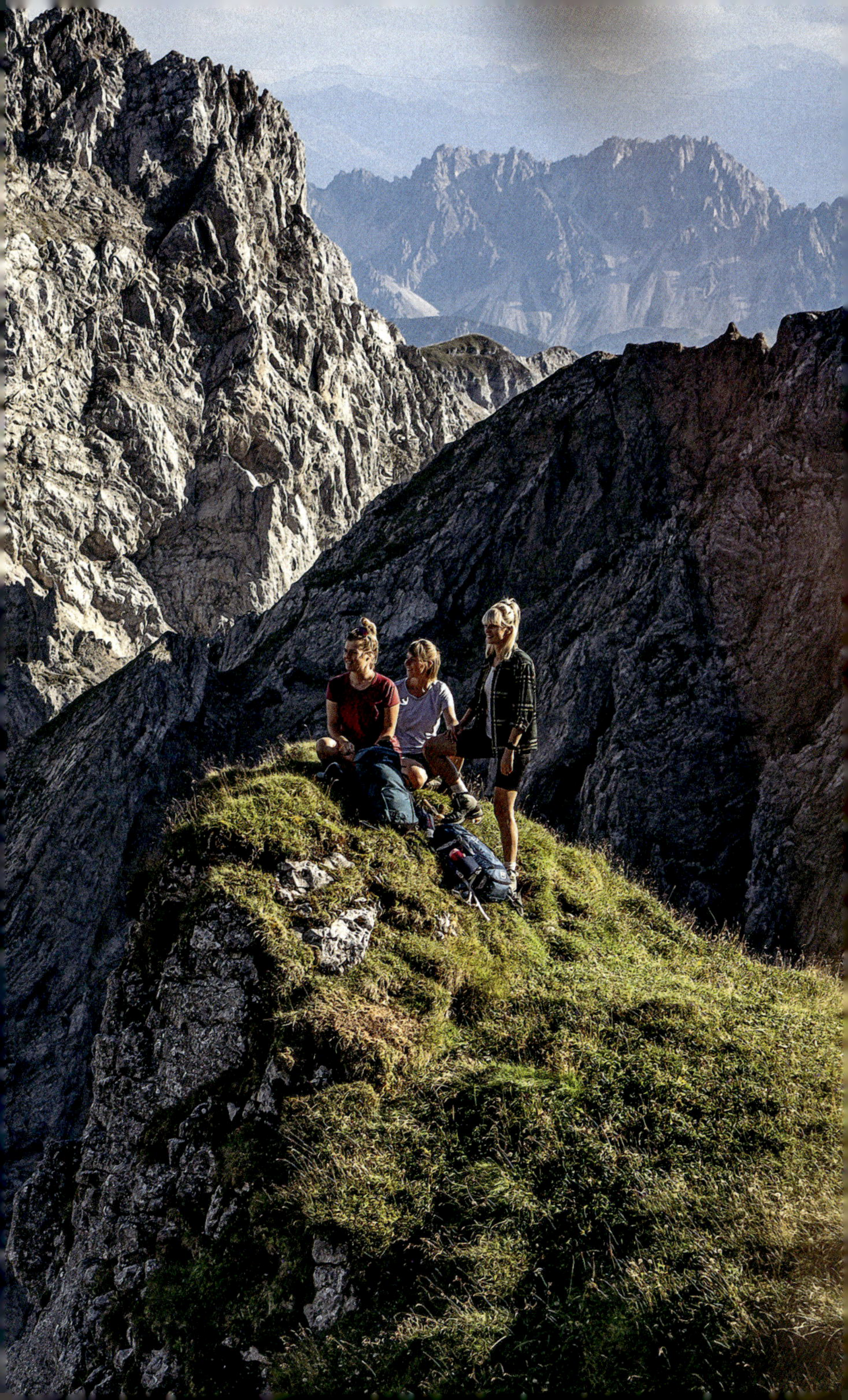

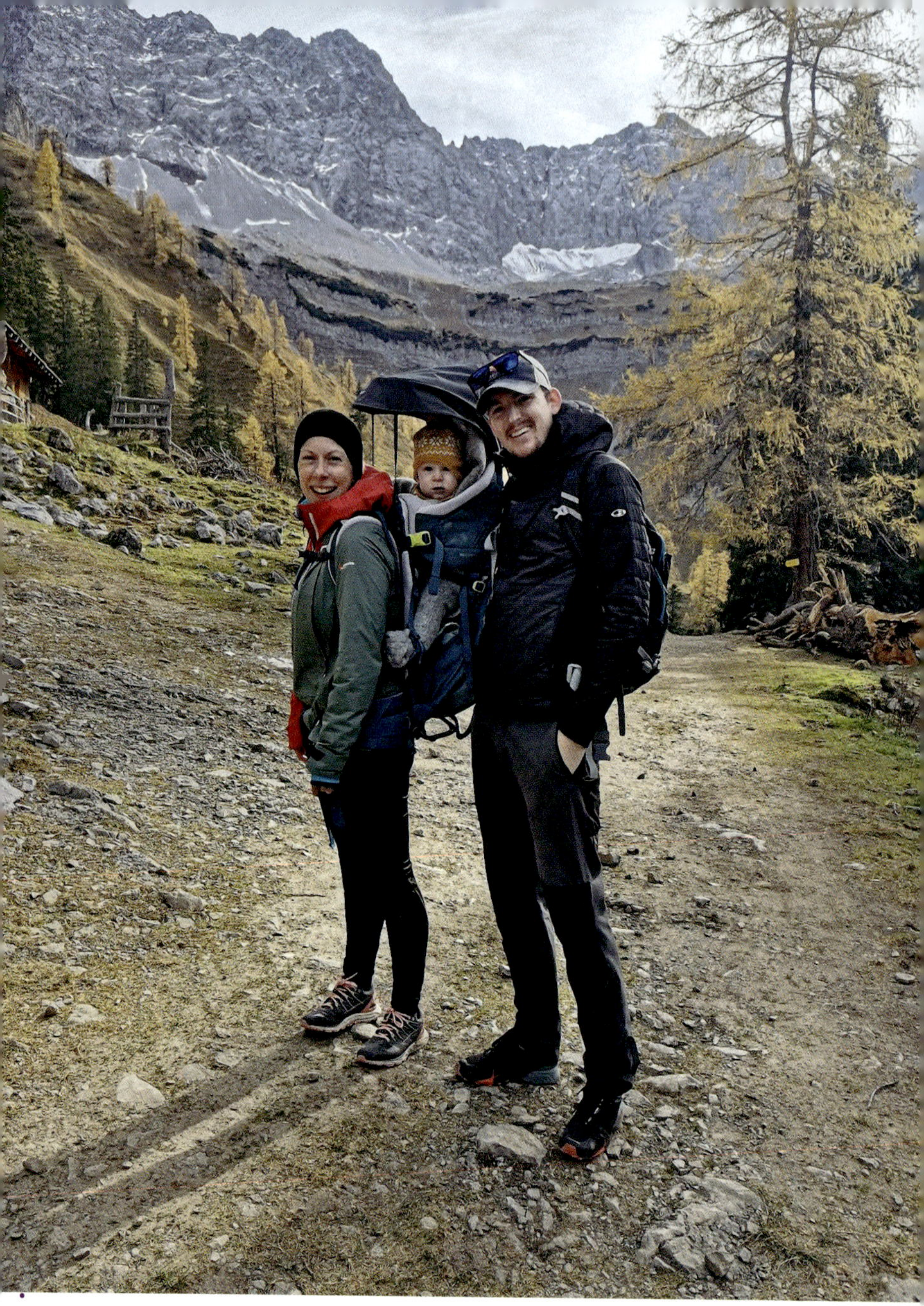

Julia mit ihrer kleinen Familie bei einem ihrer ersten Bergausflüge. Mit dabei: Der kleine Benjamin, ihr Mann Jakub, Julia natürlich und noch ein Familienmitglied! Denn Julia ist entgegen aller Erwartungen wieder schwanger!

Géraldine Fasnacht ist der erste Mensch, der mit einem Wingsuit vom Gipfel des Matterhorns geflogen ist. Der spektakulären Aktion ging eine intensive Planung und monatelange Vorbereitungen voraus.

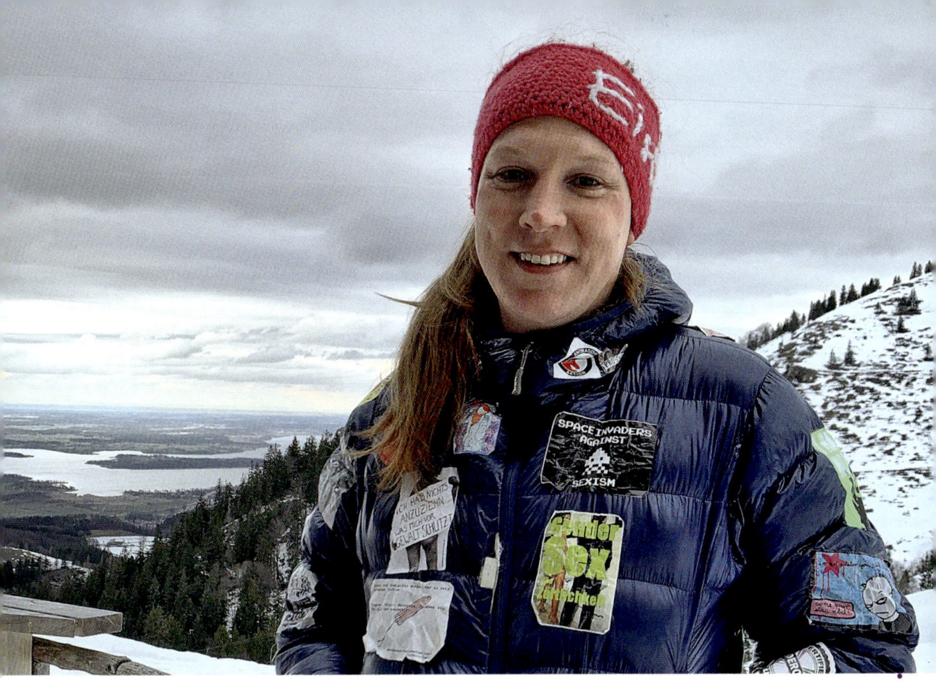

Hanna Aram ist die erste Transfrau, die bei der Freeride World Tour, der Weltmeisterschaft im Geländeskifahren und -snowboarden, gestartet ist. Der Tag, an dem dieses Foto entstand, war ein besonderer für sie: Denn da war sie seit sehr langer Zeit mal wieder auf Skitour, zusammen mit Kaddi an der Kampenwand im Chiemgau.

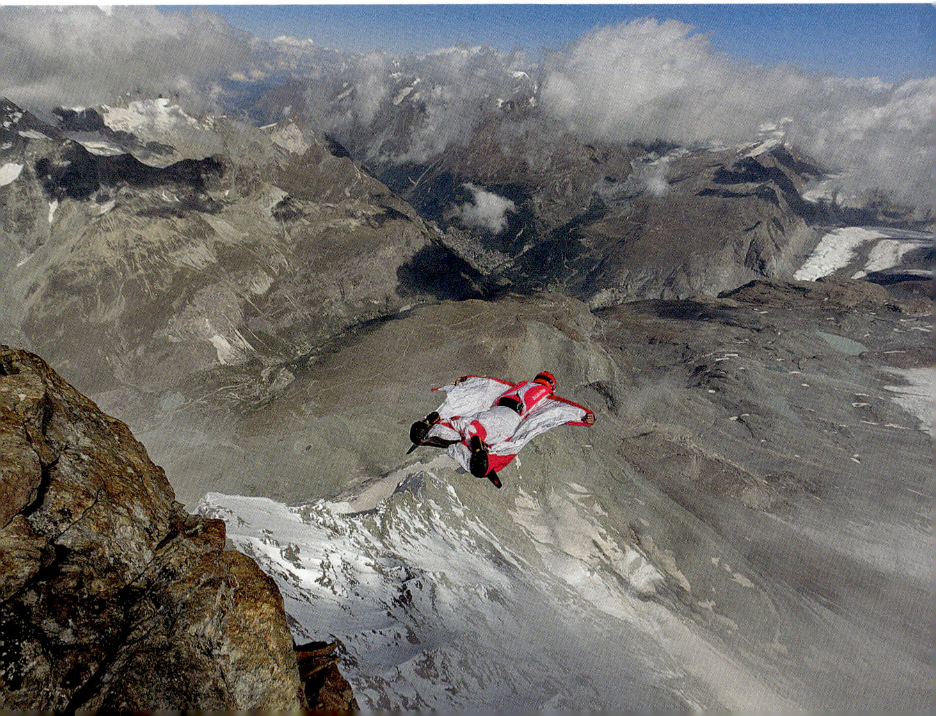

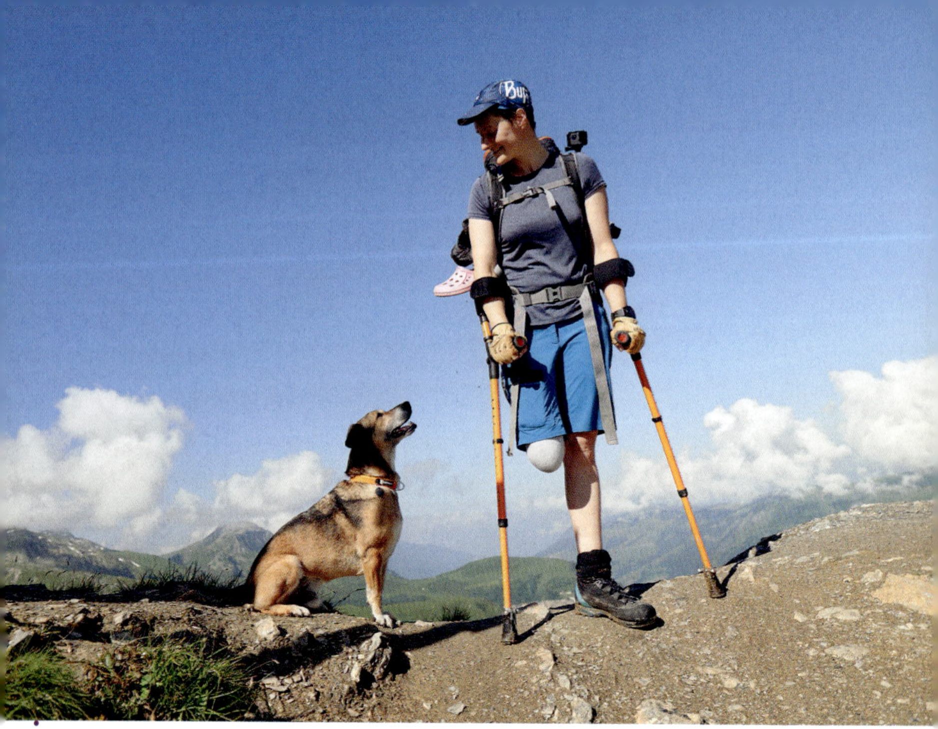

Bergsportlerin Jacqueline Fritz mit ihrem Hund Loui. Die beiden sind ein unzertrennliches Team. Jacqueline sagt, der »kleine Mann« ist ihr bester Kumpel.

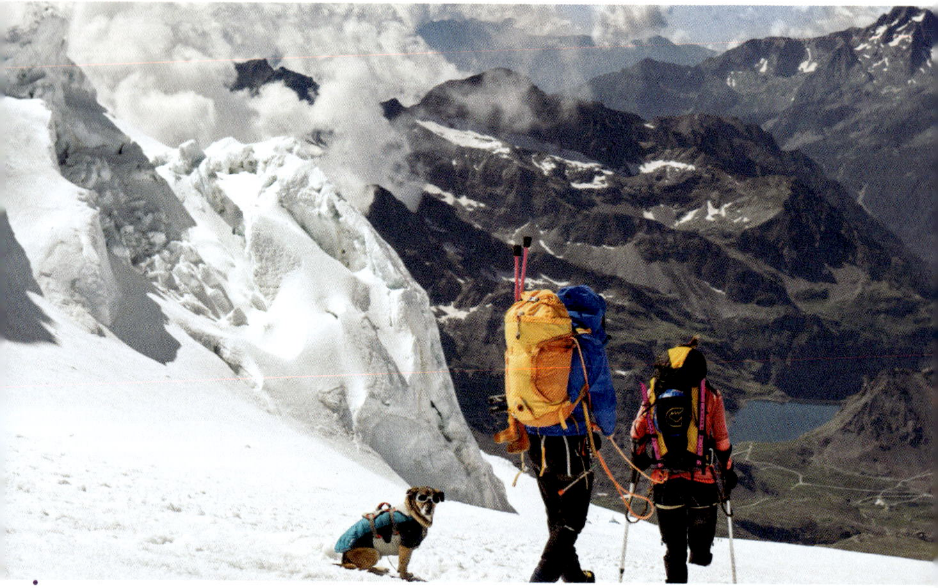

Jacqueline hat mit einem Bein die Alpen überquert, kletterte bereits erfolgreich im deutschen Para-Team und hatte trotzdem noch lange nicht genug: Sie wollte Skifahren lernen und Skitourengehen. Und sie hat es geschafft.

Auch bei Tonis Abstieg zurück zum Ausgangspunkt der Wanderung zeigt sich die Allgäuer Berglandschaft von ihrer besten Seite.

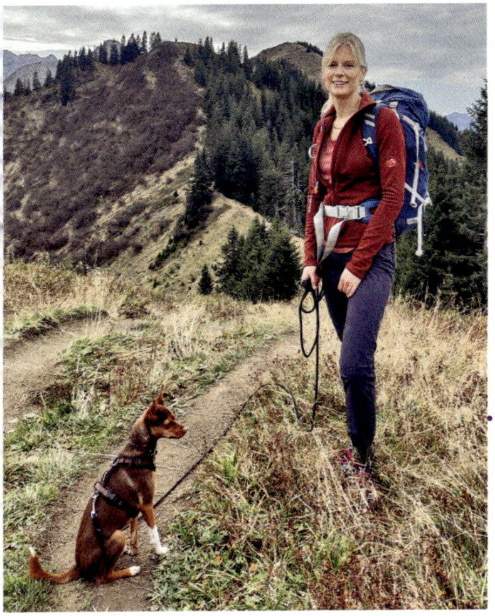

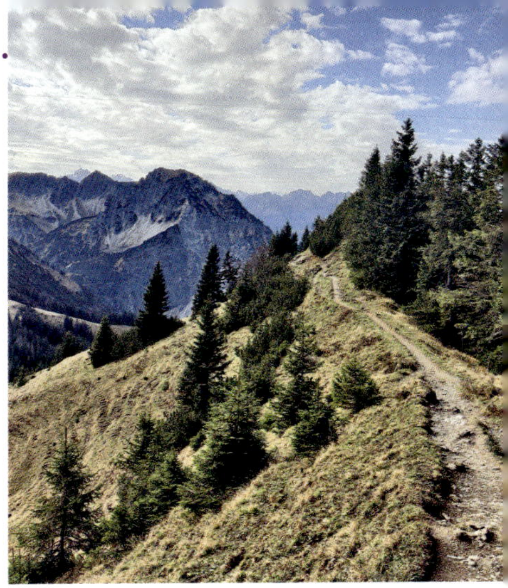

Toni und ihre Hündin Matie haben es auf den Bergsattel ihrer Lieblingswandertour im Allgäu geschafft. Ab hier geht's auf einem schmalen Pfad im Auf und Ab über drei Gipfel: vom Sonnenkopf über den Heidelbeerkopf bis zum Schnippenkopf.

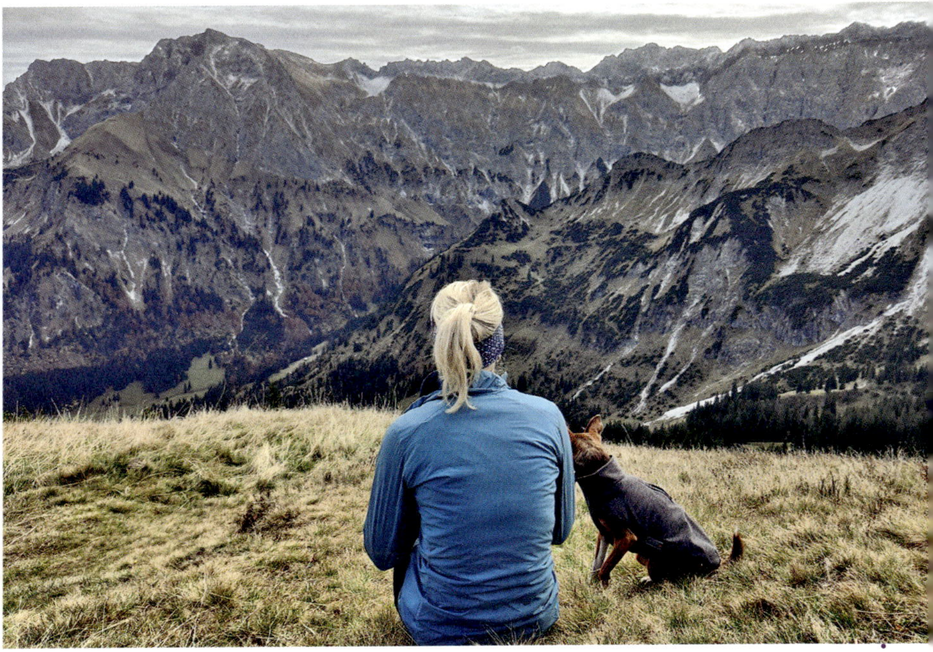

Tonis liebster Brotzeit-Spot auf dieser Tour ist der Schnippenkopf. Auf der großen Gipfelwiese findet man immer einen Platz, und der Ausblick auf das Nebelhorn, Rubihorn und andere Allgäuer Klassiker ist einfach nur der Wahnsinn.

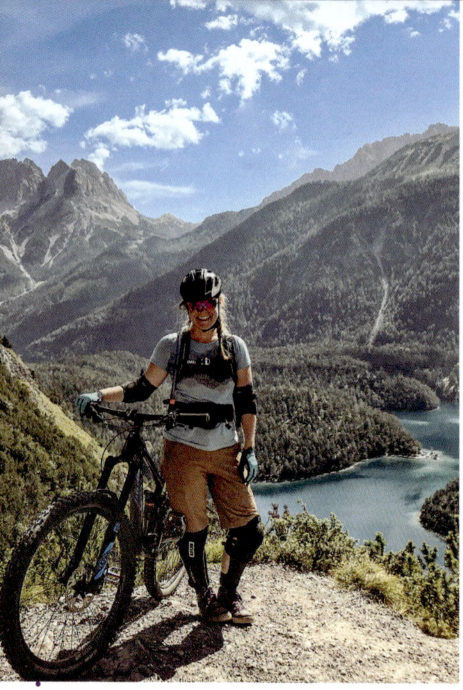

DER Foto-Spot an Kaddis liebster Mountainbike-Tour, dem Blindsee-Trail. Den Aussichtspunkt könnt ihr gar nicht verpassen, denn der Trail führt direkt daran vorbei. Außerdem lädt eine kleine Bank zum Verweilen und Ausblick auf den See genießen ein!

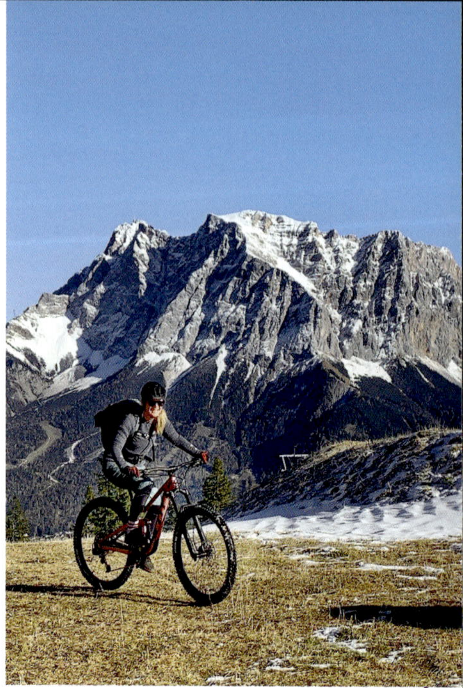

Kaddis letzte Bergauf-Meter werden versüßt vom Ausblick auf die Zugspitze, Deutschlands höchsten Berg.

Nur wer wie Kaddi und Meike auf diesem Bild oben im Gipfelhaus am Grubigstein übernachtet und vor Sonnenaufgang aufsteht, der kann einen noch besseren Blick auf die Zugspitze erhaschen.

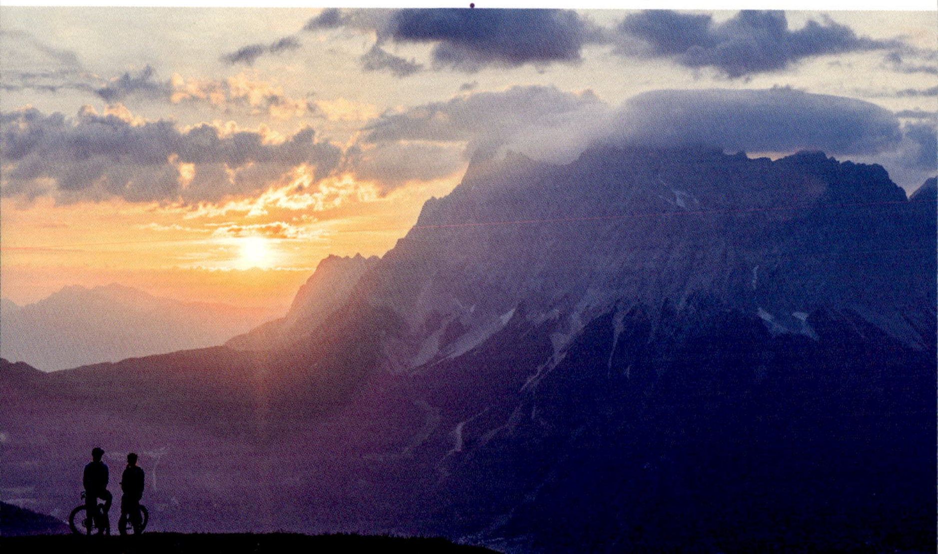

Da hat Katharina am zweiten Tag der Tour gerade 1 700 Höhenmeter Abfahrt hinter sich. Im Sulzschnee, weil sie in der Mittagssonne am Gipfel verhockt ist. War trotzdem super.

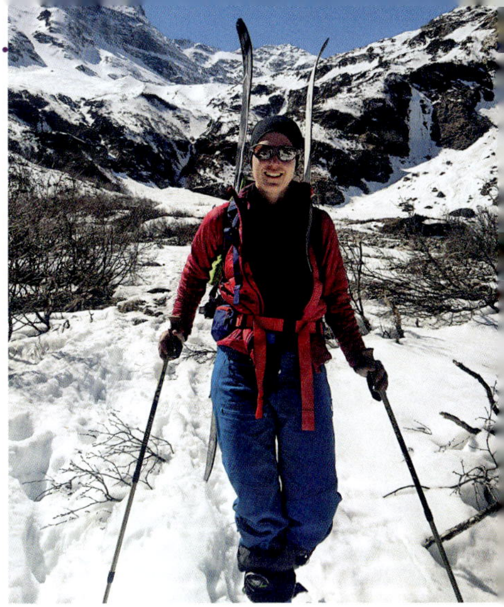

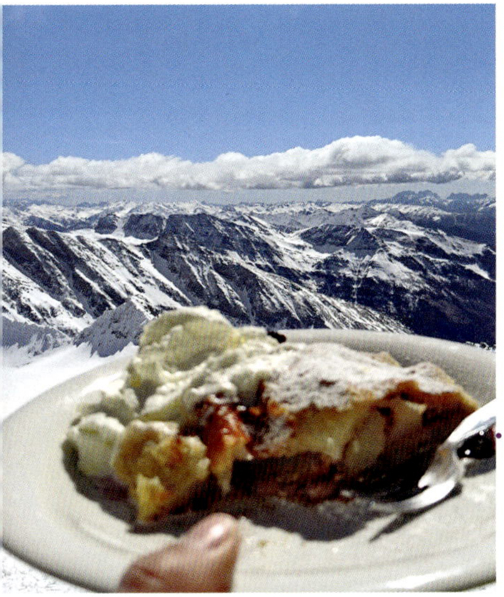

Perfektes Ende des ersten Tages auf Katharinas Lieblingsskitour. Am Gipfel des Hohen Sonnblick ist beides ausgezeichnet: die Aussicht und der Apfelstrudel.

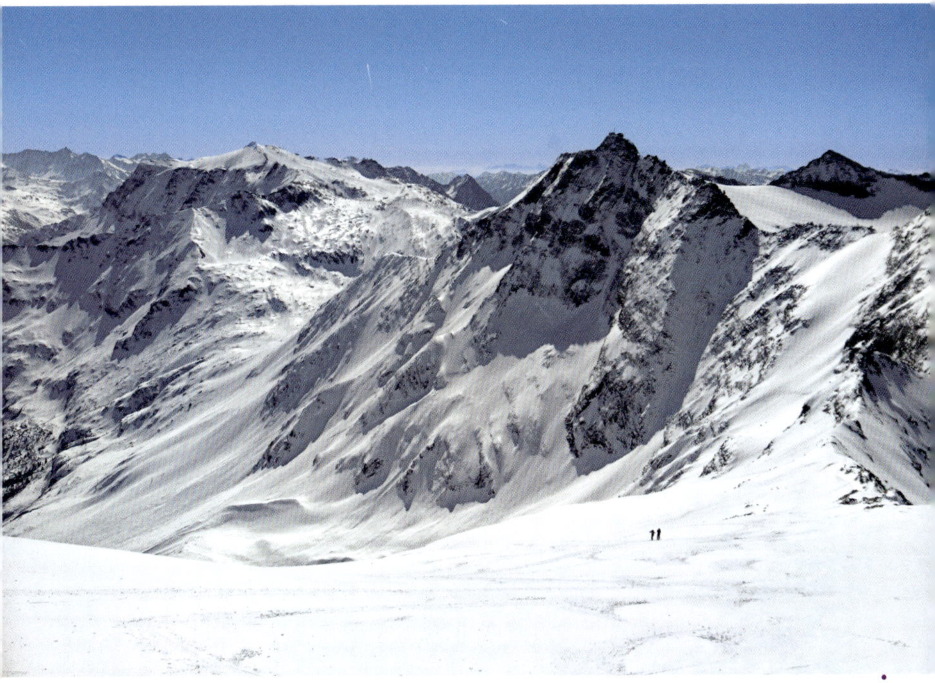

Aussicht vom Gipfel des Hocharn am zweiten Tag. So ein Panorama liebt Katharina besonders: Berge, Berge, Berge, soweit das Auge reicht.

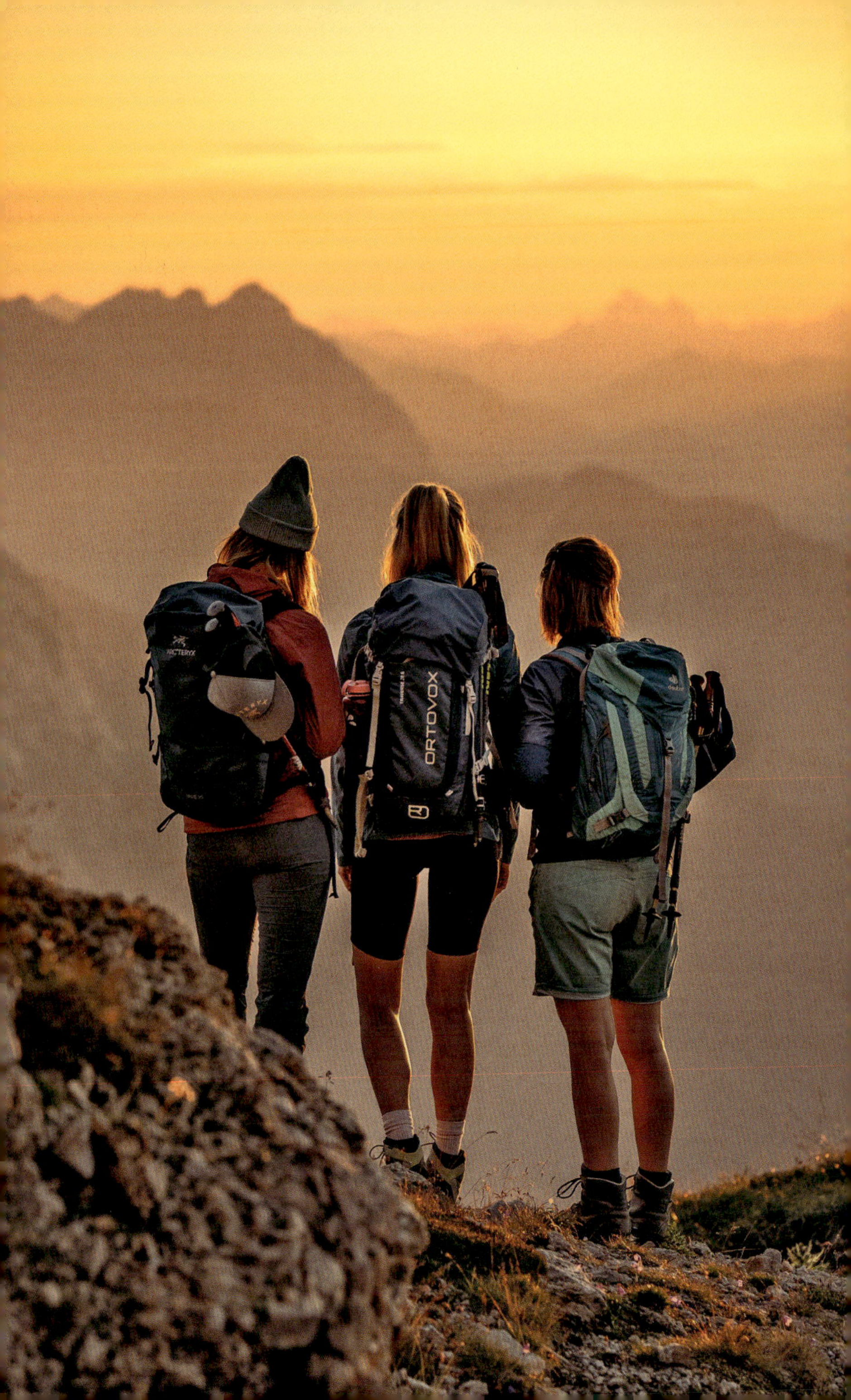
ORTOVOX

anderer Mensch. Weil ich zum ersten Mal ein paar Tage von meiner Tochter weg war – was ganz seltsam war. Ich hab sie dann vermisst und mich unglaublich auf mein Kind gefreut.

Wie hast du es danach geschafft, wieder in deinen Alltag zu finden?

Mein nahes Umfeld hat mich sehr unterstützt, meine Eltern, mein damaliger Mann Helmut – da kam nie ein Vorwurf. Die wussten ja, wie ich bin, dass ich meinen Beruf liebe, die haben mich nicht aufgehalten. Aber es war viel Organisiererei. Denn ich hatte nach wie vor meinen Job an der Uni, den musste ich bedienen, und die Bergführerei war dann nicht mehr so häufig möglich.

Helmut hat bei der Berufsfeuerwehr München im Schichtdienst gearbeitet und hatte nach seinen 24-Stunden-Schichten mehrere Tage frei, in denen er auf unsere Tochter aufgepasst hat. Sonst war sie viel bei meiner Mutter und später auch bei der Mutter meines zweiten langjährigen Partners, bei Maria. Das musst du organisieren, und daran waren alle möglichen Leute beteiligt. Denn bergführen kannst du nicht im Homeoffice.

Was glaubst du, wie deine Tochter das erlebt hat – gibt's da Schuldzuweisungen ihrerseits, oder hattest du Schuldgefühle?

Nein, Schuldzuweisungen gab's von ihr nie, aber ich hatte manchmal ein schlechtes Gewissen, wenn ich länger weg war. Gleichzeitig wusste ich immer, Lisa ist gut versorgt, sie ist bei ihrem Papa oder bei der Oma. Aber klar, ich war natürlich als Mutter diejenige, die angesprochen wurde im Kindergarten oder von den Lehrerinnen in der ersten, zweiten Klasse, wenn mein Kind irgendwelche Hausaufgaben nicht gemacht hatte: »Ja, Frau Weikert, Sie sind ja auch nie da!« So was hat mich richtig wütend gemacht. Kannst du dir das vorstellen? Die Väter, die Bergführer sind, sind auch nicht da. Aber die kriegen so was nicht zu hören.

Stimmt – ich bin auch gleich in diese Falle getappt. Ich merke gerade, wie unfair es eigentlich ist, dass ich dir diese Frage überhaupt gestellt habe. Ehrlich gesagt weiß ich nicht, ob ich das einen männlichen Bergführer auch gefragt hätte. Vielleicht liegt es daran, dass mich das Thema mit dem Arbeiten und den Schuldgefühlen als Mutter auch beschäftigt, seit ich Mama bin.

Ja, damit wirst du leider als Mutter auch immer noch oft konfrontiert. Und bei mir kam dazu der Vorwurf, ich wäre verantwortungslos – weil ich als Mutter Bergführerin bin. Dabei stürzen die Väter als Bergführer genauso ab und sind tot – im schlimmsten Fall. Aber wenn du das als Mutter machst, gibt's einen Riesenaufschrei.

Mein Job war und ist mir wahnsinnig wichtig. Aber meiner Tochter wollte ich auch gerecht werden. Und beides gleichzeitig ging natürlich nicht immer. Da habe ich dann schon manchmal ein schlechtes Gewissen entwickelt.

Und wie bist du damit umgegangen?

Wenn die Leute »Bergführer« hören, dann wissen die wenigsten, was für ein Job das ist, auch heute noch. Die denken: Das ist halt irgend so ein Wanderleiter. Oder: Die hampelt irgendwo rum, verwirklicht sich bei irgendwelchen Wanderungen selbst und ist einfach nicht da.

Dass das aber ein sehr anspruchsvoller Beruf ist, das wissen die wenigsten. Und das habe ich mir immer wieder bewusst gemacht und versucht, mich von den Sprüchen der Leute abzugrenzen und mir zu sagen: Okay, es ist mir egal, wenn Lehrerin X damit ein Problem hat. Denn wichtig war nur: Wie ist Lisa versorgt? Und ich hatte das Vertrauen, dass sie gut aufgehoben ist. Außerdem hatte sie – das war ja mittlerweile das Zeitalter vom Mobiltelefon – immer Zugang zu mir. Bis heute sprechen wir uns jeden Tag ab, oder irgendeine Message geht hin und her. Ich finde es nicht unbedingt wichtig, viel Zeit miteinander zu verbringen. Viel wichtiger ist, dass die Zeit, die wir zusammen verbringen, eine qualitativ gute Zeit ist.

Weil du vorhin Bergführer angesprochen hast, die Väter sind – wie ist da der Austausch untereinander? Sprichst du mit anderen Bergführerinnen und Bergführern über den Spagat zwischen eurem Beruf und dem Elternsein?

Mit den älteren Bergführern ist das kein Thema. Das ist schon auch eine raue Gesellschaft, obwohl es in der Regel bei den meisten einfach ein Panzer ist, den sie sich zugelegt haben. Aber wenn du mit denen am Abend auf der Hütte zusammensitzt, kannst du als Frau eigentlich ständig »Me too« schreien.

Und die jüngeren Bergführer, die tun zwar recht modern, haben zwei, drei Kinder und führen dann noch genauso viel wie davor. Und wenn man nachfragt, ist das ganz klassisch: Da ist die Frau daheim.

Es gibt eine Kollegin, die jetzt 50 Jahre alt sein müsste – mit der habe ich immer mal wieder übers Kinderkriegen gesprochen. Die war lange am Zweifeln, ob sie Mutter werden will. Und ich hab ihr gesagt: Wenn du zweifelst, dann mach's – denn irgendwann ist es vorbei, und dann geht es nicht mehr. Und wenn du es kriegst, dann klappt das schon irgendwie, man organisiert sich dann schon.

Aber es gibt ja eh wenig Bergführerinnen, zwölf Frauen sind es in Deutschland bei 550 Bergführern insgesamt, und noch weniger davon sind Mütter, die meisten entscheiden sich bewusst dagegen.

Wie hat sich dein Leben als Bergführerin verändert, nachdem du ein Kind hattest?

Ich war ja schon 35 und hatte eigentlich alles, was ich machen wollte, gemacht. Und gleichzeitig habe ich mich beim Führen nicht eingeschränkt, ich war in der Antarktis, in Grönland, war also weit weg. Nur die langen Expeditionen, die wollte ich dann nicht mehr machen – das Höhenbergsteigen, das hatte ich vorher einmal ausprobiert, aber das war nicht so meins.

Und wie gesagt, das war dann schon die Zeit, in der es Mobiltelefone gab, und ich war für Lisa immer erreichbar. Es gab schon Situationen, in denen sie mich angerufen hat, und ich war gerade an einer sehr exponierten Stelle oder an einem lawinengefährdeten Hang oder beim Klettern am Standplatz eingehängt, und dann klingelt das Telefon, und du schaust aufs Display, denkst: Ja, die Nummer kenn ich, gehe ich da jetzt ran? Und natürlich gehst du ran – und dann überbringt dir dein Kind bei so einem Anruf Nachrichten, da zieht's dir die Füße weg. Aber du bist in dem Moment als Bergführerin mit deiner Gruppe unterwegs und hast Verantwortung für fünf, sechs Leute. Und dann musst du das auf die Seite schieben und erst die Leute sicher wieder runterbringen. Das war manchmal schon schwer.

Und wenn du mit deiner Tochter gemeinsam im Gebirge warst, wie wart ihr da unterwegs?

Ich bin kein Wanderer, daher habe ich sie ziemlich schnell zum Klettern mitgenommen. Denn für mich ist Klettern eine Sportart, die man gut mit Kindern machen kann. Ich konnte natürlich nicht davon ausgehen, dass eine Fünfjährige anständig sichern kann im alpinen Gelände, deswegen kam sie immer hinterhergekraxelt. Nichts Schwieriges natürlich, eher so im dritten, vierten Schwierigkeitsgrad. Wir sind auch Mehrseillängen geklettert und haben dabei teilweise Seilschaften überholt – die sind vom Glauben abgefallen.

Ihr habt das zu zweit durchgezogen?

Sie fand das lustig und hat während des Kletterns mit jedem geredet. Und dann hat sie da ihre Blümchen gehabt, die am Fels wuchsen. Natürlich war sie richtig eingebunden, und ich wusste, was ich tue. Es war klar, dass ich nicht stürzen darf. Aber das Risiko habe ich kalkuliert, und es war vertretbar. Doch irgendwann hat es bei ihr geswitcht. Dann wollte sie keine Mehrseillängen mehr klettern, und das macht sie bis heute nicht mehr, weil sie Angst hat.

Das ist für mich völlig in Ordnung. Ich finde es zwar schade, aber vielleicht kommt es auch wieder.

Und wie ist das, wenn ihr heute zusammen in den Bergen seid? Bist du die Bergführerin, oder seid ihr ein Team?

Das kommt darauf an. Im Winter, auf Skitour, bin ich auf jeden Fall die Bergführerin. Aber das handhabe ich kameradschaftlich, das sind auch keine superanspruchsvollen Touren. Beim Klettern ist sie wirklich Gast. Da weiß ich, dass ich sehr taktisch mit ihr arbeiten muss, damit sie keine Panik bekommt. Da muss ich sie eher beruhigen und bin definitiv die Bergführerin. Aber das ist eben so. Vielleicht fällt sie da auch in die Kind-Rolle zurück.

Und du in die Mutter-Rolle? Du kommst ja wahrscheinlich auch nicht raus aus deiner Haut.

Nein, das stimmt, da komme ich nicht raus. Gut, die eine Mutter zeigt ihrer Tochter das Backen, und bei uns ist es eben umgekehrt. Da zeigt sie mir das Backen und ich ihr das Klettern. (Sie lacht.)

Sind das Momente, in denen du heute spürst: Wow, es ist toll, dass ich Mama bin?

Das war von Anfang an toll. Ich war immer stolz darauf, Mama zu sein, und fand es immer schön. Ich fand es spannend, meine Tochter zu beobachten – denn sie war schon als kleines Kind unheimlich offen und positiv, hat viel gelacht und ist auf Leute, die sie nicht kannte, zugegangen und hat mit ihnen geredet. Als Kind hat sie mir ständig Fragen gestellt: »Was macht der Mann da, und warum macht der das?« Und ich habe dann geantwortet: »Ja, geh doch hin und frag ihn selbst!« Und das hat sie dann gemacht, und die Leute waren ganz begeistert. Und ich eben auch. Also von wegen *regretting motherhood* – ich fand es immer toll, Mutter zu sein, auch wenn ich in diese Rolle erst hineinwachsen musste.

In die Berge mit (Klein-)Kindern: So klappt's!

von Antonia Schlosser

Ich habe keine Kinder. Ob ich irgendwann eine Familie möchte, weiß ich ehrlich gesagt auch noch nicht. Was ich aber weiß: Wenn es in meinem Leben mal Nachwuchs geben sollte, dann will ich auf jeden Fall versuchen, mit ihm meine Bergleidenschaft zu teilen. Und das am besten so früh wie möglich! Ich stelle es mir wahnsinnig schön und bereichernd vor, die alpine Welt mit Kindern neu zu entdecken. Und ihnen meine Bergliebe zu zeigen – so, wie es damals meine Eltern mit mir und meinen Geschwistern im Allgäu gemacht haben.

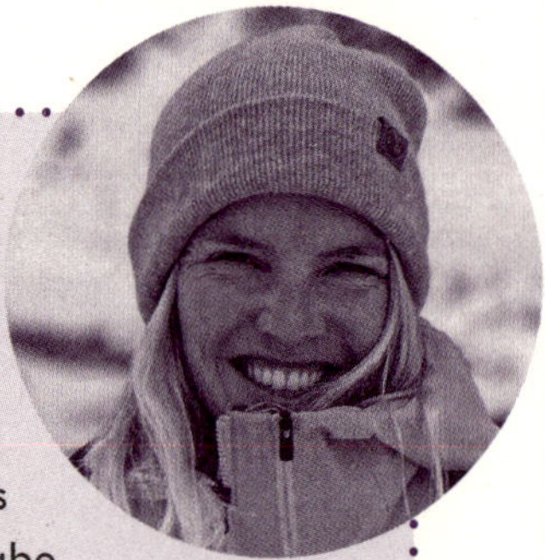

SOPHIE FOLGER aus dem Chiemgau erlebt das seit ein paar Jahren. Die 33-Jährige ist Mama einer dreijährigen Tochter und total bergverliebt. Auf ihrem Blog »Alpenbaby« erzählt sie offen und ehrlich von allen Ups und Downs in ihrem Bergleben mit Louise. Von ihr habe ich wichtige Tipps und Tricks erfahren, wie man die Berge mit (Klein-)Kindern entdecken kann.

DER RICHTIGE ZEITPUNKT FÜRS ERSTE BERG-ABENTEUER

Für alle ungeduldigen Bergfreundinnen möchte ich die Frage nach dem richtigen Zeitpunkt als Allererstes klären. Wann kann man mit Kindern in den Bergen loslegen?

Die Antwort ist: Es kommt drauf an. Und zwar auf dich. Denn dein Kind ist in den ersten Monaten seines Lebens von dir abhängig. Du sorgst dafür, dass es genug Ruhe, Schlaf, frische Luft, Bewegung, Nahrung und so weiter bekommt. Und deshalb ist es wichtig, dass es dir als Mama gut geht und du dich sowohl körperlich als auch mental fit fühlst, bevor du deine ersten Bergpläne mit Nachwuchs schmiedest. Sophie hat das auf einer Reise nach Mauritius gemerkt: »Wir haben dort unsere erste kleine Wanderung mit Kind gemacht. Louise war damals drei Monate alt und lag an meinem Bauch in einem Tragetuch. Unterwegs habe ich gespürt, wie wichtig es ist, dass es mir als stillender Mutter durchgehend gut geht. Dass ich selbst genug zu essen und zu trinken habe und mich nicht überanstrenge, um für mein Kind da sein zu können, falls irgendwas sein sollte.«

Auf den Punkt gebracht, heißt das, dass Sophie und ich dich dazu ermutigen möchten, selbst zu entscheiden, wann der richtige Zeitpunkt für deinen Family-Start in die Berge ist. Das kann nach vier Wochen, nach sechs Monaten oder später sein. Denn der Verlauf einer Geburt und die Zeit und Bedürfnisse danach sind von Mama zu Mama und von Kind zu Kind vollkommen unterschiedlich. Guck deshalb nicht nach links und rechts, wie es deine Freundin, Schwester oder Nachbarin macht. Schau lieber auf dich, denn du kennst dich selbst am besten. »Wir Frauen lernen durch unsere Schwangerschaft, wieder ganz genau auf unseren Körper zu hören. Und gerade das ist superwichtig. Achte bei deinen Plänen wirklich darauf, was dir guttut und was nicht«, betont Sophie. Falls du dir unsicher sein solltest, ob du eine klitzekleine Tour mit deinem

Baby schon wagen kannst, sind auch deine Hebamme und Gynäkologin eine gute Anlaufstelle für deine Fragen.

DIE RICHTIGE TOUR FÜR KLEIN UND GROSS

Das »Wann« haben wir geklärt. Kommen wir zur nächsten W-Frage: Wohin soll es gehen? Bei der Tourenauswahl ist Sophies Credo: Schritt für Schritt für Schritt. »Vielleicht wählst du erst einmal eine Route, bei der schon nach wenigen Hundert Höhenmetern eine kleine Alm kommt. Und wenn es dir und deinem Kind gut geht, wanderst du noch ein Stück weiter – vielleicht bis kurz vor den Gipfelanstieg. Und wenn es allen noch gut geht, dann vielleicht bis zum Gipfel. Wenn man sich kleine Etappen setzt, die man zusammen erreichen kann, ist das viel schöner, als sich direkt ein Riesending vorzunehmen, bei dem man am Ende vielleicht enttäuscht ist, weil man es nicht geschafft hat.« Vielleicht ist es eine einfache Rundtour über eine gut begehbare Forststraße zu einer Hütte oder nur ein kurzer Spaziergang vor Bergpanorama. Wenn du auf Tourenportalen nach leichten Wanderungen suchst, findest du eine große Auswahl, die du nach deinen Kriterien durchgucken kannst.

Zusätzlich können für deine Planung auch die Empfehlungen des Deutschen Alpenvereins hilfreich sein: Mit **Kindern im Vorschulalter** zwischen drei und sechs Jahren sollte die Gehzeit am Tag vier Stunden nicht überschreiten. Und du solltest bei deiner Planung viele und lange Pausen einrechnen. Bei **Kindern im frühen Schulalter** zwischen sechs und zehn Jahren kannst du dich laut dem Deutschen Alpenverein schon an Touren bis zu fünf Stunden wagen, bei denen – je nach Übung – auch kleinere Kraxelstellen dabei sein dürfen. Und mit **Kindern ab zehn Jahren** kannst du anspruchsvollere Bergziele oder Mehrtagestouren angehen. Vergiss aber bitte nicht, dass natürlich auch bei Touren mit älteren

Kindern eine große Rolle spielt, wie viel Bergerfahrung sie schon gesammelt haben. Trotz dieser Empfehlungen vom DAV gilt auch hier: Hör auf dich und dein Kind, vielleicht könnt ihr schon früher längere Touren unternehmen oder müsst noch etwas warten, bis das bei euch klappt.

Auch Hüttenübernachtungen hat Sophie mit Louise schon ausprobiert. »Ich bin der Meinung, dass Kinder da gar nicht so viel Extrabehandlung brauchen. Auf einer Hütte gibt es was zu essen, oft einen Spielplatz, die Natur zum Spielen, ein Klo und ein Bett. Mehr braucht ein Kind nicht.« Falls du dich nicht wohlfühlst, direkt mit Kleinkindern oder Kindern in einem großen Bettenlager zu übernachten, schau dich im Vorfeld einfach nach einem Dreibett- oder Vierbettzimmer um. Das haben die meisten Hütten im Angebot, und so hast du für deine Familie einen eigenen kleinen Safe Space.

DIE RICHTIGE MOTIVATION FÜR DIE BERGE

Bist du mit deinen Eltern als Kind viel in den Bergen unterwegs gewesen? Dann bitte Hand aufs Herz: Wie oft hattest du keinen Bock, wandern zu gehen? Und wie oft hat es dir dann trotzdem Spaß gemacht, wenn du mitgegangen bist? Ich kann mich noch ziemlich gut an die Zeit erinnern, in der mich meine Eltern zu nahezu jeder Wanderung überreden mussten. Und so wie es meinen Eltern vor über zwanzig Jahren ging, geht es jetzt ab und an auch Sophie. Über die Monate hat sie aber viel Erfahrung gesammelt, wie sie den Bergausflug zu einem aufregenden und schönen Erlebnis gestalten kann, bei dem Groß UND Klein gerne dabei sind.

Los geht es schon bei der Planung. »Das Wichtigste bei Wanderungen mit Kindern ist es, ein gescheites Ziel auszuwählen. Louise ist immer dabei, wenn es einen Spielplatz auf dem Weg gibt oder ein Kaiserschmarrn auf sie in der Hütte wartet.« Diese kleinen »Belohnungen« waren für mich auch immer ein Highlight. Wenn es am Zielort Aussicht auf Ponystreicheln gab, bin ich mit meinen Eltern jeden Berg hochgelaufen.

Und auch den Weg kannst du kindergerecht auswählen und gestalten. »Ich schaue immer, dass die Strecke abwechslungsreich ist. Denn wenn wir ehrlich sind, haben wir ja auch keine Lust, 600 Höhenmeter über einen langweiligen Forstweg zu laufen. Vielleicht ist es ein Weg mit Wurzeln, wo man etwas entdecken kann. Oder wo man vielleicht ein bisschen ungefährlich herumkraxeln kann.« Kleine Wurzelwege bieten sich perfekt dafür an, für die Kleinsten den Weg zum Gipfel zu einem echten Abenteuer zu machen. »Ich bin mittlerweile bei Wanderungen mit Louise Dauerentertainerin und ziehe mir eine Story nach der anderen aus der Nase. Bei uns ist zum Beispiel immer noch Ostern, denn der Osterhase lässt einfach dauernd Gummibärchen oder bunt angemalte Steine im Wald fallen. Oder wir entdecken kleine Wichtelhöhlen. Wir reimen, singen oder machen Wettrennen.« Kleine Spiele sind auch eine super Möglichkeit, um Kindern die Natur und ihre kleinen Bewohner näherzubringen. Viele Bergtourismus-Regionen haben extra Touren für Familien ausgebaut, mit Rätseln oder Spielmöglichkeiten am Weg.

Sollten Osterhasen, Rätsel oder Wettrennen irgendwann nicht mehr ausreichen, hat Sophie einen kleinen Trumpf in der Hinterhand: »Seit Louise ein wenig älter ist, ist es auch immer super, wenn Gleichaltrige dabei sind. Die motivieren sich total gut gegenseitig.« Zusammen in den Bergen unterwegs zu sein macht einfach mehr Spaß. Das ist bei uns ja auch oft so, sogar als Erwachsene.

DAS RICHTIGE TRANSPORT-EQUIPMENT FÜR UNTERWEGS

Kraxe oder Babytrage? Kinderwagen oder Tragetuch? Sophie hat sie alle ausprobiert und weiß: Welche Transportmöglichkeit für dich und dein Kleinkind die richtige ist, hängt nicht nur von deiner Vorliebe, sondern vor allem auch vom Alter und Entwicklungsstadium deines Kindes ab.

Für Babys, die ihren Kopf noch nicht selbst halten können, kannst du für kleine Touren einen **Kinderwagen**, ein **Tragetuch** oder eine spezielle **Babytrage** nehmen.

Der Kinderwagen: Damit der kleine Passagier bei seiner Fahrt durch die Natur nicht komplett durchgeschüttelt wird, solltest du einen Kinderwagen auswählen, der für Outdoor-Aktivitäten geeignet ist. Im Vergleich zum »normalen« Stadt-Kinderwagen hat die Draußen-Variante oft eine bessere Federung, größere Reifen und etwas stärkere Bremsen. Ein Nachteil dieser Transportmöglichkeit: Je nach Wegbeschaffenheit kann das Schieben für dich sehr anstrengend werden.

Das Tragetuch: Das Gute am Tragetuch ist, dass du dein Kind darin aufgerichtet, stabilisiert und nah an deinem Körper über Stock und Stein tragen kannst. Du hast es immer im Blick und sogar beide Hände frei, was beim Wandern immer praktisch ist. Allerdings schwitzt dein Baby durch die Nähe zu deinem Körper schnell mit dir mit. Deshalb ist Sophies Extratipp für das Tragetuch: Pack genügend Wechselklamotten für Groß UND Klein ein und überprüfe regelmäßig, ob es deinem Kind durch deine Körperwärme nicht zu heiß wird.

Die Babytrage: Bei den Babytragen gibt es zig Modelle – für Neugeborene, für ältere Babys, aber auch für Kleinkinder. Die meisten kannst du sowohl am Bauch als auch am Rücken tragen. Fürs Tragen auf dem Rücken sollte dein Kind den Kopf schon selbst halten können. Wie beim Tragetuch ist auch bei der Babytrage der Schwerpunkt deines Kindes näher an deinem Körper, was gerade beim Wandern sehr angenehm sein kann. Damit die Trage auch wirklich zu deiner Statur passt, macht es Sinn, dass du sie mal im Laden ausprobierst. Ein Nachteil: Die meisten Tragen haben sehr wenig Stauraum. Sophie hat deshalb, wenn sie mit der Trage unterwegs ist, immer eine kleine Hüfttasche dabei. In die passen notwendige Kleinigkeiten wie Ersatzwindel, Brot und Handy, und die Trinkflasche kannst du mit einem Karabiner ganz einfach an die Trage hängen.

Die Kraxe: Wenn dein Kind schon über einen längeren Zeitraum selbstständig sitzen kann, kannst du den Ausflug in die Berge auch mal mit einer Kraxe versuchen. Die Rückentrage wurde speziell für das Wandern oder Bergsteigen mit Kindern entwickelt und gilt als DAS Kleinkind-Transportmittel durch die Berge. Auch ich habe meine ersten Gipfel in der Kraxe thronend entdecken dürfen. Anders als bei der Babytrage, gibt es bei ihr immer Stauraum in Form von Taschen oder Fächern. Je nach Anbieter haben die Modelle auch oft Sonnen- und Regendach, kleine Fußstützen und eingebaute Kissen, auf die dein Kind den Kopf oder die Stirn legen kann. Wenn du die Kraxe zusammen mit deinem Partner oder deiner Partnerin nutzen möchtest, solltest du darauf achten, dass du sie in der Rückenlänge anpassen kannst. Denn der Schwerpunkt des Gesamtgewichts ist im Vergleich zur Babytrage höher und weiter vom Rücken weg. Gerade für kleine Menschen kann das beim Wandern unangenehm sein. Deshalb empfiehlt Sophie, die Kraxe erst einmal auszuleihen und zu testen, bevor du dir eine eigene zulegst.

DIE RICHTIGE KINDERKLEIDUNG FÜR WIND UND WETTER

Eine der häufigsten Fragen, die Sophie von Mamas aus ganz Deutschland bekommt, lautet: Welche Kleidung muss ich für mein Kind für den ersten Wanderurlaub kaufen? »Ich antworte dann immer: Hauptsache wenig und eigentlich nichts. Denn am Berg können Kinder auch die Hose und den Pulli anziehen, den man eh schon daheim hat.« Nur bei drei Kleidungsstücken achtet Sophie auf gute Qualität und Extra-Outdoor-Tauglichkeit: bei der Regenjacke, bei der Regenhose und – sobald das Kind richtig läuft – bei den Schuhen. »Louise hat mit dreieinhalb Jahren ihr erstes Paar Bergschuhe bekommen. Davor ist sie barfuß gelaufen oder mit ihren Lauflernschuhen mitgewandert.« Bergschuhe sollten bei Kindern wie bei Erwachsenen vor allem eine rutschfeste Sohle haben und wasserdicht sein. Sophie wählt für Louise auch gerne Halbschuh-Modelle, die sie ohne Probleme für den Kindergarten nehmen kann.

Auch als Louise noch ein Baby war, hat Sophie so wenig wie möglich für den Berg dazugekauft. »Wir hatten einen einzigen Body aus Wolle und Seide. Die kosten dann ein kleines bisschen mehr, aber trocknen superschnell und wärmen oder kühlen. Gerade wenn man das Baby im Tuch nah am Bauch trägt und beim Wandern vollschwitzt, find ich so einen Body super. Denn der Stoff trocknet innerhalb von Minuten, und die Gefahr, dass sich dein Kind erkältet, ist nicht so hoch.«

Auch ein Stirnband oder eine Mütze darf bei Sophie im Rucksack für Louise niemals fehlen – auch im Sommer kann es oben auf dem Berg schnell viel kälter und zugiger sein als unten im Tal.

Sophies Geheimtipp für deinen Bergtag mit Kind:
»Das Musselintuch! Man kann es unglaublich vielfältig einsetzen. Du hast für dein Kind einen Schal, kannst das Tuch aber auch als Sonnen- oder Kälteschutz nehmen, wenn du mal die Mütze vergessen hast. Und im Zweifel kann man damit jegliche Körperregionen des Kindes abwischen oder es als Unterlage zum Wickeln nutzen.«

DIE RICHTIGE JAHRESZEIT FÜR DEN ERSTEN FAMILIENAUSFLUG

So schön Bergausflüge mit der ganzen Familie sind, so gefährlich können sie für die ganz Kleinen werden. Denn der Hochsommer und der Winter bringen ein paar fiese Tücken mit sich, auf die du vorbereitet sein solltest.

»**Im Sommer** ist einfach Sonnenschutz ein riesiges Thema. Ich creme Louise immer richtig dick mit Sonnencreme ein, habe einen Sonnenhut dabei und achte auf langärmlige Kleidung. Viel Wasser ist auch wichtig – für die Kinder selbst, aber auch für stillende Mamas.« Zusätzlich kannst du im Sommer bei der Tourenplanung darauf achten, Routen an der Nordseite der Berge auszusuchen, sehr früh oder eher spät loszugehen und ein Ziel auszuwählen, an dem ein kleiner See oder Bach für eine kleine Abkühlung auf dich und deine Familie wartet.

Im Winter ist vor allem die Kälte eine große Gefahr, die sich leider oft unbemerkt in die Glieder deines Nachwuchses einschleicht. »Man hört ja auch immer wieder Geschichten, dass Kindern bei Skitouren die Zehen abfrieren. Denn einem selbst ist beim Hochgehen durch die Bewegung natürlich warm. Aber das Kind hinten auf dem Rücken in der Trage wandert nicht und kühlt sehr schnell aus.« Noch mehr musst du aufpassen, wenn dein Kind hinten in der Kraxe sitzt und deine Körperwärme fehlt. Sophie achtet deshalb im Winter besonders darauf, nur sehr kurze Touren zu gehen und Louise dafür besonders warm einzupacken. »Ein Baby würde ich immer ins Tragetuch vorne an den Bauch packen. Da ist es kuschelig eingemummelt bei der Mama oder beim Papa. Man kann auch eine Jacke drüberziehen, und dem Kind ist es automatisch durch die Wärme der Eltern warm.« Zusätzlich kannst du vorne am Bauch leichter immer wieder die Körpertemperatur deines Kindes kontrollieren. Am besten funktioniert das im Nacken sowie an den Händen und Füßchen.

Auch im Kinderwagen kannst du dein Kind gut in mehrere kuschelige Decken oder Lammfellsäckchen einwickeln und so vor der Kälte schützen. Ansonsten achtet Sophie auch bei der Tourenplanung im Winter auf eine ganze Reihe an Dingen: »Wir gehen mit Kind eigentlich nur sehr kurze Touren und nicht, wenn es unter null Grad ist. Und wir achten auch darauf, dass wir ein Ziel mit Hütte aussuchen, wo wir uns alle vor dem Abstieg noch einmal richtig aufwärmen können.« Auch dürfen in den kalten Monaten im Rucksack ein zweites Paar Schuhe und viel Tee nicht fehlen, damit sich deine Familie auch auf dem Weg nach oben immer wieder ein wenig aufwärmen kann.

Und jetzt? Raus mit euch in die Berge! Sophie und ich wünschen dir ganz viel Spaß dabei, dein liebstes Hobby zusammen mit deinem Nachwuchs ganz neu zu entdecken.

MENSTRUATION & ZYKLUS

EIN BERGLEBEN MIT DER PERIODE

Um ehrlich zu sein, ist dieses Kapitel eines unserer liebsten im Buch. Denn wir finden: Über die Periode muss viel mehr gesprochen werden! Immer noch ist nicht ausreichend bekannt, wie sich der weibliche Zyklus auf unsere Leistungsfähigkeit auswirkt, immer noch wissen zu wenige über die Abläufe in ihrem Körper Bescheid. Und auch wenn du ein Mann bist, wollen wir dir eine herzliche Einladung aussprechen, die kommenden Seiten nicht zu überblättern. Denn wir sind uns sicher, dass es auch in deinem Leben Frauen gibt, mit denen du gerne auf den Berg gehst. Egal ob Biken, Skifahren, Hochtouren, Klettern – all das wird für euch ziemlich sicher besser, wenn du weißt, was die Frauen in deiner Bergcrew einmal im Monat für mehrere Tage durchmachen. Manchmal ausgerechnet dann, wenn ihr gemeinsam grad das krasseste Bergabenteuer geplant habt.

Und damit zurück zu dir, liebe Leserin: Kennst du die Situation? Du planst eine anspruchsvolle Tour, und beim Blick in den Kalender oder in die Zyklus-App stellst du fest: Mist, genau da bekomm ich meine Tage!

So ist es Kaddi passiert. Ausgerechnet an dem Wochenende, an dem sie mit ihrer Freundin und dem Rennrad über die Großglockner-Hochalpenstraße fahren will. Ob und wie sie die sportliche Herausforderung trotzdem packt, erzählt sie dir im ersten Teil dieses Kapitels. Im zweiten hat Katharina gespannt der Höhenbergsteigerin Tamara Lunger gelauscht, die davon erzählt, wie es ist, auf 8 000 Metern zu menstruieren. Und dann gibt Toni zusammen mit der Gynäkologin Mandy Mangler Tipps, wie du Schritt für Schritt dein eigener Zyklusprofi werden kannst.

Blut, Tampons und Bauchkrämpfe – Kaddis Rennradtour über die Großglockner-Hochalpenstraße

von Katharina Kestler

Ich blicke an mir herunter und sehe meine Füße in einem Berg verschwinden. Wobei es »Haufen« deutlich besser trifft als »Berg« – ein Haufen aus Funktionsklamotten, Hygieneprodukten, Sportriegeln und -gels. Ein Handtuch schlängelt sich durch das Chaos, den Träger meines Bikinioberteils kann ich erspähen und meine bequemen Lieblingsleggings. Es ist halb zehn am Abend, und ich stehe in meinem dunklen, großen Altbau-Wohnungsflur in München, neben mir mein Rennrad, an dem bereits die Fahrradtaschen hängen.

Mein Plan ist es, am nächsten Morgen mit meinem bepackten Rad vor der Haustür loszuradeln und in drei Tagen über Mittersill und Klagenfurt an den Wörthersee in Österreich zu fahren. Insgesamt 385 Kilometer und knapp 5 000 Höhenmeter, an Tag zwei mit dabei die berühmte Großglockner-Hochalpenstraße mit 36 Kehren und 1 200 Höhenmetern am Stück nur bergauf. Ich bin fit, aber heute habe ich einen Eintrag in meinem Kalender entdeckt: Übermorgen, am Mittwoch, dem Tag, an dem die Hochalpenstraße ansteht, steht in meinem Kalender dick und fett in roten Buchstaben »Regel«.

Sofort mache ich mir Sorgen und sehe meinen gewagten Rennradtraum, die 36 Kehren der Großglockner-Hochalpenstraße, wie eine Seifenblase zerplatzen. Denn mir geht es fast immer mies, wenn ich meine Menstruation bekomme. Zwar liege ich nicht flach, und auch die Schmerzen halten sich in Grenzen. Aber ich bin dann mental nicht auf der Höhe, fange wegen Kleinigkeiten an zu weinen. Und ich schaffe es in dieser Phase meines Zyklus nicht, mich alleine aus solchen emotionalen Löchern zu ziehen. Doch jede, die ambitioniert Sport treibt, weiß: Wer an seine körperlichen Grenzen geht, muss sich ständig aus Löchern ziehen und sich motivieren. Oder auf gut Deutsch: die Arschbacken zusammenkneifen, auch wenn es wehtut. Die Frage, die ich mir an diesem Abend in meinem Flur stelle, ist: Schaffe ich das? Trotz meiner Regelblutung? Trotz des größten Mists, den das Frausein meiner Meinung nach mit sich bringt?

Meine Periode und ich. Unsere ersten gemeinsamen Jahre waren echt ganz o. k. Lange war sie ziemlich handzahm. Sie hat mich so wenig eingeschränkt, dass ich beim Frauenarzt auf die Standardfrage nach dem ersten Tag der letzten Blutung immer irgendwelche ungefähren Fantasieangaben machen musste. Aber irgendwann hat sich unsere Beziehung verändert. Ein Auslöser dafür war ein Interview. In meinem Job als Journalistin beim Bayerischen Rundfunk habe ich mit der Münchner Freestyle-Snowboarderin Silvia Mittermüller gesprochen. Ich fragte sie: »Hast du dir in deiner sportlichen Karriere mal gedacht, dass es Männer leichter haben?« Ich dachte dabei an Sponsorengelder, Medieninteresse und solche Dinge. Und Silvia antwortete: »Klar, weil Männer nicht einmal pro Monat ein Leistungstief haben. Und zwar nicht nur während der Regelblutung, sondern in der kompletten zweiten Zyklushälfte.«

Davon hatte ich noch nie gehört – und ich war damals schon gute 30 Jahre alt. Also habe ich recherchiert.

Eine der ersten Wissenschaftlerinnen, die sich mit dem Thema Menstruation und Sport auseinandergesetzt haben, ist die Sportmedizinerin Petra Platen. Sie ist ehemalige Handballnationalspielerin und hat jahrelang mit Spitzensportlerinnen geforscht. Sie hat herausgefunden, dass Krafttraining in der ersten Zyklushälfte effektiver ist. Denn dann durchfluten vor allem Östrogen und körpereigene Wachstumshormone den Blutkreislauf, anders als in der zweiten, wenn Progesteron, das Gelbkörperhormon, dominiert.

In der zweiten Hälfte des Menstruationszyklus steigt zudem die Körpertemperatur, was sich negativ auf die Leistungsfähigkeit auswirkt. Denn der Körper muss dann Energie aufbringen, um die Temperatur wieder zu senken. Das führt dazu, dass Sportlerinnen entweder nicht so schnell oder nicht so ausdauernd sind. Aber auch unsere Koordination wird von der Menstruation beeinflusst, hat Petra Platen herausgefunden. Das hängt unter anderem damit zusammen, dass in der zweiten Zyklushälfte vermehrt Wasser eingelagert wird und deswegen Feinjustierungen im Bewegungsablauf nicht mehr optimal durchgeführt werden können. Eben genau jene Feinjustierungen, die bei Bergsportarten wie Klettern, Mountainbiken oder Skifahren besonders wichtig sind.

Warum hat mir all das nie jemand erzählt? Warum hat mich nie jemand davor gewarnt? Nach meinem Interview mit Silvia bin ich entsetzt, dass dieser Zusammenhang zwischen Zyklus und körperlicher Leistungsfähigkeit kein Thema in meinem Sexualkunde- oder Sportunterricht war und mich auch meine Frauenärztinnen nicht darüber aufgeklärt haben. Seit ich davon weiß, höre ich besser auf meinen Körper, prüfe genauer meinen Kalender und plane sorgfältiger meine Abenteuer. Aber das geht eben auch nicht immer, so wie diesmal. Meine Freundin Meike, mit der ich den Radtrip zum Wörthersee geplant habe, schreibt mir eine Nachricht: »Bist du dir sicher, dass das mit deinem Zyklus passt? Oder willst du lieber schieben?«

Ich möchte unseren Ausflug nicht verschieben. Ich will das durchziehen. Das geht schon. Irgendwie. So eine »wird schon«-Einstellung ist typisch für mich. Alles reinpacken in den Kalender, alles anpacken an Herausforderungen, auch wenn ich mich damit ständig latent überfordere. Meine Freundin Meike kann das besser, sie würde an meiner Stelle unser Abenteuer verschieben, sagt sie: »Warum muss man dem Körper, wenn er offensichtlich viel zu tun hat, noch mehr zu tun geben? Ich musste Touren zum Teil abbrechen. Ich habe dann solche Krämpfe und Unterleibsschmerzen, dass ich mich in Embryonalstellung auf eine Parkbank legen muss. Normalerweise hilft am zweiten Tag nicht mal ein Schmerzmittel. Ich kann die Uhr danach stellen. Der erste Tag ist o. k., der zweite ist der Horror, und am dritten geht es dann wieder. Und an diesem zweiten Tag die Großglockner-Hochalpenstraße fahren? Das würde ich nicht schaffen.« Und das sagt ausgerechnet Meike, die krasseste, ehrgeizigste und konsequenteste Hobbysportlerin, die ich kenne. Meike hat 17 Jahre Basketball gespielt. Von der Landesliga bis zur Bundesliga, aber nirgends waren Menstruation und Zyklus auch nur ansatzweise Thema, erzählt sie mir.

»Da kam so was wie: ›Stell dich nicht so an, kann doch nicht so schlimm sein.‹ Das war aber nicht nur bei der Periode so, sondern auch, wenn man umgeknickt ist, aber ein wichtiges Spiel anstand. Es kam vor, dass ich mit einer Lungenentzündung auf dem Feld stand. Später fragt man sich: ›Warum hab ich das getan?‹ Ich weiß nicht, ob den Coaches klar war, dass Frauen wegen ihres Zyklus nicht immer hundert Prozent Leistung abrufen können. Oder ob es aus Prinzip immer hundert Prozent sein müssen, egal um welches körperliche Problem es geht. Ich persönlich habe nie mitbekommen, dass bei Frauen, die Leistungssport gemacht haben oder im Kader waren, auf den Zyklus Rücksicht genommen wurde oder Verständnis dafür da war. Im Gegenteil: Es war gar kein Thema.«

Ich bin schockiert von Meikes Erzählungen. Andererseits habe ich selbst erst spät vom Zusammenhang zwischen Zyklus und Leistungsfähigkeit erfahren. Wie sollen also Trainer, vor allem männliche Trainer, diesen Fakt auf dem Schirm haben und offen und auch angemessen damit umgehen? Was heißt überhaupt »angemessen«, angesichts des Schamgefühls, das viele Frauen bei dem Thema empfinden? Und auch in puncto unterschiedliche Erfahrungen mit dem eigenen Zyklus? Menstruation ist nicht gleich Menstruation, sondern von Frau zu Frau unterschiedlich. Manche bluten viel, manche wenig oder sogar überhaupt nicht. Manche kurz, manche lang, manche können die Uhr danach stellen, andere haben im Unterleib einen monatlichen Chaostrupp am Start. Viele erleben einmal im Monat ihr persönliches Unterleibs-Armageddon, für andere ist die Zeit der Regelblutung ein Klacks, nicht anders als normale Tage. Verantwortlich sind die Hormone, die von Frau zu Frau sehr unterschiedlich sein können. Woher die Unterschiede im Hormonhaushalt kommen, hat mir die Gynäkologin Mandy Mangler erklärt. Sie sagt: Zyklus, Menstruation und damit verbundene Probleme hängen davon ab, ob man schon mal schwanger war und geboren hat oder ob man hormonell verhütet. Außerdem sind wie fast immer auch unsere Gene verantwortlich: Oft gibt es in Familien ähnliche Menstruationsmuster. »Auch unser Ernährungsstatus und unser Fettgewebe spielen eine Rolle. Denn aus unserem Fettgewebe kommen die Hormone, und die führen dazu, dass sich die Schleimhaut höher aufbaut und dann mehr Blutung entsteht«, erklärt Mandy. Bei Frauen um die 40 kann die Menstruation noch mal stärker werden und die Beschwerden schlimmer, weil der Körper des Menstruierens müde wird.

»Unser Körper ist so viele Menstruationen nicht gewohnt. Es ist evolutionär betrachtet neu, dass wir so häufig menstruieren. Früher waren die Frauen entweder schwanger oder haben gestillt oder waren mangelernährt, besonders im Winter. Und dann blieb die Menstruation aus. Die Menstruation ist eigentlich ein Zeichen dafür, dass der Körper sagt: ›Voll super hier alles. Ich will befruchtet werden!‹ Das ist ein Signal dafür, dass die Ernährungssituation und das Umfeld so gut sind, dass man ohne das Leben zu riskieren schwanger werden könnte.«

So gesehen ist die Menstruation ein echtes Luxusproblem. Doch diese Erkenntnis hilft mir nicht: morgens kurz vor sieben, in meinem Bad, nur wenige Augenblicke vor dem Start unserer Tour von München an den Wörthersee über die Großglockner-Hochalpenstraße. Während ich Sonnencreme auftrage, stelle ich fest, dass ich gereizt bin. Das kann an meiner Aufregung liegen, aber auch daran, dass die Hormone meinen Körper bereits vorbereiten auf den roten Besuch. Eigentlich hat er sich erst morgen angekündigt, doch zur Sicherheit habe ich bereits mit einem Tampon vorgesorgt, um gleich auf dem Fahrrad nicht in Verlegenheit zu kommen. Vor dem Spiegel quetsche ich mich in mein neues extraenges Trikot, und meine Laune wird mit jedem Millimeter, den ich den Reißverschluss nach oben ziehe, schlechter: Ich habe keine klassische Rennradlerinnenfigur, dazu bin ich zu muskulös und gleichzeitig zu rund. Damit habe ich mich schon lange abgefunden. Gern beschreibe ich mich selbst als »klein und kompakt«, wahlweise auch »weiblich«. Und gerade sind meine Brüste noch mal mindestens auf die doppelte Größe angeschwollen. Beim Blick in den Spiegel wäre ich gerade am liebsten jemand anders. Jemand mit weniger Körperfett. Und ohne PMS.

Das prämenstruelle Syndrom. Darüber weiß man vor allem, dass man gar nicht mal so viel weiß. Und frau weiß auch nur, was sie aus eigener Erfahrung weiß. Also wie es ihr selbst geht. Zum PMS hat Mandy Mangler ein gespaltenes Verhältnis: »Wenn man die wissenschaftliche Situation genau betrachtet, dann betrifft das einen Teil der Frauen, aber einen eher geringen Teil. Also ein echtes, richtiges PMS haben nur wenige Frauen. Trotzdem sind auch alle anderen der landläufigen Meinung über PMS ausgesetzt und müssen sich dann anhören: ›Die kriegt wieder ihre Tage.‹«

PMS umfasst mehrere Symptome, die vier bis vierzehn Tage vor der Regelblutung auftreten können und deren Ursachen nicht vollkommen klar sind. Dazu gehören zum Beispiel: geschwollene Brüste, Übelkeit, Migräne oder Stimmungsschwankungen. Studien zufolge klagen circa fünf Prozent der Frauen über eine besonders starke Form des PMS, die *prämenstruelle dysphorische Störung* (PMDS). Die Symptome schränken sie in dieser Zeit extrem in Beruf und Alltag ein. Von Feministinnen wird die schwere Form des PMS häufig als rein gesellschaftliches Konstrukt gesehen, das von der Pharmaindustrie eingeführt wurde, um Medikamente zu verkaufen. Kritikerinnen fürchten, dass mit der Diagnose natürliche

Vorgänge zu einer Krankheit umgedeutet werden. In der internationalen Definition der Krankheiten der Weltgesundheitsorganisation werden weder PMS noch PMDS in der Kategorie psychische und Verhaltensstörungen aufgeführt. Trotzdem gab es schon Urteile, bei denen PMS sogar strafmildernd war. In Großbritannien wertete das Gericht die Tagebücher einer gewissen Sandy Craddock aus: Daraus ging hervor, dass sie ihre Verbrechen und Selbstmordversuche alle 29 Tage beging – synchron zu ihrem Menstruationszyklus. Das Gericht kam zu dem Schluss, dass Sandy ein Opfer ihrer Hormone sei. Sie verurteilten sie zu einer Bewährungsstrafe und verordneten ihr eine Hormontherapie.

Es ist also nicht sonderlich feministisch, meine Launen, meine Handlungen, kurzum mich als komplette Person einmal im Monat der Herrschaft der Hormone auszuliefern. Trotzdem ist für mich an diesem Morgen ganz klar PMS schuld an meiner schlechten Stimmung und natürlich auch daran, dass mir meine Rennradbrille aus der Hand fällt – natürlich aufs Glas – und ich meine Radhose versehentlich mit Zahnpasta verziere. Trotz der – meiner Meinung nach – widrigen Umstände radle ich los Richtung Marienplatz, um mich mit Meike zu treffen. Wir starten, und unser weiterer Tag sieht im Schnelldurchlauf so aus: Südöstlich geht es aus München raus, über gefühlt 3 239 Ampeln – ätzend – Feldkirchen – Bruckmühl – Bad Feilnbach – Brannenburg – Oberaudorf – Kiefersfelden – über die Grenze nach Österreich – Kufstein: Pause, essen und trinken – dann weiter Richtung Wörgl, links abbiegen Richtung Westendorf – Kirchberg – Kitzbühel – über den Pass Thurn mit unangenehmen Autos – ätzend hoch zwei – bis nach Mittersill. Ich drücke auf den Stoppknopf meines GPS-Geräts, und es sagt: 171,42 Kilometer und 1 533 Höhenmeter.

Um 21:52 Uhr liegen Meike und ich im Hotelbett. Ich lasse den Tag Revue passieren: Es lief gut. Gegen Ende haben mich Rückenschmerzen geplagt, die ich mit einer kleinen Dehn- und Riegelpause aber wieder vertreiben konnte. Angekommen im Hotel, dann die Überraschung: Mein zur Sicherheit platzierter Tampon hat seinen Zweck erfüllt, meine Regel beehrt mich einen Tag zu früh. Ich bin verwundert, denn bis auf die Tatsache, dass ich von unserer heutigen Tour einigermaßen platt bin, geht es mir gut. Ich hoffe, dass es so bleibt, und schlafe sofort ein. So muss ich mir keine Gedanken über die gut 2000 Höhenmeter machen, die mir morgen bevorstehen.

An Tag zwei unserer großen Tour steht die Großglockner-Hochalpenstraße mit ihren 36 Kehren und 1200 Höhenmetern auf dem Programm, insgesamt müssen wir heute 80 Kilometer und über 2000 Höhenmeter zurücklegen. Doch zuerst geht es relativ flach auf dem Radweg Richtung Fusch, dem Talort an der Großglocknerstraße. Wenn ich in die Pedale trete, geht es mir gut. Doch kaum bleibe ich stehen, fängt es in meinem Unterleib an zu ziehen. Ich lege mir im Kopf die Theorie zurecht, dass ich meinem Körper keine Zeit geben darf, sich mit meiner Regel zu beschäftigen, und fahre einfach immer weiter. Ich denke an meine Bergfreundin Toni, die darauf schwört, dass Bewegung bei Regelschmerzen hilft. Ob sie damit meint, ein bisschen an der Isar zu spazieren oder wie ich gerade über die Alpen zu fahren, das hat sie mir allerdings nicht mitgegeben. Trotzdem halte ich mich fest am Gedanken: Bewegung und Sport sind gut. Immer.

Doch tatsächlich stimmt das nur teilweise. Aber zuerst die gute Nachricht: Sport führt im Körper zur Produktion von Endorphinen, die sowohl schmerzmindernd als auch beruhigend wirken. »Zu diesen Endorphinen zählen auch körpereigene Cannabinoide und Serotonin, also ein ganzes Feuerwerk an gut wirkenden Stoffen. Sport hilft in jeder Phase des Zyklus dabei, Beschwerden zu mindern, die mit dem Zyklus zu tun haben«, erklärt Mandy Mangler. Zu viel Sport kann allerdings auch dazu führen, dass die Regel ausbleibt. Im Leistungssport ist das zum Beispiel bei 65 Prozent der Läuferinnen der Fall. Bei der sogenannten athletischen Triade zwischen Energieverfügbarkeit, Menstruationsstatus und

Knochengesundheit bedingen sich alle Teile gegenseitig. Manchmal rutschen Sportlerinnen in ein Energiedefizit, und dann bleibt die Regel aus. Wenn diese sogenannte Amenorrhö über drei Monate besteht, dann wird der Knochenstoffwechsel negativ beeinflusst, Knochen werden abgebaut. »Es treten Symptome auf wie chronische Müdigkeit, ständiges Frieren, brüchige Fingernägel, Haarausfall oder sogar Knochenbrüche«, erklärt Mandy Mangler. Um solche Ermüdungsbrüche zu vermeiden, müssen Sportlerinnen besonders darauf achten, über die Ernährung immer genug Energie nachzuliefern.

Mir läuft der Schweiß in die Augen, und mein Blut läuft auch. Es ist kurz nach 12 Uhr, die Sonne brennt mit voller Kraft vom strahlend blauen Himmel, der Asphalt flirrt in der Hitze. Im Schneckentempo krieche ich Meter um Meter und Pedaltritt um Pedaltritt die eigentlich nicht so schlimme, aber für mich gerade eben doch steile Glockner-Hochalpenstraße nach oben. Gut die Hälfte des heutigen Anstiegs habe ich bereits geschafft, 1000 Höhenmeter liegen noch vor mir. Meine Freundin Meike hat mir geraten, in Fusch noch eine Schmerztablette zu nehmen, damit mein Körper sich auf die Anstrengung konzentrieren kann und nicht abgelenkt ist. Ich habe auf die erfahrene Sportlerin gehört, und in meinem Unterleib ist deswegen alles einigermaßen paletti.

Doch in meinem Kopf sieht es anders aus. Nachdem ich gestern meinen Tampon und meine schlechte Laune darüber auf Instagram gepostet habe, ist mein Smartphone explodiert. Es kamen unfassbar viele Nachrichten von Frauen und auch Männern, die mich sehr mutig fanden. »Wow, cool, dass du das machst, dass du die Tour trotzdem durchziehst, dass du darüber redest! Es braucht mehr Aufmerksamkeit für dieses Thema! Es gibt noch so viele Frauen, die nicht über ihren Körper Bescheid wissen! Danke!« Aber es kamen eben auch Nachrichten von Männern, die kundtaten, meine Menstruation würde »keine alte Sau« interessieren. Es waren nur zwei, die dumme Nachrichten geschrieben haben.

Trotzdem nervt es mich, dass dieses Thema heutzutage noch solche Reaktionen auslöst. Und dass ausgerechnet Menschen denken, sich äußern zu dürfen, die naturgemäß keinen blassen Schimmer davon haben, was während der Menstruation im Körper einer Frau abgeht oder was es überhaupt bedeutet, einen Zyklus zu haben. Anders gesehen, kann ich so zumindest über etwas nachdenken auf den vielen Höhenmetern an Tag zwei: Nur zwei Idioten reichen aus, um mich von der Anstrengung stolzer 2000 Höhenmeter abzulenken. Und das ist gut, denn wie immer ziehen die sich extrem. Vor allem gegen Ende. Seit die Höhenmeterangabe auf meinem GPS-Gerät die 1900 geknackt hat, wollen sich neue geschaffte Meter gefühlt nur noch im Halbstundentakt dazuaddieren. Doch irgendwann bin ich wirklich oben an der Passhöhe. Meike war schon vor mir da. Wir fallen uns in die Arme, weinen ein bisschen und sind erfahren genug, zu wissen, dass wir uns jetzt noch nicht dem Stolz und der Euphorie hingeben dürfen. Morgen steht noch ein Tag an, der uns an den Wörthersee bringen soll, und jetzt brauchen wir unsere volle Konzentration für die Abfahrt. Also sausen wir hinab nach Heiligenblut – und ich freu mich, wie gut dieser Ortsname doch passt.

Der dritte Tag mit seinen 143 Kilometern und nicht mal 1000 Höhenmetern fühlt sich an wie eine Spazierfahrt. Beim wohlverdienten Aperol Spritz am Wörthersee beschließe ich, künftig häufiger solche Touren zu machen – trotz meiner Regel. Denn bis auf ein bisschen Ziehen im Unterleib ging es mir gut, eventuell auch, weil ich im richtigen Moment zur Schmerztablette gegriffen habe. Und obwohl ich sonst eher stark und lange blute, fällt meine Regel diesmal extrem schwach und ziemlich kurz aus. Das ist nicht verwunderlich, erklärt mir Mandy Mangler: »Dein Körper hat das System, das im Hochleistungsbetrieb war, also deine Muskeln und deinen Kreislauf, hochgefahren und den Rest ein bisschen heruntergefahren. Deswegen kann es sehr gut sein, dass dadurch die Gebärmutter nicht so stark durchblutet wurde, weil das Blut eher in den Muskeln benötigt wurde. Der Körper sagt dann: ›Offensichtlich müssen wir hier gerade die Alpen überqueren und uns darauf konzentrieren. Deswegen: Jetzt lieber nicht schwanger werden.‹«

Mein Fazit unseres Trips: So ein bisschen Blut kann mich nicht mehr unterkriegen. Wegen meiner Regel werde ich nicht mehr an mir und meinen Fähigkeiten zweifeln. Und von meiner schlechten Stimmung lasse ich mir sicher nicht länger ganze Tage verderben. Es ist gut und für mich als sportlichen Menschen auch wichtig, darüber Bescheid zu wissen, was in welcher Phase meines Zyklus in meinem Körper abgeht. Und natürlich muss es nicht, nur weil es einmal so gut geklappt hat, immer so laufen. Aber künftig werde ich mir vor solchen Trips und Plänen nicht mehr allzu große Sorgen über meine Menstruation machen. Sondern an mich glauben und daran denken, was ich in meinem Leben alles schon geschafft habe. Obwohl ich eine menstruierende Person bin.

Profibergsteigerin Tamara Lunger über die Menstruation auf über 8000 Metern

von Katharina Heudorfer

Von Tamara Lunger habe ich das erste Mal vor ein paar Jahren bei einem Event gehört, auf dem Bergfilme gezeigt wurden. Ich fand sie vom ersten Moment an sehr cool, weil ihr Film so angenehm anders war als die anderen. Sie hatte offensichtlich keine Hemmungen, sich als echten Menschen zu zeigen, inklusive Scheitern, all ihrer Stärken und Schwächen. Eine, die halt auch mal weint, wenn es ihr mies geht, und die im Zelt im Hochlager am K2 mit dem Bergpartner über ihren Liebeskummer und übers Furzen spricht. 2015 habe ich die Höhenbergsteigerin für einen Fernsehbeitrag getroffen, und auch im echten Leben wirkte sie sehr bodenständig und sympathisch. Und weil sie kein Blatt vor den Mund nimmt, dachte ich mir: Tamara ist die perfekte Person, um über die Periode auf den höchsten Bergen der Welt zu sprechen. Denn auch dort menstruiert frau.

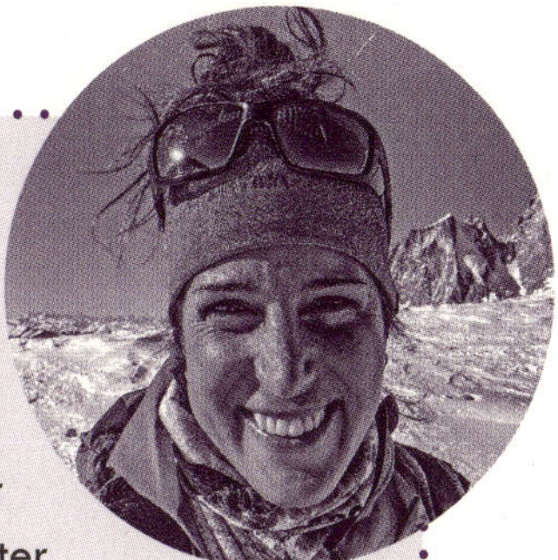

TAMARA LUNGER kam 1986 in Bozen zur Welt. Mit 16 fing sie mit dem Skibergsteigen an, war bald darauf Teil des italienischen Nationalteams und bestritt erfolgreich Rennen. 2009 entdeckte sie das Höhenbergsteigen für sich und erreichte ein Jahr später, im Alter von 23 Jahren, als jüngste Frau den Gipfel des 8516 Meter hohen Lhotse im Himalaja. 2014 gelang ihr die Besteigung des zweithöchsten und wohl schwierigsten aller 8000er – des 8611 Meter hohen K2 –, und das ohne künstlichen Sauerstoff. In den letzten Jahren versuchte sie die Winter(erst)besteigung mehrerer 8000er – 2016 kehrte sie am Nanga Parbat aus gesundheitlichen Gründen nur 70 Meter unterhalb des Gipfels um.

Katharina: Servus, Tamara, lass uns über deine Periode sprechen! Das ist so ein Satz, von dem ich ehrlich gesagt nicht gedacht hätte, dass ich ihn mal zu dir sagen würde. Hast du lieber bergauf oder bergab deine Tage?

Tamara Lunger: Im Basislager. (Sie lacht.)

Sonst ist es ätzend?

Ich sag mal, da ist es am angenehmsten, denn oben hat man zwar Klopapier mit und kann sich zum Beispiel mit Schnee abwaschen, aber da denke ich mir eher so: Okay, ich schau gar nicht hin, wie das aussieht, einfach Augen zu und durch, und unten im Basislager werde ich mich dann schon wieder waschen. So mach ich das.

Welchen Einfluss hat denn die Höhe auf deinen Zyklus?

Das ändert sich permanent. Ich merke halt, dass die Frau im Vergleich zum Mann sehr viel variabler in ihrer Leistung ist, einfach wegen der ganzen Hormone. Und dann ist die Blutung in der Höhe oft sehr schwach und kommt generell unregelmäßig. Bei der letzten Expedition zum Gasherbrum im Winter 2019/20 zum Beispiel ist Simone (Anmerkung: Simone Moro, männlicher italienischer Extrembergsteiger) in eine Gletscherspalte gefallen, und ich habe uns da rausgerettet. Und als ich gespürt habe, dass wir wieder in Sicherheit sind, habe ich sofort meine Tage bekommen – obwohl ich sie erst 14 Tage vorher gehabt hatte. Wumm – waren sie da. Wie so ein Gefühl der Erleichterung. Und da habe ich das erste Mal gespürt, wie wir Frauen mit dem ganzen Körper dabei sind. Das ist extrem! Und bei der Expedition zum K2 im Winter 2020/21, als

Sergi (Anmerkung: Sergi Mingote, spanischer Höhenbergsteiger) abgestürzt und in unseren Armen verstorben ist, war es dasselbe: 14 Tage nach meiner Regel, wumm, ist sie wieder gekommen. Vielleicht war das der Schock?

Krass! Und wie ist das für dich, in so einer Situation dann auch noch deine Periode zu bekommen?

Das ist mir ziemlich egal. Ich habe mittlerweile meinen Frieden mit ihr geschlossen. Und eigentlich ist es doch schön, wenn der Körper so reagiert, weil du siehst: Boah, schau, was eine Frau alles fühlen kann! Ich bin da mit Leib und Seele dabei.

Ich habe allgemein festgestellt, wenn ich meine Regel habe, dann bin ich emotionaler, sensibler. Wenn ich zum Beispiel einen Vortrag halte, in dem es unter anderem um Tod geht, dann werde ich, wenn ich die Regel habe, wahrscheinlich anfangen zu weinen. Sonst hab ich das gut im Griff. Oder einmal hatte ich einen Vortrag, da ging es nicht mal ums Höhenbergsteigen, sondern um die Natur und darum, wie wir uns mit ihr verbinden. Es war ein ganz normaler Nachmittag, und ich machte gerade meine Generalprobe auf der Bühne oben – aber ich hatte eben meine Tage. Und dann war ich plötzlich so ergriffen von diesem Thema, dass ich geflennt habe. Und das ist eigentlich wunderschön. Mittlerweile kann ich das als etwas Besonderes annehmen, was allein unser Geschlecht hat.

Das klingt, als wärst du in diesen Tagen viel offener und durchlässiger, was deine Emotionen betrifft.

Ja, mir kommt es auch so vor, als gäbe es in diesen Tagen einen Tunnel zur wirklichen Tamara, zu ihrer pursten Form.

Du hast vorhin schon mal gesagt, dass Männer in ihrer Leistung stabiler sind, und wissenschaftlich ist nachgewiesen, dass bei Menstruierenden je nach Zeitpunkt im Zyklus die Leistungs-

fähigkeit beeinträchtigt sein kann. Das empfindet jede anders – wie ist das bei dir?

Also, wenn ich Schmerzen habe, bleischwere Beine und dann noch Kreuzschmerzen, dann beeinträchtigt mich das schon. Aber das habe ich zum Glück maximal einen Tag.

Und wie gehst du damit um?

Am Berg sage ich mir: Wenn es nicht unbedingt sein muss, dann gehe ich nicht rauf, denn früher haben sich die Frauen ja auch zurückgezogen. Das wird schon seinen Sinn gehabt haben. Wenn ich daheim bin, dann mache ich das je nach Gefühl. Manchmal kommt es mir so vor, dass es gut ist, wenn ich was mache und mich bewege. Dann habe ich weniger Schmerzen, weil alles ein bisschen mehr im Flow ist.

Und welche Rolle spielt die Menstruation dann bei deiner Tourenplanung?

Sie spielt keine Rolle. Ich versuche sie einfach so gut wie möglich anzunehmen. Ich glaube, das hat auch viel damit zu tun, wie sehr man die eigene Weiblichkeit annimmt. Und ich muss gestehen, dass ich viele Probleme mit meiner Weiblichkeit hatte. Ich bin zwar eine Frau, aber Frausein war für mich lange der Inbegriff von Schwäche, eigentlich nichts Gutes im Vergleich zum Mann – keine Ahnung, woher das kam.

Und ich glaube, das hat viel mit dem Kopf und der Einstellung zu tun. Für mich war die Menstruation lange eher ein Fluch. Ich dachte mir: Jetzt gehe ich zum Gipfel, und dann krieg ich sicher wieder meine Tage, so eine Scheiße! Und irgendwann habe ich gemerkt, dass ich anfangen sollte, das anders zu sehen, dass ich es einfach annehmen muss. Dass ich dankbar sein sollte für die Sensibilität, die man während dieser Tage als Frau hat.

Sprichst du auf Expeditionen mit deinem Team über deine Periode? Oder behältst du das eher für dich?

Ich mache daraus nie ein Geheimnis, denn es ist ja was ganz Normales. Wenn man auf Expedition geht, ist sowieso alles ganz normal. Man spricht zum Beispiel sehr viel über seinen Stuhlgang, fragt sich gegenseitig: »Na, wie ist es heute?« Weil der was darüber aussagt, wie es einem gesundheitlich geht. Allgemein werden viele Sachen thematisiert, die zu Hause nicht so auf der Tagesordnung stehen, würde ich sagen. Und weil die Menstruation eben was ganz Normales ist, sehe ich keinen Grund, warum ich nicht drüber sprechen sollte. Vielleicht braucht man da auch die richtigen Teamkollegen, die einen in solchen Situationen unterstützen. Am Nanga Parbat ist es mir zum Beispiel passiert, dass ich auf über 5000 Metern meine Tage bekommen habe. Da war ich mit Simone Moro unterwegs. Es ging mir so schlecht, als wäre ich krank. Ich habe ihm gesagt: Simone, ich kann so nicht weiter, ich muss absteigen. Und er hat nur geantwortet: »Klar, kein Problem.« Und dann sind wir abgestiegen, und ich lag zwei Tage lang unten im Zelt mit der Wärmflasche auf dem Bauch. Jemand anders hätte vielleicht gesagt: »Nein, so war das nicht geplant, wir müssen weiter rauf.« Ich glaube, wenn man da die richtigen Menschen an seiner Seite hat, die das nachvollziehen und verstehen können, dann ergeben sich daraus auch keine Probleme.

Und so rein praktisch: Wie machst du das, wenn du in so großer Höhe und bei sehr niedrigen Temperaturen deine Tage hast?

Es ist ein bisschen kompliziert – oder man muss selbst sehr unkompliziert sein. Weil man da oben natürlich keine Dusche oder Wasser zur Verfügung hat. Ich benutze seit einigen Jahren eine Menstruationstasse, weil mich Tampons immer so gedrückt haben, ich weiß nicht – wahrscheinlich wegen des Druckunterschieds?

Und das mit der Tasse funktioniert eigentlich gut. Am Nanga Parbat zum Beispiel mussten wir an einem Tag 2000 Höhenmeter aufsteigen, da ist man ungefähr zehn Stunden unterwegs. Und weil es sehr steil ist, geht man am Seil und in den Klettergurt eingebunden. Da kann man nicht mal eben irgendwo halten, sich ausbinden und alles wechseln, das ist schon komplizierter. Und ich habe dann entschieden, an dem Tag die Tasse einfach nicht auszuleeren. Und da rinnt es dann halt runter, und die ganze Hose ist voller Blut, und dann sage ich mir: Ja, ja, in ein paar Tagen bin ich eh wieder unten. Das muss man dann ganz locker nehmen.

Und in der Höhe ist mir das auch total egal. Weil ich weiß, ich gehe da rauf, weil das meine Passion ist, meine Leidenschaft. Und nichts kann mich daran hindern, nichts nimmt mir das.

Wenn ich nervös werde und in Panik gerate und mich frage, was ich jetzt machen soll, das macht es ja nur schlimmer. Ich glaube, da spielt das Mindset eine große Rolle. Und mir gefällt das ein Stück weit, weil ich denke: Was haben die Menschen denn früher gemacht? Wir werden heute immer verwöhnter und kommen bei jeder Kleinigkeit aus unserem Gleichgewicht. Und ich möchte so leben, dass mich so wenig wie möglich aus dem Gleichgewicht bringt.

Heißt das, dass du versuchst, diese Unkompliziertheit von der Expedition auch in den Alltag daheim mitzunehmen?

Ja, ich glaube schon. Ich sehe das immer als Lebenstraining. Ich sage mir: Okay, das lehrt mich, gelassener zu bleiben. Es geht hier nicht um Leben und Tod. Ich gebe dem nur die Wichtigkeit, die es in diesem Moment hat. Und eigentlich ist es ja wenig ausschlaggebend. Je mehr man aus seiner Komfortzone rausgeht, je mehr man Situationen dieser Art übersteht und sieht, dass es eigentlich kein Problem ist, desto stärker wird man, desto unkomplizierter wird man, und desto gelassener bleibt man allgemein.

Welche Tipps hast du denn für die Menstruation während der Bergtour?

Das Beste, was ich für mich herausgefunden habe, ist eben die Menstruationstasse, damit braucht man sich wirklich keine Gedanken mehr zu machen. Normalerweise ist meine Blutung so circa eine Menstruationstasse pro Tag, auch wenn ich unterwegs bin. Und das ist total unkompliziert. Selbst wenn man kein Wasser hat, ist es eigentlich kein Problem. Man leert sie einfach aus, pieselt sie sauber und setzt sie dann wieder ein. Weiter geht's. Klar, wenn man zufällig neben einem Bach steht oder Schnee liegt, umso besser. Aber sonst geht es auch ohne.

Du hast da ja offensichtlich einen ziemlich entspannten Umgang mit deiner Menstruation. Vorhin meintest du, dass du früher Probleme hattest, deine Weiblichkeit anzunehmen – wie siehst du das heute?

Weiblichkeit, denke ich, ist einfach dieses Gespürige. Dass man irgendetwas mehr hat als der Mann, was man für sich im positiven Sinne nutzen kann. Um, in meinem Fall zum Beispiel, in Sicherheit zu sein. Denn wenn ich immer ans Limit gehen und alles mit Aggressivität abschließen will, so à la »Ich muss da rauf!« – dann ist es immer erzwungen. Und das geht nicht gut. Wenn ich vielleicht ganz tief im Inneren spüre: Jetzt sollte ich lieber mal einen Gang zurückschalten.

Ich glaube, wir Frauen haben mindestens das gleiche Potenzial wie Männer. Ich bin aufgewachsen mit zwei Schwestern, bei uns gab es nie die Diskussion: »Das ist für Buben« oder »Das ist für Mädchen«. Wir haben einfach immer alles genauso gemacht wie die Jungs. Wir haben uns geprügelt, jeden Tag und auch in der Schule. Und ich habe nie gespürt, dass ich irgendetwas Schlechteres wäre, dass ich schwächer wäre oder einem Jungen nicht gewachsen. Ich glaube, so aufzuwachsen hat mir sehr geholfen, dass ich auch in den hohen Bergen nie gedacht habe: Ich kann nicht so viel Gewicht tragen. Ich kann diese Entscheidungen nicht treffen. Ich kann diese Verantwortung nicht übernehmen. Ich habe mich wirklich immer als Bergsteiger gesehen. Also nicht als Mann oder Frau, einfach als Bergsteiger ohne Geschlecht. Ich habe uns alle als gleichwertig angesehen. Und die Männer haben mich auch so angenommen. Ich denke, das ist wichtig für zukünftige Mütter oder Väter: Sie sollten ein Mädchen nicht so erziehen, dass es glaubt, es sei schwächer oder dürfe gewisse Sachen nicht machen. Oder dass irgendwas nur was für Jungs ist. So kann man einem Mädchen für die Zukunft was verbauen.

Besser durch die Bergtage mit der Periode: So wirst du Zyklusprofi

von Antonia Schlosser

Bei mir hat es fast 25 Lebensjahre gedauert, bis ich mich intensiver mit meinem Zyklus auseinandergesetzt habe. Das war der Moment, in dem ich die Antibabypille abgesetzt habe und zum ersten Mal seit meiner frühen Pubertät wieder einen natürlichen Zyklus hatte. Wenn ich ehrlich bin, hat mich das ganz schön überfordert. Ich hatte plötzlich eine starke und schmerzhafte Menstruation. Und ständig hat es irgendwo in meinem Unterleib gezwickt. Die ersten Monate wusste ich oft gar nicht, was ich mit all diesen neuen Eindrücken tun soll. Ich kannte meinen Körper nicht und sagte immer wieder Bergpläne kurzfristig ab. Vielleicht geht es dir ja ähnlich? Dann nehme ich dich die nächsten Seiten gerne mit und zeige dir in fünf Schritten, wie du deinen Körper und damit auch deinen Zyklus besser kennenlernen kannst, um dein ganz persönlicher Zyklusprofi zu werden.

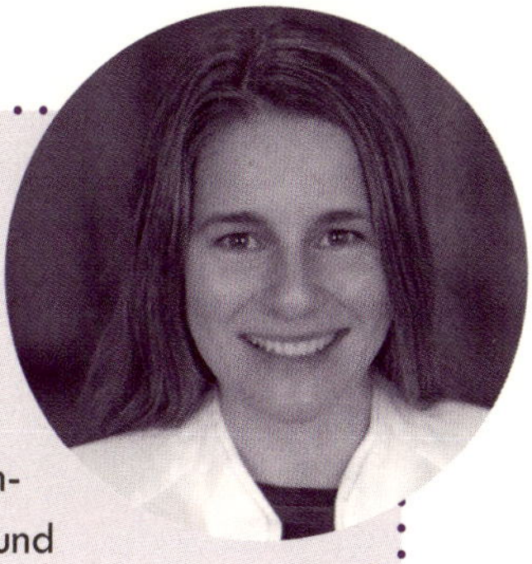

Dafür habe ich mir professionelle Hilfe geholt. **MANDY MANGLER** ist Chefärztin der Gynäkologie am Auguste-Viktoria-Klinikum in Berlin-Schöneberg und spricht im Tagesspiegel-Podcast »Gyncast« über Kinderwunsch und Kinderkriegen, Lust und Verhütung, Glück und Schmerz.

SCHRITT 1: VERSTEHE, WAS IN DEINEM KÖRPER PASSIERT

Der Aufklärungsunterricht in der Schule war für mich in erster Linie unangenehm. Wir haben peinlich berührt gekichert oder beschämt die Wand angestarrt, während uns unsere Biolehrerin in einer Mischung aus Genervtheit und Langeweile das Prinzip des Kindermachens erklärt hat. Wie genau der weibliche Zyklus funktioniert und was die verschiedenen Phasen mit mir und meinem Körper machen, ging damals an uns vorbei. Deshalb habe ich Mandy Mangler gebeten, uns ein kleines bisschen Nachhilfe im **Zyklus-Basiswissen** zu geben:

Den natürlichen Zyklus kann man in drei Phasen unterteilen: die Follikelphase, die Ovulationsphase bzw. den Eisprung und die Lutealphase.

Der erste Teil der Follikelphase ist unsere Menstruation. Er beginnt mit dem ersten Tag der Monatsblutung. »Das, was da wehtut, ist deine Gebärmutter. Sie zieht sich zusammen und stößt die oberen Schichten der Schleimhäute ab, die sich in ihr aufgebaut haben«, erklärt Mandy. In dieser Zeit produziert unser Körper kein Progesteron. Das ist eines der vier Hormone, die bei deinem Zyklus eine Rolle spielen. Es kümmert sich – vereinfacht gesagt – darum, deine Gebärmutterschleimhaut auf die Einnistung des befruchteten Eis vorzubereiten. Das zweite wichtige Sexualhormon ist das Östrogen. Es reguliert den Menstruationszyklus und macht unter anderem deine Gebärmutterschleimhaut aufnahmefähiger für eine befruchtete Eizelle. Genau wie dein Progesteronspiegel ist auch dein Östrogenspiegel während deiner Menstruation auf einem niedrigen Level. Viele Frauen fühlen sich in diesem Stadium schlapp, haben Bauchkrämpfe oder andere Beschwerden.

Wenn die Menstruation vorbei ist, beginnt der zweite Teil der ersten Zyklusphase. Unser Gehirn bildet das follikelstimulierende dritte Hormon, kurz FSH, das vor allem zwei Aufgaben hat: Östrogen zu produzieren und im Eierstock ein Follikel wachsen zu lassen. »Ein Follikel ist wie eine kleine Zyste, in der die Eizelle wie in einem großen Wasserbecken schwimmt«, erklärt Mandy. Unsere Gebärmutterschleimhaut wird durch das Östrogen dicker, und wir steuern auf den Eisprung zu. Viele Frauen empfinden in dieser Zeit mehr Lust auf Sex.

In der Mitte des Zyklus kommt dann die zweite Phase: der Eisprung, den das luteinisierende Hormon – das vierte wichtige Hormon, das man mit LH abkürzt – ermöglicht. Die ein oder andere Frau spürt ihren Eisprung auch. »Bei einem Eisprung platzt ein Follikel. Das kann auch mal drei Zentimeter groß oder größer sein. Und deshalb kann es wehtun, wenn es platzt. Das nennt man dann Mittelschmerz.« Mit dem Eisprung ist auch der Höhepunkt unseres Zyklus erreicht. »Diese Zeit ist bei vielen Frauen eine sehr energetische Phase, in der du dann vielleicht auch einen erhöhten Sex-Drive hast«, erläutert Mandy Mangler.

Der Eisprung leitet auch die dritte Phase des Zyklus ein: die Gelbkörper- beziehungsweise Lutealphase. Dein Körper schüttet Progesteron aus und bereitet sich so auf eine potenzielle Schwangerschaft vor. Gleichzeitig sinkt das Östrogen wieder ab. Um den 21. Tag deines Zyklus herum bildet dein Körper dann immer weniger Progesteron. Irgendwann sind der Östrogen- und der Progesteronspiegel auf einem so niedrigen Niveau, dass die Gebärmutterschleimhaut abgestoßen wird. Deine Menstruation beginnt. Und alles geht wieder von vorne los.

Zyklusschmerzen: Was tut da eigentlich weh?

Menstruationsschmerzen: Deine Gebärmutter zieht sich zusammen, um die Schleimhaut abzustoßen, in die sich keine befruchtete Eizelle eingenistet hat. Dieses Zusammenziehen kannst du dir wie eine Miniwehe vorstellen. Und die kann schmerzhaft sein.

Mittelschmerz: Bei deinem Eisprung platzt ein Follikel. Ein Follikel ist eine blasenartige Zyste, in der die Eizelle schwimmt und reift. Die Follikel können bis zu drei Zentimeter groß werden. Wenn sie platzen, kann das ein Grund für Mittelschmerzen sein.

Yeah – der erste Schritt ist gemacht, und wir können hinter Zyklus-Basiswissen einen Haken machen.

SCHRITT 2: DOKUMENTIERE DEINEN ZYKLUSALLTAG MIT ALLEN UPS UND DOWNS

Es wäre so schön, wenn theoretisches Wissen ausreichen würde. Tut es aber leider nicht. Denn die verschiedenen Phasen können sich bei jeder von uns unterschiedlich anfühlen und sich damit auch unterschiedlich auf unser Wohlbefinden auswirken. Deshalb müssen wir als nächsten Schritt auf unserem Weg zum Zyklusprofi anfangen, unseren Körper und uns selbst zu beobachten.

»Gerade für Frauen, denen ihre Menstruation zu schaffen macht, ist es sinnvoll, den Zyklus zu dokumentieren. Also aufzuschreiben, was sie an diesem Tag essen, wie sie sich bewegen und wie sich das auf ihre Beschwerden auswirkt.« Du kannst aber auch noch auf ganz viele andere Dinge bei deinem Zyklus-Tagebuch achten: Wie hast du geschlafen? Wie ist dein Sex-Drive? Wie steht es um deine Haut? Wie stark ist deine Menstruation? Hast du Schmerzen? Mit der Zeit kannst du daraus immer mehr Schlüsse über deinen Zyklus ziehen. Auch Mandy ist großer Fan von der Zyklus-Awareness: »Durch das Tracken lernst du dich immer besser kennen und kannst diese Phasen vielleicht sogar für dich und deinen Bergsport nutzen. In welcher Phase bist du ruhig? In welcher Phase bist du angetrieben?«

Tatsächlich beschäftigt sich die Sportwissenschaft immer mehr mit zyklusbasiertem Training. Also Training, das sich auf die verschiedenen Hormonkonstellationen einstellt und sie bestmöglich nutzt. Im Infokasten auf dieser und der nächsten Seite habe ich dir die aktuellen Erkenntnisse zusammengefasst. Aber Achtung: Der Zyklus läuft zwar bei jedem Menschen mit Gebärmutter gleich ab, unterscheidet sich aber zum Beispiel in der Länge der verschiedenen Phasen. Deshalb lohnt es sich trotzdem, wenn du deinen Zyklusalltag mit allen Ups und Downs beobachtest. Unterstützen können dich dabei Zyklus-Apps. Falls du Sorgen um deine Daten hast, leg dir selbst ein kleines Zyklus-Tagebuch an, in dem du jeden Tag die für dich wichtigsten Fragen schriftlich beantwortest.

So geht zyklusbasiertes Training

Der Zyklus wirkt sich auf deine sportliche Leistungsfähigkeit aus. Dazu wird immer mehr geforscht, um die Trainingspläne von (Leistungs-)Sportlerinnen auf den Zyklus abzustimmen. Aber auch eine Amateursportlerin kann auf die verschiedenen Phasen des Zyklus achten und so im Einklang mit den Bedürfnissen ihres Körpers trainieren.

Nach dem aktuellen Wissensstand solltest du deinen Körper während der Periode schonen und dir vor allem lockere Trainingseinheiten vornehmen: also zum Beispiel einfache Wanderungen unternehmen oder eine Runde Yoga machen. Nach der Menstruation wird dein Körper wieder leistungsstärker. In diesem Zyklusstadium ist vor allem Krafttraining gut, denn durch die erhöhte Menge an Östrogen verarbeiten deine Muskeln das Training besser. Deine Leistungsfähigkeit steigert sich dann weiter bis kurz vor dem Eisprung. Die Forschung geht allerdings davon aus, dass zu dieser Zeit auch deine Verletzungsanfälligkeit erhöht ist, weil deine Sehnen stärker dehnbar sind.

In der zweiten Zyklushälfte, die mit der Lutealphase beginnt, wird Sport für deinen Körper dann wieder anstrengender, und du solltest erneut ein eher leichteres, formerhaltendes Ausdauer- und Grundlagentraining machen.

Achtung! Auch hier gilt: Es gibt kein allgemeingültiges Trainingsrezept, das für jede Sportlerin passt. Am wichtigsten ist, dass du auf deinen Körper und seine Signale achtest.

SCHRITT 3: SETZ DICH BEWUSST MIT DEINER PERIODE AUSEINANDER

Die Menstruation war und ist für mich immer noch der nervigste Teil meines gesamten Zyklus. Es gab Zeiten, da hätte ich sie am liebsten ignoriert. Als ich Teenagerin war, hat das auch ganz gut geklappt. Denn ich habe nicht wirklich viel über sie gesprochen – weder mit meinen Freundinnen noch mit meinem ersten Gynäkologen. Heute habe ich das Gefühl, dass sich im Darüber-Reden etwas getan hat. Auch in der Forschung und im gesellschaftlichen Diskurs bekommt der weibliche Zyklus mehr Aufmerksamkeit.

Und trotzdem fällt mir immer wieder auf, dass ich dazu neige, mich während meiner Regelblutung aus meinem (Berg-)Leben zurückzuziehen. Radfahren, Skifahren und Mehrtagestouren: All das habe ich, wie anfangs schon erwähnt, in der Vergangenheit abgesagt, weil ich Sorge hatte, dass ich trotz Tampons in XXL-Version auslaufe oder kein Klo in erreichbarer Nähe ist. »Viele Frauen sind so erzogen oder gesellschaftlich geprägt, dass sie möglichst sauber sein wollen«, sagt mir Mandy. »Und dass sie, wenn sie ihre Periode haben, gewisse Produkte anwenden müssen, damit sie weiterhin sauber sind. Allein dieses Denken kann dich schon von gewissen Dingen abhalten.«

Ich fühle mich noch nicht so weit, mit Free-Bleeding anzufangen, weil mir nicht egal wäre, wenn auf einmal ein roter Fleck zwischen meinen Beinen auftauchen würde.

Mandy erklärt: Das ist Free-Bleeding

»Free-Bleeding ist eine Technik, bei der du die Menstruationsblutung durch Entspannen der Muskulatur und zusätzliches Reiben der Gebärmutter aus dem Körper fließen lassen kannst. Dem Thema muss man sich aber zeitlich intensiv widmen. Ich glaube, wenn man am Berg ist und zum Beispiel klettert, ist es schwierig, die Periode so gezielt zurückzuhalten und ablaufen zu lassen. Da würden wahrscheinlich zu viele Muskeln im Körper gleichzeitig beansprucht werden.«

Deshalb habe ich an anderer Stelle angesetzt, um mich mit meiner Periode besser anzufreunden: bei der Auswahl des richtigen Menstruationsproduktes. Denn es gibt so viele unterschiedliche Varianten, dass ziemlich sicher eine dabei ist, mit der wir uns auch beim Sport und am Berg wohlfühlen. Mandys Favorit ist die Menstruationstasse. »Ich finde diese Cups ganz großartig. Sie fangen die Menstruation auf, und du bekommst dadurch die Möglichkeit, dich mit ihr viel näher zu beschäftigen. Dabei merken viele, dass diese Periodenflüssigkeit wesentlich sauberer ist, als oft suggeriert wird.«

Und es gibt noch viel mehr Menstruationsprodukte, von denen du bestimmt schon gehört hast: wiederverwendbare oder Einmal-Binden, Menstruationsunterwäsche, Perioden-Schwämmchen,

Tampons und, und, und. Manche von ihnen sind nachhaltig, manche für stärkere und andere für schwächere Monatsblutungen geeignet. Ich habe noch nicht alle ausprobiert und bin mit meinem derzeitigen Favoriten, dem Tampon, sehr happy. Was ich dir aber mitgeben möchte, ist: Mach bei deiner Periode keine Kompromisse, denn die Auswahl ist groß. Falls du bislang noch kein Produkt gefunden hast, mit dem du dich wohlfühlst, möchte ich dich ermuntern, noch ein wenig durchzuprobieren.

Tipp für die Menstruation unterwegs

Pack dir ein paar Plastikbeutelchen (zum Beispiel Hundekotbeutel), (Feucht-)Tücher und genügend Wasser in deinen Rucksack! Damit kannst du auch draußen in der Natur problemlos den Tampon wechseln oder die Menstruationstasse leeren. Pack die benutzten Utensilien in die Tüte und nimm sie wieder mit ins Tal. Da kannst du sie dann ordnungsgemäß entsorgen und hinterlässt keinen Müll in der Natur.

SCHRITT 4: VERSUCH ES MAL MIT BEWEGUNG BEI ZYKLUSSCHMERZEN

Bauchschmerzen, Rückenschmerzen, Kopfschmerzen und so weiter. Die Liste der Beschwerden, die wir in unserem Zyklus bekommen können, ist lang. Und sie können von Frau zu Frau und von Zyklus zu Zyklus ganz unterschiedlich sein. Selbstverständlich haben Schmerzen Auswirkungen auf unsere Motivation. »Es ist von Mensch zu Mensch verschieden, was bei Zyklusschmerzen hilft. Manchmal sagt dir dein Körper, dass er Aktivität braucht, und manchmal eben auch, dass er sich eher zurückziehen und ein bisschen Ruhe will. Häufig ist aber doch das Gegenteil hilfreich«, sagt Mandy.

Das heißt: Es ist nichts falsch daran, wenn wir an solchen Tagen auch mal auf dem Sofa bleiben. Allerdings kann sich Bewegung positiv auf deine Beschwerden auswirken. Und das aus mehreren Gründen: Erstens wird durch leichte Aktivitäten wie Wandern, Radfahren oder Yoga dein Becken mehr durchblutet, und die Muskeln lockern sich. Das kann gerade bei Unterleibskrämpfen helfen. Zusätzlich schüttet dein Körper bei Bewegung Glückshormone und Endorphine aus, die wie ein körpereigenes Schmerzmittel wirken. Ob du eine kleine Bergtour machst oder eine kurze Yoga-Einheit, ist dabei egal, betont Mandy: »Man sollte das tun, wonach einem ist. Und wenn das Sport mit Schwitzen ist, dann ist das voll okay.«

Wenn der innere Schweinehund an so einem Tag doch zu groß ist, starte einfach mal mit einem kleinen Spaziergang um den Block. Mir selbst tut Bewegung an Tagen mit starken Unterleibskrämpfen immer sehr gut. Wenn das bei dir auch so ist, notier es direkt in dein Zyklus-Tagebuch und taste dich nach und nach an das ran, was dir an einem Tag mit Zyklusbeschwerden guttut und hilft.

Mandys SOS-Tipp bei Bauchkrämpfen am Berg

»Wenn du am Berg von Unterleibskrämpfen überrascht wirst, dann kannst du einen kurzen Ausdauerlauf machen. Denn durch eine kurze, intensive sportliche Betätigung schüttet dein Körper Dopamin, Serotonin und Endorphine aus. Diese Hormone wirken wie ein körpereigenes Schmerzmittel.«

SCHRITT 5: CHECK DEINE ERNÄHRUNG UND WAS SIE MIT DIR MACHT

Unsere Ernährung hat einen großen Einfluss auf unsere Gesundheit. Das ist nichts Neues. Und sie kann sich positiv wie auch negativ auf unsere Menstruation und unseren Zyklus auswirken. »Wenn man sich gesund ernährt und ausreichend Vitamine, Antioxidantien und Nährstoffe zu sich nimmt, dann kann der Körper mit den Schmerzen und Krämpfen besser umgehen, weil er dafür mehr Energie hat.« Auf deinem Weg zum Zyklusprofi solltest du deshalb einen kritischen Blick auf deinen Speiseplan und deinen Lebensstil werfen. Dinge wie Rauchen, Alkohol, ungesundes, fettiges Essen, zu wenig Schlaf und so weiter sind schlecht für deinen Körper. Und all das kann sich negativ auf deinen Hormonhaushalt und deinen Zyklus auswirken. »Wenn man raucht oder zu wenig schläft, entstehen im Körper freie Radikale. Das sind quasi herumschwirrende Moleküle, die Stress in deinem Körper verursachen. Das kann zum Beispiel Menstruationsschmerzen noch verstärken.«

Ein gutes »Gegenmittel« sind Antioxidantien, wie zum Beispiel Vitamin C, das entzündungshemmend wirkt und dazu beitragen kann, deine Zellen vor Stress zu schützen. »Auch Wunden brauchen Vitamin C, um heilen zu können. Und weil bei der Menstruation kleine Wunden in der Gebärmutter entstehen, kann auch das helfen.« Viele heimische Gemüsesorten haben einen hohen Vitamin-C-Gehalt, zum Beispiel Spinat, Grünkohl oder Rosenkohl. Weitere antioxidative Lebensmittel sind Hülsenfrüchte, Nüsse, Vollkornprodukte und hochwertige pflanzliche Öle. Nahrungsergänzungsmittel werden von der Verbraucherzentrale ausdrücklich NICHT empfohlen. Auch magnesiumhaltige Lebensmittel können sich positiv auf Menstruationsbeschwerden auswirken und Krämpfe lindern. Dazu gehören wieder Vollkornbrot und Nüsse sowie Naturreis und Kartoffeln.

Zu guter Letzt möchte ich hier sojahaltige Nahrungsmittel mit in meine Liste der zyklusunterstützenden Ernährung aufnehmen. Mandy erklärt, warum: »Soja kann bei Menschen, die einen unregelmäßigen Zyklus haben, leicht hormonell wirken und den Zyklus stabilisieren.« Durch diese Wirkung kann eine sojareiche Ernährung zum Beispiel auch bei älteren Frauen in den Wechseljahren Beschwerden lindern.

Auch bei der Ernährung gilt für deinen Weg zum Zyklusprofi: Probiere mal Verschiedenes aus und schau, was dir guttut. Falls du dich dabei unterstützen lassen möchtest, kannst du dich an Ernährungsmedizinerinnen und -mediziner wenden.

IDENTITÄT & KLISCHEES

DIE BERGE SIND FÜR ALLE DA

Beim Thema Identität, Geschlechter, Rollenbilder und Klischees könnten wir natürlich direkt über dumme Sprüche, Sexismus am Berg und den immer noch männerdominierten Bergsport schreiben. Oder wir können noch einmal eine ganz andere Perspektive einnehmen. Eine, die die Geschlechtergrenzen sprengt. Und das tun wir und steigen ein in das Thema mit einer Skitour, die Kaddi mit Hannah Aram unternommen hat. Hannah war die erste Transfrau, die bei den Qualifikationswettbewerben der Freeride World Tour, also der Weltmeisterschaft im Geländeskifahren und -snowboarden, gestartet ist. Außerdem hat Katharina mit Nina Hoffmann, der erfolgreichsten deutschen Downhill-Mountainbikerin, über die Konkurrenz mit Männern gesprochen, und Toni stellt euch Frauencommunitys in den Bergen vor.

»Die Berge sind mein *Safe Space*« – die Trans-Freeriderin Hannah Aram

von Katharina Kestler

An der Kampenwandbahn in Aschau im Chiemgau, mittags um eins. Nur wenige Autos stehen verloren auf dem riesigen Parkplatz, ein ziemlich ungewohntes Bild an so einem beliebten Ausflugsberg. Der Himmel ist wolkenverhangen, die Stimmung grau. Eigentlich sollte es ab Mittag aufreißen – deswegen sind wir spät los –, aber gerade hat es wieder angefangen zu tröpfeln. Oder schneit es? Ich weiß es nicht genau. Es ist irgendwas dazwischen. So wie dieser ganze Tag irgendwas dazwischen ist. Zu warm für den Winter, zu kalt für den Frühling. Der Wind pfeift böig und bestimmt über den Kies – so als wollte der Tag damit sagen: Ätsch, ich gehör nicht in deine Saisonschublade! Irgendwie passt das ganz gut, denke ich mir, während ich meine Skitourenschuhe aus dem Kofferraum hole.

»Ich dachte, ich habe genug zugenommen, dass diese Hose jetzt passt, ohne dass ich einen Gürtel brauche, aber sie rutscht.« Hannah, die ich vor einer guten Stunde samt ihrer in die Jahre gekommenen Skitourenausrüstung vor ihrer Haustür im Glockenbachviertel in München eingesammelt habe, nestelt am Bund ihrer Skihose herum. »Ich muss einfach ab und zu like this …« Hannah geht ein Stück vom Auto weg und führt mir bei jedem Schritt einen etwas seltsamen Hüftschwung vor, bis sie vor Lachen nicht mehr kann. »Hannah Aram geht gerne in die Berge, macht aber ganz komische Bewegungen beim Aufstieg. Das muss irgendwas mit diesem trans zu tun haben«, macht sie sich über sich selbst lustig. An ihrem Akzent und den immer wieder eingestreuten englischen Brocken merkt man, dass Hannah aus Nottingham in England kommt. Sie ist 38 Jahre alt, und im Alter von drei Jahren stand sie –

genau wie ich – das erste Mal auf Skiern. Zwischen den Beinen ihrer Eltern – genau wie ich. Nur nicht in Tirol, sondern in Schottland. Aber bald ging es auch für Hannah in die österreichischen Berge zum Skifahren. Während sie in ihre Skischuhe schlüpft, erinnert sie sich: »Ich mochte die Gondelfahrten, wenn die Skilehrerin oder der Skilehrer die Packung Bonbons ausgepackt hat. Dieses Knistern der Verpackung, das Rascheln der Skiklamotten, der Geruch von Sonnencreme und diesen Stiften, mit denen man sich weiße Streifen ins Gesicht malen konnte, kennst du die noch? Ich vermisse sie. Bestimmt habe ich noch welche rumliegen zu Hause. Ich habe uralte Sachen aus meiner Kindheit, die ich schon mein ganzes Leben aufbewahre. Ein Stirnband aus Sankt Johann in Tirol und eine winzig kleine Fleecejacke von der Kitzbüheler Hütte aus den späten Achtziger- oder frühen Neunzigerjahren.«

Der riesige, gerade noch leere Parkplatz ist plötzlich gefüllt mit unseren gemeinsamen Kindheitserinnerungen. Schlepplifte. Skirennen. Medaillen an rot-weißen Bändern. Kaiserschmarrn oder Pommes mit Ketchup. Bekleckerte Anoraks. Fäustlinge an Schnüren. Nasse Skischuhe. Und Menschen in roten Overalls mit Skischulabzeichen, die Franz, Fritz oder Sabine heißen und lustig sprechen. Wie ähnliche Erinnerungen einander näherbringen können! Trotzdem lassen Hannah und ich die gemeinsame Vergangenheit auf dem Parkplatz zurück, schultern unsere Ski und gehen los. Ich frage mich, ob es der einzige Moment heute bleibt, in dem ich mich mit ihr so verbunden fühle. Der einzige Moment, in dem ich mir denke: Ja genau, so war's bei mir auch. Denn eine Sache ist ziemlich sicher: Meine heutige Tour mit Hannah wird die Grenzen meiner eigenen Erfahrungen ziemlich sprengen.

»Ich bin Skifahrerin. Das ist mein Leben, meine Seele. Ohne Skifahren kann ich nicht existieren«, erzählt sie mir, während wir mit den Skiern auf der Schulter im Nieselregen über den Parkplatz traben. Trotzdem war sie schon lange nicht mehr auf Skiern unterwegs, die Gründe dafür werde ich erfahren, wenn wir am Ziel angekommen sind. Weit ist es nicht, denn weil Hannah so lange keine Skitour mehr gegangen ist, wollte sie sich lieber nicht allzu viel vornehmen. Deswegen sind wir an die Kampenwand gefahren. Ich habe ihr vorgeschlagen, bis zur Gori-Alm zu gehen – von da hat man einen schönen Blick ins Alpenvorland und auf den Chiemsee, und es sind nur gut 600 Höhenmeter im Aufstieg. Entspannt über die Piste. Ich bin oft hier – im Winter, wenn die Temperaturen und die Schneelage es zulassen, mit Skiern und im Sommer mit dem Bike. Vom Parkplatz müssen wir erst über eine matschige Wiese stapfen. Nach drei-, vierhundert Metern wird das Braun-Grün am Boden vom Weiß besiegt, wenn auch von schmutzigem Weiß. Wir schnallen an und gehen los.

Hannah erzählt mir, dass sie früher keiner einholen konnte in den Bergen: »Das war, wie wenn du einen Schneeleoparden fangen willst. Keine Chance.« Das ist schon eine Weile her. 2019 war das. Damals startete Hannah als erste Transfrau in den Qualifikationswettbewerben der Freeride World Tour, der Weltmeisterschaft im Freeride-Skifahren und -Snowboarden. Wer da oben mitfährt, steht verdammt gut auf dem Brett oder den Brettern – egal bei welchen Verhältnissen. Wer da gewinnt, kann Klippenspringen und sich an einem unbekannten Hang orientieren. Hannah nimmt damals schon viele Jahre Hormone, und ihre Testosteronwerte entsprechen den Vorschriften. Deswegen wird sie zu den Qualifikationsläufen zugelassen. Aber die Teilnahme an den Wettkämpfen, die über den kompletten Alpenraum verteilt sind, ist aufwendig – und teuer: »Am Anfang dachte ich, ich stelle mich an die Straße und halte den Daumen in die Luft, um zum Austragungsort zu kommen. Hitchhiking. Dann zelte ich im Schnee und rasiere mich vielleicht wenigstens am Morgen, damit ich nicht so auffalle, als Frau mit Bart. Aber zum Glück haben Leute gemerkt, dass es eine krasse Nummer ist, die erste Transperson bei der Freeride World Tour zu sein, und mich mit etwas Geld unterstützt. So konnte ich zu meinem ersten Wettbewerb nach Verbier in die Schweiz fahren.«

Verbier im Kanton Wallis in der Schweiz. Wo am 55 bis 60 Grad steilen Nordhang des 3 223 Meter hohen Bec des Rosses jedes Jahr das legendäre Finale der Freeride World Tour stattfindet. So wie an dem Tag, an dem ich Hannah das erste Mal angerufen habe. Sie saß gerade vor dem Laptop und schaute sich den Livestream von dem Wettkampf in Verbier an. Und sie war nicht so begeistert über meine Störung, aber völlig begeistert davon, wie hoch das Niveau bei der Tour mittlerweile ist, vor allem bei den Frauen. Natürlich startete die Qualifikation, bei der Hannah antrat, nicht an dem steilen und felsdurchsetzten Bec des Rosses, an dem sich die Profis im Finale messen. Aber Verbier, seine quasi sagenumwobene Freeride-Geschichte, seine zerklüfteten Hänge, all das hat mir ziemlich viel Respekt eingeflößt, als ich zum Freeriden im Urlaub dort war, und macht mir noch heute hier im Alpenvorland Gänsehaut.

»Am Abend vor dem Wettbewerb bekommen die Teilnehmenden die ersten Bilder vom Hang, um sich vorzubereiten. Ich habe mir drei mögliche Linien gesucht und sie mit dem Finger am Handy ins Bild gemalt: blau, rot und schwarz. Blau geht auf jeden Fall, dachte ich, rot ist ein bisschen schwieriger, und schwarz fahre ich auf keinen Fall. Das ist übertrieben, Hannah, habe ich zu mir selbst gesagt. Das kannst du auf keinen Fall, vergiss es einfach, aber schön, dass du davon träumst.«

Hannahs Augen leuchten, während sie von ihrer Zeit in Verbier erzählt. Ich kann mir gut vorstellen, wie die große Frau mit ihrem roten Zopf am Handy ihre Abfahrt plant und lieber erst mal auf Nummer sicher geht. Doch am nächsten Morgen, als Hannah mit den Skiern auf den Schultern zum Start stapft, trifft sie Julia aus Frankreich. Auch Julia ist zum ersten Mal bei einem Qualifikationslauf der Freeride World Tour dabei. Die beiden Frauen unterhalten sich, Julia macht der ängstlichen und verunsicherten Hannah vor ihrem ersten großen Rennen Mut und gibt ihr ein gutes Gefühl. Ganz spontan entscheidet sich Hannah für die schwarze, die schwierigste Linie. Direkt nach dem Start springt sie eine hohe, zweigeteilte Klippe: Dabei muss sie nach dem ersten Sprung präzise auf dem kleinen Schneevorsprung in der Mitte der Klippe landen, um sich ein zweites Mal abzudrücken und den Rest des Felsens hinunterzuspringen.

»Das war dann tatsächlich das erste Mal, dass eine Transperson in diesem elitären Sport einen *double cliff drop* gesprungen ist. Der Rest meiner Abfahrt war nicht so gut. Ich bin zweimal gestürzt auf einfachen Hängen. *No chance.* Ich hatte keine Chance, zu gewinnen, aber es war krass genug, überhaupt dabei zu sein. Ich habe ein Zeichen gesetzt: We are there. Wir sind auch da!«

Bei Freeride-Wettkämpfen geht es nicht darum, wer am schnellsten unten ist, sondern darum, wer in den Augen der Jury die spektakulärste und flüssigste Abfahrt hinlegt. Hannah landet bei ihrem ersten Wettbewerb in Verbier auf dem 7. Platz von 13 Frauen. Aber das Ergebnis ist ihr ohnehin egal.

»Ich saß im Zielbereich im Schnee und konnte nicht aufhören zu weinen. Mir ist bewusst geworden, was ich gemacht habe. No way back. Es ist absurd, aber ich war auch ein bisschen traurig, weil es so lange gedauert hat. Dass ich die Erste war. Hoffentlich kommt jemand, hoffentlich kommen viele Transmenschen und machen es besser als ich. Bis jetzt ist noch niemand gekommen. Ich muss es also wieder machen. Nächste Saison.«

Aber Hannahs Teilnahme an der Qualifikation für die Freeride World Tour war schon 2019. Seitdem ist sie bei keinem Wettbewerb mehr angetreten. Heute steht sie mit mir an der Kampenwand das erste Mal in diesem Jahr auf Skiern. Nicht in hüfttiefem Powder, wie ihn Freeriderinnen wie sie und ich lieben. Sondern auf einem dreckigen weißen Teppich mit großen braun-grünen Punkten. Ich frage Hannah, ob sie lieber die steile, kurze Variante oder doch die längere, flachere Variante aufsteigen will. »*I'm gonna find anything hard, but it's okay, I take my time.*« Immer wenn Hannah nicht das Gefühl hat, dass ich sie interviewe, spricht sie englisch mit mir.

Hannah hat zwei schwierige Jahre hinter sich, nicht nur die Corona-Pandemie hat sie ausgebremst – aber dazu später. Der Wind zerrt kräftig an den Baumwipfeln links und rechts der breiten Pistenschneise, während wir aufsteigen. Ich mag so ein Wetter nicht. Irgendwie hat es was Unheilvolles. Aber Hannah glaubt, dass die Natur mit ihr spricht, sie begrüßt, zurück auf den Skiern, zurück in den Bergen.

»Magst du vorauslaufen?«

»No, I quite like following, is that okay?«

Während wir aufsteigen, ich voraus, Hannah mit etwas Abstand hinterher, versuche ich, mich zurückzuerinnern an meine frühe Kindheit. Ich frage mich, ob ich mir damals irgendwann mal Gedanken über meine Geschlechtsidentität gemacht habe. Ja, ich habe lange ausgesehen wie ein Junge. Und ja, ich fand im Wald herumtollen und Lager bauen spannender, als mit Puppen zu spielen. Aber irgendwann musste es dann doch zu Weihnachten die Barbie und an Fasching das Prinzessinnenkostüm sein. So wie Hannah ging es mir nie.

»Die Leute um mich herum haben früh gemerkt, dass mit mir etwas nicht stimmt. Sie haben sich gedacht: Der Junge verhält sich nicht so, wie sich ein Junge verhalten sollte. Sie haben versucht, mich dafür zu bestrafen und in die richtige Richtung zu schieben. Aber ich war einfach ich. Ich habe mich immer als weibliches Wesen gefühlt. Das Wort *trans* kannte ich früher natürlich nicht. Ich fühlte mich also *weird*. Falsch. Gebrochen. Wie ein *shameful piece of freaky shit.*«

Hannah fühlt sich ziemlich lange »weird«, also seltsam. Sie studiert Zoologie in Manchester und geht zum Militär, weil sie da alpines Wissen lernen kann. Irgendwann im Alter von 19 oder 20 Jahren versteht sie endlich, was mit ihr los ist. Hannah erzählt mir von ihrer Erleichterung: »Ich habe festgestellt, es gibt sogar ein Wort dafür! Okay, ich bin trans! Eine Transfrau! Ich dachte mir doch immer, dass ich ein Mädel bin! Ab dem Zeitpunkt musste ich mir keine Gedanken mehr darüber machen, was mit mir nicht stimmt. Das war total schön.«

Nicht alle in ihrem Umfeld kommen damit klar. Hannahs Eltern und ihre beiden Brüder meiden sie. Sie arbeitet in London in der Finanzbranche und zieht dann nach Deutschland. Wegen ihrer damaligen Freundin, die zurück in ihre Heimat München will, und wegen der Berge. Und weil sie näher ranwill an ihre Lieblingsskiorte Chamonix und Verbier. Sie arbeitet in der Sportindustrie und hat ihre eigene kleine Vertriebsfirma. Doch bis Hannah »Hannah« heißt, vergehen noch ein paar Jahre. Ihren neuen Namen wählt sie auf dem Wallberg am Tegernsee, gemeinsam mit einer guten Freundin: »Es gibt diesen Spruch: *Sacred are those who choose their own names.* Es ist etwas Machtvolles, wenn du deinen eigenen Namen wählst. Es braucht viel Mut.« Für Hannah fühlt es sich an, wie nach Hause zu kommen, endlich anzukommen, beim schon immer eigenen Geschlecht.

»Mein Familienname ist Aram. Das ist ein altbiblischer Name und kommt von Aramäer. Ich finde es lustig und schön zugleich, dass auf Aramäisch Hannah ein männlicher Name ist. Ich bin Hannah Aram. Und das ist mein Geschlecht. Hannah Aram ist mein Geschlecht. Ich glaube nicht an die reine Zweigeschlechtlichkeit von Mann und Frau.«

Nach ihrem Outing macht Hannah sich auf die Suche nach Gleichgesinnten in der Outdoorbranche und zapft dafür ihre Kontakte an. Sie erfährt Respekt und Unterstützung, aber stellt auch fest, dass sie trotzdem alleine ist: »Abgesehen von einer Transperson irgendwo in Frankreich in einem Schuhladen konnte ich in der gesamten europäischen Outdoorindustrie keine andere Transperson ausfindig machen. Wir sind da. Doch die Menschen in dieser Industrie outen sich nicht.« Warum das so ist, darauf hat Hannah keine Antwort, weil sie immer nur für sich und nicht für alle Transmenschen sprechen will. Und ich weiß es noch viel weniger, aber ich bin positiv überrascht, dass Hannah in dieser Branche auf so viel Toleranz gestoßen ist. Denn selbst ich als Cis-Frau hatte durchaus häufiger das Gefühl, um Akzeptanz und Respekt kämpfen zu müssen.

Hannah geht jetzt ein gutes Stück hinter mir. Wir sind auf den letzten flachen Metern zur verlassenen Gori-Alm. Bänke und Tische stehen seltsam verteilt um sie herum im Schnee – als hätten alle Gäste hastig die Flucht ergriffen. Ich setze mich auf eine Bank direkt an der Wand und warte auf Hannah, die ziemlich gerührt ist, als sie bei mir ankommt. »Es ist so schön. Ich weiß, es ist nur klein, aber dank dir so sehr, Kaddi! *This is a good way to support trans people. Take them with you, take them out.*«

Hannah schnallt die Skier ab und setzt sich auf die Bank neben mich. Sie packt ihren Rucksack aus und zieht eine blaue Daunenjacke heraus. Die Jacke ist voller Aufkleber, mit denen sie kleine Risse und Löcher zugeklebt hat. Es sind keine gängigen Szene-Sticker mit Sprüchen wie zum Beispiel »*I'm a skier*« oder »*Dreaming of pow*«. Nein, auf Hannahs Jacke steht: »Kampf dem Faschismus«, »Antifa-Kongress«, »No means no« oder »Gender, Sex und Zärtlichkeit«. Hannah sieht, dass ich sie beobachte, und lacht: »*Even my* Daunenjacke ist politisiert.« Vor allem aber ist sie nachhaltig. Ich nehme mir vor, meine Jacke das nächste Mal auch mit Stickern zu reparieren. Mit Blick auf den grau im Tal liegenden Chiemsee esse ich meinen Apfel und Hannah ihr Sandwich. Die Wolken und die Sonne, die sich gerade hervorkämpft, geben heute alles, um unsere Tour möglichst dramatisch zu untermalen.

Wir essen eine Weile schweigend, dann schreibt Hannah ihrem Freund Quirin eine Nachricht, um ihn zu informieren, dass wir an der Alm angekommen sind. Sie erzählt mir, dass sie morgens häufig kaum aufstehen kann. Dass sie ab und an kollabiert und dann weder gehen noch atmen kann. Seit Hannah offen trans lebt, hat sie heftige Angriffe erlebt. Sexuelle Übergriffe und extreme Gewalterfahrungen – und das nicht nur einmal. Diese traumatischen Erfahrungen sind der Grund dafür, dass Hannah seit fast zwei Jahren arbeitsunfähig ist. Auch an Skifahren war nicht zu denken – weil ihr nicht nur die Kraft, sondern auch das Geld dafür fehlt. Sie wartet auf einen Therapieplatz in einer Spezialklinik – und muss mit der Krankenkasse diskutieren. Um ihre Erlebnisse zu verarbeiten, schreibt sie Gedichte, macht Musik oder geht in die Berge.

»Ohne die Berge fehlt ein Stück von mir. In den Bergen findet mein Heilungsprozess statt. Hier kann ich existieren, ohne belästigt zu werden. Hier bin ich zu Hause. Hier muss ich keine Maske tragen.«

Es fällt mir schwer, zu Hannahs Erlebnissen etwas Tröstendes zu sagen, das nicht total nichtig und lächerlich klingt. Auch weil ich mich – trotz aller Empathie – vermutlich nicht richtig in sie hineinversetzen kann. Also besinne ich mich auf das, was uns verbindet: das Skifahren. Ich zeige nach rechts auf den felsigen Gipfelaufbau meines zweiten Zuhauses, der Kampenwand, und erkläre ihr, wo man dort in guten Wintern den besten Pulverschnee findet. So schön das gemeinsame Schwelgen in Skiträumen ist, schnell landen wir bei der Gefahr dabei: dem Thema Lawine. Wir sprechen über Vorsicht, über Risiko, über Glück und darüber, dass wir beide eines Tages gerne sehr alte Skifahrerinnen sein würden. »Weißt du, wie hoch die Lebenserwartung von Transfrauen weltweit ist?«, fragt mich Hannah, und ich habe nicht die leiseste Ahnung.

»Die Lebenserwartung von Transfrauen ist deutlich niedriger als die von Cis-Frauen, in manchen Ländern beträgt sie gerade mal 35 Jahre. Viele sterben durch Selbstmord und in Brasilien beispielsweise auch häufig durch Gewalt oder Mord. Es wäre also eine Schande, wenn ich in einer Lawine sterbe. Was würden meine Schwestern in Brasilien oder Uganda denken? ›Bist du dumm? Wir sterben auf der Straße für unsere gemeinsame Sache, und du stirbst einfach so in einer Lawine?!‹ Aber ich wäre bestimmt die Erste, dann musst du meine Facebook-Seite updaten: ›Hannah

Aram, das erste Trans-Lawinenopfer.«

Wir lachen auf der wackligen Bank auf der Gori-Alm, wo der Föhnwind gerade viel zu arg hinweht. Mit unseren ausgeschalteten Lawinenverschüttetensuchgeräten, die wir heute definitiv nicht brauchen. Wie geht das – gerade noch über die erschreckend niedrige Lebenserwartung von Transfrauen zu sprechen und dann darüber zu lachen, dass Hannah vermutlich das erste Trans-Lawinenopfer wäre?! Dazu braucht man wohl schwarzen Humor. Vielleicht sind das Hannahs englische Wurzeln.

Sosehr ich mir im Vorfeld den Kopf darüber zerbrochen habe, wie unser Gespräch wohl wird, wie verbunden ich mich mit Hannah fühlen werde – genauso wie es jetzt ist, fühlt es sich richtig an. Zwar ein bisschen kalt. Aber richtig.

Ich denke zurück an meine Kindheit und daran, dass ich mich nie falsch im eigenen Körper gefühlt habe – oder *weird*, wie Hannah sagen würde. Ich denke daran, dass ich nie erlebt habe, dass Menschen sich über mich wunderten oder dachten, mit mir sei etwas faul. Wie belastend müssen diese Gedanken als Kind für Hannah gewesen sein? Ich denke darüber nach, dass ich trotz aller Ungleichheiten, die in unserer Gesellschaft leider immer noch an der Tagesordnung sind, mich nie für mein Frausein entschuldigen, ja rechtfertigen musste. Hannah aber wurde dafür angegriffen, hat deswegen Gewalt erlebt, muss heute Ängste aushalten und ein Trauma überwinden. Wie ungerecht ist das bitte?

»*I don't think* ›Warum ich?‹. Es ist ein heiliges, ein spirituelles Geschenk, eine Transperson zu sein. In indigenen Kulturen sind Transmenschen Schamanen oder Priester. Ich möchte mit niemandem tauschen. *I love being me.* Und du?«

Das mag ich an Hannah. Eigentlich geht es heute nur um sie, aber trotzdem gibt sie fast alle Fragen zurück. Sie interessiert sich für mich und nimmt mir meine Unsicherheit, gibt mir das Gefühl, dass ihre Wirklichkeit auch meine Wirklichkeit ist, dass wir viel mehr gemeinsam haben als die Erinnerung an den Geruch von

Sonnencreme in der Gondel. Doch ich sehe, dass Hannah in ihrer politischen Daunenjacke anfängt zu zittern, und schlage vor, dass wir die Skier anschnallen und abfahren. Wir packen unsere Flaschen und Brotzeitboxen zurück in unsere Rucksäcke, ziehen die Felle von den Skiern und schnallen die Schuhe enger. Hannah, die diesen Tag merklich genießt und in sich aufsaugen will, wird immer ruhiger. Ich will schon los, da hält mich Hannah zurück. »Es klingt übertrieben, aber Skifahren gehört zu meinem Leben wie Ein- und Ausatmen. Es fehlt mir sehr, wenn ich nicht in die Berge und nicht Ski fahren kann, wenn es in meinem Leben Barrieren gibt, die es nicht erlauben. Es ist so schön, mit dir heute hier zu sein«, sagt sie. Dann fährt sie davon und ich hinterher. Bei jedem Schwung jubelt sie, als würde sie durch den allerfeinsten Pulverschnee pflügen. Ich habe mich in Zeiten von Klimawandel und Corona schon über ziemlich viele, sehr bescheidene Abfahrten auf schlechtem Schnee gefreut. Aber die Freude von Hannah, die sie heute hier an der Kampenwand empfindet, während sie auf den letzten Schneeresten Slalom um Graslöcher fährt – an die komme ich vermutlich nicht ganz ran.

Tage später noch beschäftigt mich, wie schwer es für Hannah ist, zum Skifahren zu kommen, wie exklusiv und weit weg die Berge doch sein können, für Menschen ohne Job, ohne Geld, mit einer großen Last auf der Seele. Ich schreibe ihr eine Nachricht: »Hannah! Nur weil ich schon seit gestern daran denke – und auch wenn der Winter jetzt quasi vorbei ist. ABER: Wenn du magst, sag ich dir gerne Bescheid, wenn ich allein oder mit meinen Freund:innen zum Tourengehen oder Skifahren will. Und du bist jederzeit herzlich eingeladen, mitzukommen. O.k.?!«

Keine Ahnung, ob das wirklich zustande kommt – ein gemeinsamer Skiausflug von Transfrau Hannah und CIS-Frau Kaddi. Als wir am Morgen in München losgefahren sind, hat mir Hannah erzählt, dass sie normalerweise nicht zu CIS-Menschen ins Auto steigt. Zu viel Angst hat sie, zu groß ist ihr Trauma. Aber vielleicht kann ich ja was dazu beitragen, dass dieses warme und wohlige Gefühl vom Bonbonessen in der Gondel für Hannah wieder zurückkommt. Zumindest ein bisschen. Ich merke mir auf jeden Fall einen Satz, den Hannah am Ende unserer gemeinsamen Abfahrt gesagt hat: »Meine Weiblichkeit war immer meine Stärke. *Ski like a girl? Fuck, yeah!*«

Downhill-Profi Nina Hoffmann über das Frausein in einer Männerdomäne

von Katharina Heudorfer

Der Vorschlag, für dieses Kapitel mit Nina Hoffmann zu sprechen, kam von meiner Kollegin und Bergfreundin Kaddi, die Ninas Weg schon eine Weile beobachtet und sie 2021 für die Doku-Reihe Generation F von der ARD-Mediathek eine ganze Saison lang begleitet hat. Nina ist eine beeindruckende Sportlerin, stark, ehrgeizig und diszipliniert (könnte mir da echt eine Scheibe von ihr abschneiden), und gleichzeitig eine total sympathische und verdammt lässige Person. So ein Typ Mensch, mit dem man gern befreundet wäre. Wir videotelefonieren, weil Nina in diesem Sommer 2022 auf Mountainbike-Downhill-Wettbewerben in der ganzen Welt unterwegs ist. Ich erreiche sie in ihrem Hotelzimmer während eines Trainingslagers in Frankreich. Sie lümmelt tiefenentspannt auf dem Bett.

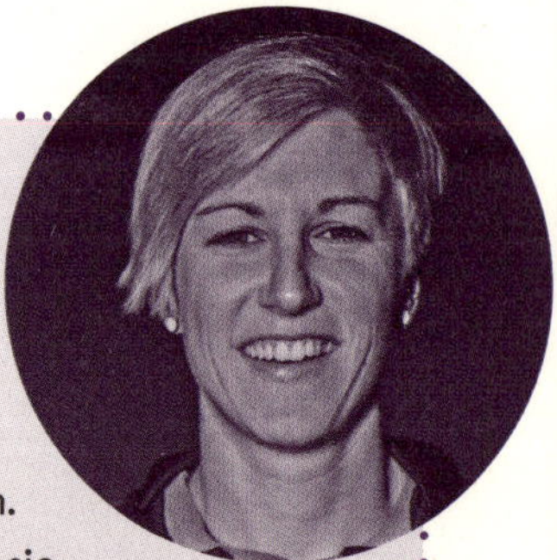

NINA HOFFMANN erblickt am 2. August 1996 in Saalfeld in Thüringen das Licht der Welt. Während ihrer Schulzeit ist sie Leichtathletik-Leistungssportlerin, ihre Disziplin ist das Speerwerfen. Mit dem Downhill-Mountainbiken fängt sie verhältnismäßig spät an, nämlich 2015, da ist sie schon 19 Jahre alt und muss ihre Speerwurf-Karriere wegen einer Verletzung an den Nagel hängen. Spätestens seit 2018 haben sie alle, die sich irgendwie für Mountainbiken oder Downhill interessieren, auf dem Schirm: In dem Jahr wird sie Deutsche Meisterin im Downhill. Sie ist eine totale Senkrechtstarterin und siegt 2020 bei einem Downhill-Weltcup (in Maribor), als erste deutsche Mountainbike-Athletin nach mehr als 20 Jahren. 2022 setzt sie einen drauf und gewinnt bei der Weltmeisterschaft im Downhill Silber – die erste Medaille für eine Deutsche bei einer WM in diesem Sport überhaupt.

Katharina: Nina, wie bist du aufgewachsen? So, wie es dieses schreckliche Klischee vom typischen Mädchen heutzutage leider noch verlangt – mit rosa Kleid, Glitzerpailletten und Lackschühchen?

Nina Hoffmann: (lacht) Nein, gar nicht. Ich war als Kind eher ein Junge als ein Mädchen. Ich hatte zum Beispiel schon immer kurze Haare, die hab ich mir in der zweiten Klasse abschneiden lassen. Und ich weiß noch, als ich aufs Gymnasium kam, hat mich der Sportlehrer in der ersten Sportstunde in die Jungs-Umkleide geschickt. Ich meinte dann zu ihm: »Ich bin aber ein Mädchen!« Das war damals sehr unangenehm. Also nein, ich war eigentlich schon immer eher das Gegenteil, habe viel mit Jungs unternommen und so Sachen gemacht, die landläufig eher als verrückt oder mädchenuntypisch gelten, hatte eine Autorennbahn zu Hause, habe am Computer Rennen gespielt, und im Garten stand ein Trampolin. Ein Kleid hatte ich genau zwei Mal an, bei der Einschulung und zum Abschlussball, das war's.

Ehrlich gesagt, dieses Bild vom typischen Mädchen, das regt mich wahnsinnig auf. Ich denke mir dann: Wer sagt denn bitte schön, dass das weiblich ist? Wer sagt, dass Stark- oder Mutigsein und Sich-für-Autos-Interessieren nicht genauso weiblich ist? Wie geht es dir damit? Mit diesen Klischees und Stereotypen, dass etwas angeblich typisch Mädchen oder Junge ist?

Mittlerweile komme ich damit easy klar, jetzt bin ich aber auch 25. Als 13-, 14-Jährige fand ich das schwieriger. Da muss man sich noch finden und bekommt vorgelebt, was typisch Frau ist und was nicht. Das gibt dir oft zu denken. Aber das hat bei mir eher ausgelöst, dass ich dann gerade nicht so, sondern wie ein Junge sein wollte. Und aus Protest anders gelebt habe. Das hat mich immer glücklicher gemacht. Ich habe eben lieber im Schlamm gespielt, als mich zu schminken. (Sie lacht.)

Damals in der Schule musste ich mir ab und zu anhören: »Nein, das ist nur was für Jungs« oder »Du darfst da nicht mitmachen«. Solche Sprüche haben mich immer genervt.

Zum Glück war ich eine ganze Zeit lang genauso stark wie die Jungs und konnte gut mithalten. Das war ein gutes Argument dafür, dass ich doch mitmachen durfte.

Du hast gerade gesagt, als 25-Jährige kommst du damit klar, aber als 13-, 14-Jährige nicht unbedingt. Wie bist du mit solchen Situationen, wie du sie gerade beschrieben hast, damals umgegangen?

Als Kind war ich eher zurückhaltend, schüchtern und ruhig, und deswegen hat es mich wirklich getroffen, wenn andere Kinder oder Erwachsene so etwas gesagt haben. Aber ich hatte Eltern, die hinter mir standen, und andere Dinge, über die ich mich profilieren konnte. Ich habe zum Beispiel gute Leistungen im Sport gebracht und konnte deshalb über diesen blöden Kommentaren stehen. Außerdem war ich auch in der Schule nicht schlecht. Das hat mir immer Selbstbewusstsein und Stärke gegeben. Aber wenn jemand dieses Selbstbewusstsein nicht hat oder sich nicht bei anderen Dingen beweisen kann, dann ist das sicher belastend und lässt einen an sich zweifeln. Bei mir war es zum Glück nicht so, und ich habe daraus viel Kraft geschöpft, bis ich irgendwann meinen Platz und meinen Weg gefunden hatte. Hat ein Stück gedauert.

Und wie geht es dir jetzt damit? Haderst du manchmal noch?

Nein, gar nicht. Ich sehe mich als Frau. Vielleicht nicht als die typische Frau. Ich trage ein T-Shirt und eine kurze Hose, und keine Ahnung, wie meine Haare gerade aussehen. (Sie lacht.) Das ist aber auch nicht so wichtig. Ich fahre Fahrrad, und das macht mir Spaß, und da stehe ich drüber.

Das war aber früher nicht so. Da dachte ich: Oh nein, du müsstest dich eigentlich schminken und hochhackige Schuhe tragen. Dann hab ich das gemacht und mich währenddessen nicht wohlgefühlt. Und gespürt: Ich mache das eigentlich nur für andere. Das war vor allem im Alter von 16 bis 18 Jahren, wenn man anfängt, auf Partys zu gehen. Das Schwierige ist, dass man in dem Alter noch nicht den Weitblick hat. Ich hatte das Gefühl: Nur ICH bin so, und alle anderen um mich herum sind typische Mädels und machen Mädels-Dinge. Jetzt sehe ich: Ey, es geht GANZ vielen Leuten genauso wie mir.

In deiner Schulzeit hast du Leichtathletik und vor allem Speerwerfen als Leistungssport betrieben. Wie bist du dann mit 19 zum Downhill gekommen, wo das doch angeblich so eine »typische Männerdomäne« ist?

Weil ich mal wieder was mit Jungs gemacht habe. (Sie lacht.) Ich hatte einen Klassenkameraden, und der hat schon immer coole Sachen gemacht – Snowboard fahren, Trampolin springen, Fahrrad fahren. Und dessen Kumpel hatte Bikes. Und mit dem war ich dann mal mountainbiken. Es hat dann noch mal ein Jahr gedauert, bis ich mit den Downhill-Rennen angefangen habe. Ich war damals noch leistungssportmäßig Speerwerferin und habe mir immer gesagt: »Du darfst dich nicht verletzen. Fahrrad fahren ist eigentlich viel zu gefährlich.« Aber nach einem Jahr hat mich das Fieber komplett gepackt. Ich glaube, der Adrenalin-Kick und das Verrückte – das ist das, was mir immer ein bisschen gefehlt hatte in meinem Leichtathletik-Alltag. Das habe ich jetzt im Downhill-Fahren und Mountainbiken gefunden. Es ist die perfekte Sportart für mich.

Vom Speerwurf zum Downhill, von außen betrachtet wirkt das auf mich wie ein krasser Bruch. Aber für dich scheint das gut funktioniert zu haben. Du hast schon in der Leichtathletik häufig mit den Jungs trainiert. Und wie ist das jetzt beim Downhill-Mountainbiken? Welche Rolle spielt da das Geschlecht?

Es spielt eine extreme Rolle, für mich zumindest. Zum einen, weil der Frauenanteil im Mountainbike-Rennsport bei zehn bis fünfzehn Prozent liegt. Du fährst meistens nur mit Jungs. Aber das kannte ich ja schon vom Speerwerfen. Und zum anderen sind die Männer viel besser und schneller (lacht) – oder zumindest die, die das Gleiche trainieren wie du. Und ich versuche immer, mich an den Männern zu orientieren, Dinge ähnlich zu machen wie sie oder mich in diese Richtung zu entwickeln. Auch wenn ich weiß, dass ich nie auf dieses Niveau kommen werde, weil es physisch und psychisch nicht geht.

Es ist schon die ganze Zeit Thema, vor allem im Rennsport. Diese Szene ist männerdominiert, dort gibt es noch mal weniger Frauen als im Breitensport. Du hast fast nur Mechaniker und keine Mechanikerinnen, meistens Teamchefs. In meinem Team zum Beispiel gibt es ein Social-Media-Mädel, und der Rest sind alles Jungs – das heißt 13, 14 Mann um mich rum.

Du bist beim Downhill schnell erfolgreich geworden. Bei den Rennen warst du zuerst als Privatfahrerin unterwegs, hast dann 2020 dein eigenes Team »Nina Hoffmann Racing« gegründet, und seit Anfang 2022 fährst du für das legendäre Downhill Weltcup Team »Santa Cruz Syndicate« – als erste Frau überhaupt. Wie geht es dir damit?

Es macht mich schon sehr stolz, als erste Frau in dem Team zu fahren. Ein kleiner Wermutstropfen ist für mich: Als 2021 feststand, dass ich in das Team wechsle, war es eines der wenigen Rennteams, die von einer Frau gemanagt wurden und eine Physiotherapeutin hatten. Und mit den beiden kam ich super klar, und genau diese beiden sind seit 2022 nicht mehr dabei. Das hätte nichts an meiner Entscheidung geändert, aber ich fand es schon schade, keinen weiblichen Bezugspunkt mehr im Team zu haben.

Es ist einfach was anderes, mit einer Frau über Dinge zu reden, als mit Männern. Jetzt ist es so, und ich komme auch mit den Jungs super klar. Im Team habe ich eigentlich nicht das Gefühl, dass es für die Männer Thema ist, dass ich eine Frau bin – zumindest sprechen sie es nicht an. Und für mich ist es normal, denn egal, welche Sportart ich bisher gemacht habe, ich war immer in der Jungs- oder Männergruppe.

Jetzt bist du wieder in einem reinen Männerteam, und du sagst: Alle anderen fahren stärker als du. Selbst der Junior. Mich würde das auf Dauer fertigmachen. Wie ist das für dich? Gibt es Situationen, in denen dich das frustriert? Oder pusht dich das?

Es motiviert mich in erster Hinsicht extrem. Ich blicke zu meinen Teamkollegen auf und denke mir: »Das ist möglich!« Also für mich nicht unbedingt genau DAS. Aber wenn ein Mensch das schafft, dann kann ich auch in diese Richtung kommen. Und ich kann mir viel abgucken und bekomme Tipps von den anderen, wie: »Ey, guck mal, wie weit außen ich die Kurve gefahren bin. Probier das doch auch mal so!«

Und die Jungs fahren mir oft mal eine Abfahrt ein bisschen langsamer voraus, sodass ich dranbleiben kann. Das bringt mir viel für meine Linienwahl und Geschwindigkeit. Manchmal wünsche ich mir schon, mit jemandem auf meinem Level zu trainieren, weil das sicher Spaß machen würde. Dann könnte auch ich mal vorneweg fahren, und der andere fährt hinterher. Letztens war ich zum Beispiel mit Vali (Anmerkung: Valentina Höll, österreichische Profi-Downhillerin) und noch ein paar Mädels einen

Tag im Bikepark. Das war total cool und entspannt, mit Mädels Bikepark-Runden zu fahren, die auch schnell sind und ungefähr den gleichen Speed fahren wie ich. Man kann dranbleiben, ohne dass man gleich stirbt. (Sie lacht.) Das macht schon mehr Spaß. Und man sieht auch, okay, die hat die Passage mal nicht so gut gekriegt und ist hier und da unsicher, das kann ich vielleicht besser.

Wohingegen die Jungs eh immer alles besser können. Ja, wenn es gerade mal nicht so läuft, dann kann das schon demotivieren. Aber ich versuche, es immer ins Positive zu drehen und als Motivation zu nutzen.

Hast du das Gefühl, dass sich bei dir schon etwas verändert hat, seit du für das Profiteam »Santa Cruz Syndicate« fährst?

Ich glaube, ja, vor allem mental. Die Jungs lassen sich, habe ich das Gefühl, von Rückschlägen nicht so runterziehen, wie man das als Frau gerne mal macht. Ich fliege auf die Fresse, und dann zweifle ich schon wieder an allem. (Sie lacht.) Die stehen auf, als wäre nichts gewesen. Und dann denk ich mir: Ja, mach das doch genauso! Ich glaube, es ist vor allem diese Stimmung, die im Team herrscht, die einen trägt, mitnimmt und motiviert.

Und was das Fahren angeht, klar schaue ich mir da was ab. Aber vor allem arbeite ich seit letztem Winter mit einem Fahrtechniktrainer zusammen, der richtig gute Arbeit macht. Da habe ich extrem viel mitgenommen, was mich nach vorne gebracht hat für diese Saison. Und wenn ich dann sehe, wie die Jungs die Dinge umsetzen, die ich im Fahrtechniktraining lerne, dann pusht mich das noch mal. Weil ich dann weiß, dass es bei ihnen funktioniert und sie deswegen so schnell fahren.

Und wie ist das für dich, die erste Frau zu sein, die für dieses Team fährt? Siehst du dich als eine Art Türöffnerin für andere?

Ja, das trifft es gut. Das Team existiert seit 2006, und vor mir war noch nie eine Frau dabei. Das war zwar nie ein Tabuthema, aber es stand auch nicht zur Debatte. Und jetzt habe ICH es geschafft, als erste Frau in dieses Team zu kommen. Ich konnte in Fort William sogar den ersten Weltcupsieg als Frau für mein Team einfahren. Das hat mir Auftrieb gegeben und bestätigt, dass es gut war, mich ins Team zu holen. Und ich glaube, es gibt schon einige Mädels, die jetzt sehen: Ey, guck mal, die hat es geschafft, dann schaff ich das vielleicht auch!

Irgendwann fahre ich nicht mehr, und dann muss es eine Nachfolgerin geben. Und deswegen hoffe ich, noch einige andere zu motivieren.

Wie wichtig ist es dir, im Allgemeinen, andere zu inspirieren und ein Vorbild zu sein?

Ich möchte anderen Leuten – nicht nur unbedingt Frauen – zeigen, was möglich ist und was man aus seinem Leben machen kann. Mir geht es nicht darum, dass die auch Mountainbiker in irgendeinem Rennteam werden. Ich will vermitteln, dass sie machen sollen, worauf sie Bock haben oder was sie glücklich macht – egal, was es am Ende ist. Ich will zeigen, dass man mit seinem Hobby Geld verdienen kann, wenn man das möchte, wenn man sich dahinterklemmt, zielstrebig und ehrgeizig ist. Und dass man sich nicht, nur weil man mit einem bestimmten Geschlecht geboren ist, in irgendwas reindrängen lässt.

In Österreich wurde in einer Studie von der Initiative exploristas untersucht, wie es mit der medialen Sichtbarkeit von weiblichen Vorbildern im Sport ausschaut. Und es kam raus, dass beim Bildmaterial der männlichen Profis die Bilder *in action* überwiegen. Wohingegen es bei weiblichen Profis hauptsächlich Bildmaterial gibt, wo die Sportlerin auf dem Podium steht, sie lächelt, man ihr Gesicht erkennt. Bilder, auf denen die Frau dekorativ aussieht, so interpretiere ich es.

Mich überrascht nicht, dass du das sagst. Ich habe neulich noch mit einem Kumpel über die Sache diskutiert und gesagt: »Ich als Frau fahre nicht so krasse Sachen wie die Männer, und daher poste ich auch weniger Fotos von mir beim Fahren.« Konkret aufs Mountainbiken bezogen: Ich kann ein paar Tricks, die sind ganz cool, aber nicht besonders krass. Die Jungs können das dreimal besser und machen leider einfach spektakulärere Sachen als wir. Als Frau ist es sehr schwer, auf ein vergleichbares Niveau zu kommen.

Aber wieso ist das so? Wieso machen die Männer krassere Sachen?

Weil die ein bisschen anders ticken im Hirn. (Sie lacht.) Ich weiß es nicht. Zum einen sind sie uns körperlich überlegen. Konkret beim Downhill-Fahren können sie schneller fahren, weil sie mehr Kraft haben und das Fahrrad besser halten können. Und dann sind Männer generell risikobereiter und trauen sich mehr. Ich würde zum Beispiel nie und nimmer einen 20-, 25-Meter-Sprung springen. Ich weiß nicht, was bei denen aushakt, aber die sagen sich: »Yo, easy, mache ich.« Natürlich auch nicht alle. Aber die pushen ihr Limit ganz anders.

Sagst du das als Psychologiestudentin oder als Sportlerin?

Vielleicht beides, ich weiß nicht. Ich beschäftige mich damit natürlich auch in meinem Studium und versuche, Erklärungen zu finden. Weil ich verstehen will, warum wir so viel langsamer sind als Männer. Und klar ist der körperliche Faktor irgendwann ausgereizt. Ich kann nicht mehr trainieren, als ich trainiere. Aber ich glaube, die psychische Komponente spielt auch eine Rolle. Frauen haben biologisch gesehen einen etwas größeren Selbsterhaltungstrieb. (Sie lacht.) Wir sind tendenziell nicht so risikobereit wie Männer. Das haben viele Studien gezeigt, und ich glaube, das spielt gerade in unserer Sportart eine große Rolle. Ich muss mich, glaube ich, viel stärker und häufiger überwinden als Männer, irgendwas Krasses zu machen. Trotzdem denke ich, dass man das auch als Frau lernen kann. Ich bin zumindest immer dran, mich zu verbessern und daran zu arbeiten.

Jetzt hast du zwei Sachen erwähnt, die Physis und die Psyche. Aber es gibt ja auch die Folgen von Erziehung.

Auf jeden Fall.

Wie kommt es denn zum Beispiel, dass du so ein risikofreudiger Adrenalinjunkie geworden bist?

Das ist sehr, sehr interessant, weil meine zwei Jahre jüngere Schwester das komplette Gegenteil von mir ist.

Aha, echt?

Sie fährt seit Neuestem Rennrad, aber als ich sie letztens mit dem E-Mountainbike mit ins Gelände genommen habe, da hat sie bergab lieber geschoben, weil ihr das zu viel war. Sie sagt immer mal wieder: »Ich bin froh, dass du damals als große Schwester da warst, sonst wäre ich wahrscheinlich noch mehr Prinzessin geworden«, weil ich sie dann schon immer mitgezerrt habe und gesagt habe: »Komm mit aufs Trampolin, du musst jetzt Vorwärtssalto üben!« (Sie lacht.)

Meine Mutti ist eher der draufgängerische Typ und hat uns das auch vorgelebt, hat früher selber viel Sport gemacht.

Also, ich gebe dir auf jeden Fall recht, die Genetik ist das eine, aber die Umwelt hat einen ganz großen Einfluss. Meine Eltern haben mich immer einfach machen lassen und in allem unterstützt, worauf ich Lust hatte. Wenn die anders gewesen wären und mich mehr zurückgehalten hätten, dann wäre ich jetzt nicht da, wo ich bin.

Wir haben das eben schon kurz angerissen, wie unterschiedlich Männer und Frauen in vielen Sportarten medial dargestellt werden, zum Beispiel kriegen die Männer beim Fußball viel mehr

Aufmerksamkeit als die Frauen. Oder beim Beachvolleyball und Turnen – da geht es immer wieder darum, was Athletinnen anziehen dürfen oder müssen – wie erlebst du das beim Downhill?

Man merkt neben und auf der Strecke eigentlich keine Unterschiede bei uns, und ich habe auch immer das Gefühl, dass wir relativ gleich sind. Was die Medien betrifft, geht es immer mehr in die Richtung, dass mehr über Frauen-Downhill berichtet wird. Auch deshalb, weil das Niveau bei den Frauen in den letzten Jahren extrem gestiegen ist und man sich die Frauen-Rennen wirklich angucken kann. Weil die Frauen-Top-Ten wirklich gut Fahrrad fährt. Deswegen habe ich nicht das Gefühl, dass wir sehr benachteiligt sind. Aber man merkt es schon an den Gehältern. Also ich bekomme, keine Ahnung, ein Viertel oder noch weniger von dem, was ein Mann verdient.

Auch in deinem Team jetzt?

Ja, ich bin die Schlechtbezahlteste im Team. Es ist schon okay, ich habe auch noch nicht so viel vorzuweisen und fahre erst seit drei, vier Jahren Weltcup. Und die Bezahlung der Mädels wird auch immer besser, aber es gibt halt noch genügend Frauen, die *for free* fahren. Die zwar ihr Equipment bezahlt kriegen, aber kein Gehalt bekommen und trotzdem in der Top Ten fahren. Da denke ich mir, wenn ich Top Ten in einem Weltcup fahre, dann müsste ich doch eigentlich davon leben können. Bei uns sind es bloß die Top-five-Frauen, die davon leben können, und bei den Männern sind es wahrscheinlich die Top Twenty. Aber es sind eben auch viel mehr Männer insgesamt, deswegen ist es viel schwerer, in die Spitze reinzukommen, als bei uns Frauen.

Trotzdem sind die Spitzengehälter einfach so anders. Und ich glaube, da kommst du als Frau auch schwer hin, weil es dann doch, wenn ein Mann den Berg runterfährt, noch mal krasser aussieht und mehr geklickt wird und so weiter.

Aber am Ende machen wir das Gleiche wie die Männer. Wir reißen uns genauso den Arsch auf und trainieren hart. Wir begeben uns in Gefahr und riskieren unsere Gesundheit, wenn wir bergab fahren. Und dann verdienen wir, keine Ahnung, ein Fünftel von dem, was die Männer verdienen. Klar ist die Leistungsdichte bei denen größer, aber am Ende des Tages machen wir das Gleiche. Schwierig.

Welchen Wunsch hast du da für die Zukunft? Was sollte sich deiner Meinung nach tun?

Ich möchte, dass Frauen, egal, welchen Sport sie machen, dafür respektiert werden, dass sie ihn machen. Auch wenn es vielleicht nicht so schnell ist und nicht ganz so gut aussieht und nicht ganz so krass ist wie bei den Männern. Dass trotzdem anerkannt wird, dass sie die gleiche Leistung erbringen. Ja, ach, ich möchte einfach Respekt.

Women only: Hier findest du deine Bergfrauen-Community

von Antonia Schlosser

Dieses Kapitel beginnt 2018 in einem *all-female*-Freeride-Camp in Österreich. Falls du dich fragst, was das ist: ein Event, das sich speziell an Frauen richtet, die es lieben, auf ihren Skiern durch fluffigen Pulverschnee den Hang hinabzusausen. Eine dieser Frauen ist die Österreicherin **ANJA SCHMIDT**. Es ist ihr erstes *all-female*-Camp. »Ich wusste zu Beginn überhaupt nicht, was mich dort erwartet. Und der Effekt war für mich total faszinierend. Wenn man auf einmal mit einem ganzen Haufen Frauen Ski fährt, die alle beim Camp dabei sind, weil sie etwas lernen wollen. Dieses verbindende Commitment war für mich wirklich beflügelnd.«

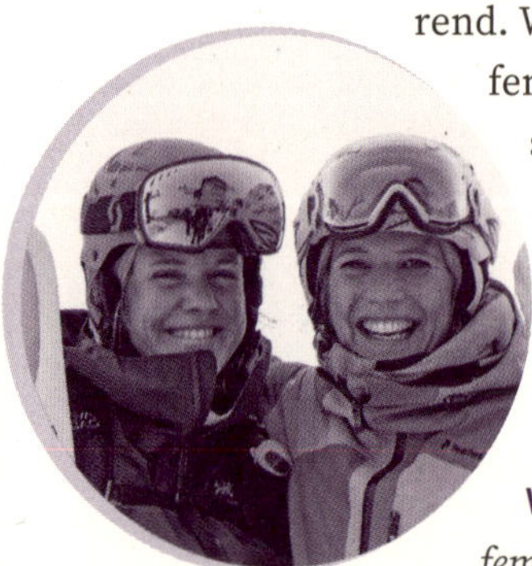

Auf dem Event lernt Anja eine andere Outdoorsportliebende Frau kennen: **REGINA WOHLGENANNT**. Begeistert vom ersten *all-female*-Erlebnis, melden sich die beiden für ein weiteres Camp an, organisiert von Lorraine Huber, einer österreichisch-australischen Profi-Freeriderin. Diesmal sind sie am Arlberg mit ihrer Gruppe. Plötzlich entdecken sie einsame Skispuren in einer Scharte. Anja erinnert sich: »Wir standen da und rätselten, wie der Skifahrer diese Abfahrt gemacht hat. Hat er sich vom Heli abgeseilt oder doch den schwierigen Aufstieg von der anderen Seite genommen? Wir waren alle fasziniert von der Leistung dieses Abenteurers.« Nur wenige Augenblicke später stellt sich aber heraus: Die fein geschwungene Powderline ist gar nicht von einem Abenteurer, sondern von einer AbenteurerIN.

Melissa Presslaber, eine österreichische Freeriderin, hat sie in der Vorwoche im Pulverschnee hinterlassen. »Das war für mich ein echter Eye-Opener. Wie konnte es sein, dass selbst wir, höchst passionierte Skifahrerinnen in einem *all-female*-Camp, uns automatisch einen Mann vorstellten?« Diese Erfahrung lässt Anja und Regina keine Ruhe mehr. Nur kurze Zeit nach dem Camp tun sich die beiden Frauen zusammen und gründen die »exploristas«, eine österreichische Initiative zur Stärkung von Frauen im Outdoorsport. Heute gehören zu dem Verein zahlreiche Profi- und Hobbysportlerinnen. Unter dem Motto »Trau dich raus« wollen die exploristas Mädchen und Frauen informieren, inspirieren und motivieren, gemeinsam in den Bergen und draußen Spaß zu haben – und das alles in einem *all-female*-Umfeld.

WENN SIE DAS KANN, DANN KANN ICH DAS AUCH

Vielleicht fragst du dich jetzt: Wozu braucht es überhaupt *all-female*-Aktivitäten? Studien zeigen, dass sich Mädchen in gemischten Gruppen zurückhaltender und weniger selbstbewusst verhalten. Die exploristas fassen diese Erkenntnis so zusammen: »Risikobereitschaft ist anerzogen, nicht angeboren. Ganz nach dem Motto: Irgendwo runterspringen ist eher was für Buben.« In einem rein weiblichen Umfeld sieht das anders aus. Denn wenn Frauen andere Frauen bei (Outdoor-)Sportarten beobachten und sich an weiblichen Vorbildern orientieren, kann sie das in ihrem Lernen pushen. Dann heißt das Motto auf einmal: Wenn sie das kann, dann kann ich das auch! Auch Anja hat den Zauber des weiblichen Lernumfelds, wie sie es liebevoll nennt, bereits in ihrem ersten Freeride-Camp spüren dürfen. »Wenn links und rechts Frauen aus deiner Gruppe an dir vorbeiziehen und du einfach so eine Freude hast, macht das schon was mit dir. Allein das Dabeisein bringt schon was – ganz egal, ob es sich jetzt niederschlägt im eigenen Können oder nicht. Diese Stimmung, diese Euphorie ist so mitreißend und bestärkend.«

Und nicht nur das Lernen fällt Frauen in *all-female*-Gruppen oft leichter. Viele trauen sich auch mehr zu und gehen Herausforderungen mutiger und selbstbewusster an. Und das Beste daran? Nicht nur der weibliche Outdoorsport hat etwas davon. »Unser Ziel ist immer ein Miteinander. Und ich glaube, dass eine Frau, die ab und an mal ein *all-female*-Camp besucht, so bestärkt und bereichert zurückkommt, dass auch Männer beim nächsten gemeinsamen Ausflug davon profitieren. Da geht es nicht nur um die reinen Skills am Berg, sondern auch um Selbstvertrauen und Selbstverständnis. Es geht uns nicht darum, dass Frauen nur Sport mit anderen Frauen machen, sondern um ergänzende Lernmöglichkeiten. Also ein ganz klares Sowohl-als-auch.«

Und damit du dieses »Sowohl-als-auch« auch mal ausprobieren kannst, habe ich mich in Deutschland, Österreich und der Schweiz auf die Suche nach *all-female*-Angeboten gemacht. Einige dieser Communitys, Vereine und Gruppen möchte ich dir hier vorstellen.

COMMUNITYS IN DEUTSCHLAND

Munich Mountain Girls (alle Outdoorsportarten, München & Bayern)

Durch Zufall entstand 2016 die Community der Munich Mountain Girls, kurz MMG. Gründerin Christine Prechsl merkte damals, dass das Hashtag #munichmountaingirls auf Instagram immer mehr bergbegeisterte Frauen vernetzte, und schaffte kurzerhand ein Profil, auf dem sich seitdem alle bergbegeisterten Frauen aus München und ganz Bayern inspirieren lassen können. Mittlerweile umfasst die Community auf Instagram 27 000 Frauen und Männer, die gerne bergsteigen, klettern, Skitouren gehen, freeriden oder mountainbiken. Zusätzlich haben die MMG private *women-only*-Facebook-Gruppen erstellt, in denen du dich mit über 15 000 anderen Bergfrauen austauschen, Tourentipps teilen und zu gemeinsamen Bergausflügen verabreden kannst. Neben der Hauptgruppe »Munich Mountain Girls« gibt es zum Beispiel auch eine Flohmarkt-Gruppe, in der du deinen Outdoorkram weiterverkaufen oder secondhand erwerben kannst, eine Gruppe für Bergmamis, für Bergfrauen Ü40, für die Regionen Allgäu oder Bodensee u. v. m. Zusätzlich kannst du dich über sportartspezifische WhatsApp-Gruppen zum Rennradfahren, Mountainbiken, Skitourengehen oder Wandern verabreden. Mittlerweile kümmert sich ein siebenköpfiges Kernteam, zu dem auch Bergfreundin Kaddi gehört, ehrenamtlich um die Organisation der Community und zahlreiche Aktionen. Es gibt regelmäßige Stammtische zu verschiedenen Outdoor-Themen, Workshops und Kurse, an denen du teilnehmen kannst. Alles mit dem Ziel, Frauen zu empowern und neue Bergfreundschaften zu schaffen – digital, aber auch im echten Leben. Um bei den MMG dabei zu sein, brauchst du in erster Linie einen Facebook-Account, dort musst du eine Beitrittsanfrage stellen. Die Administratorinnen schalten dich dann nach einer kurzen Überprüfung frei, und schon bist du Teil der Community. Mehr Infos findest du auch auf der Website www.munichmountaingirls.de.

Club der AbenteurerINNEN (alle Outdoorsportarten, Deutschland)

Der Club der AbenteurerINNEN wurde 2017 von der Bloggerin Kathrin Heckmann aka Fräulein Draußen gegründet. In dieser privaten Facebook-Gruppe können sich outdoorbegeisterte Frauen in einem geschützten Raum austauschen, vernetzen und Tourenpartnerinnen finden. Mittlerweile umfasst die Gruppe knapp 17 000 Mitglieder aus dem deutschsprachigen Raum, die darin Rucksack-Empfehlungen diskutieren, Reiseberichte miteinander teilen oder sich zu Touren verabreden. Auch beim Club der AbenteurerINNEN brauchst du nur einen Facebook-Account, um Teil der Community zu werden. Dort kannst du einfach über die Suchleiste nach dem Club der AbenteurerINNEN suchen und eine Beitrittsanfrage stellen. Sobald du freigeschaltet bist, bist du schon Teil dieser Community.

Kletterfrauen (Klettern, Deutschland)

Aletta Bunge ist Sportkletterlehrerin und gründete 2021 die *all-female*-Community der Kletterfrauen. Mittlerweile umfasst die private Facebook-Gruppe fast 4000 Mädchen und Frauen, die sich darin über ihr liebstes Hobby austauschen und neue Frauenseilschaften knüpfen. Die Kletterfrauen sind eine überregionale Gruppe. Das heißt, du kannst von überall dabei sein und dort Seilpartnerinnen aus deiner Nähe, aber auch für einen gemeinsamen Kletterurlaub im Ausland finden. Von Aletta habe ich außerdem erfahren, dass es in der Gruppe bald Online-Workshops zu verschiedenen Themen gibt. Um ein Teil der Kletterfrauen zu werden, brauchst du einen Facebook-Account und musst zunächst eine Beitrittsanfrage stellen, die dann von den Administratorinnen nach einer kurzen Überprüfung freigeschaltet wird. Du findest die Gruppe, wenn du nach »Kletterfrauen« in der Suchleiste auf Facebook suchst.

The Women All Ride (Radsport, Deutschland)

Große Liebe und Begeisterung fürs Radfahren verbindet die acht Gründerinnen von The Women All Ride. Seit 2021 gibt es das Kollektiv, um dazu beizutragen, dass FLINTA* (Frauen, Lesben, intergeschlechtliche, nichtbinäre, Trans- und Agender-Menschen) in der Fahrradwelt gleichberechtigt vertreten sind. Von Bikepacking bis Fixedgear, von *Lunch Ride* bis Ultramarathon, von Alltagsmobilität bis Rennen – all diese Spielarten des Radfahrens will The Women All Ride abbilden und FLINTA* durch unterschiedliche Aktivitäten zusammenbringen. Dafür haben sie eine Plattform geschaffen, auf der sich FLINTA*-Gruppen vorstellen und Radtouren sowie Trainings anbieten können. Zusätzlich organisiert das Kollektiv regelmäßig Events. Wenn du dabei sein möchtest, schau am besten auf der Website www.thewomenallride.cc vorbei. Dort findest du eine Komoot-Übersicht der verschiedenen Radgruppen und kannst dich bei weiteren Fragen über das Kontaktformular bei Marie Beulig, Steffi Fritzen, Johanna Jahnke, Wiebke Lühmann, Sandra Schuberth, Jule Schumacher, Eva Ullrich und Jule Wagner melden.

Pfadjägerinnen (Mountainbike, Augsburg)

Die Pfadjägerinnen sind eine *all-female*-Community, die seit 2016 Mountainbikerinnen in und um Augsburg verbindet. Gegründet wurde die Gruppe von Inga, aktuell organisiert aber vor allem Andi ehrenamtlich gemeinsame Montagsausfahrten, Frauencamps und ab und an auch Trainingseinheiten. Mit ihrem Engagement wollen die beiden radbegeisterte Frauen aus Augsburg und ganz Deutschland zusammenbringen – und das ohne großen Aufwand und ohne hohe Einstiegshürden. Im Mittelpunkt stehen Spaß und neue Freundinnen. Die Community schließt sich derzeit hauptsächlich über eine private Gruppe im Messengerdienst Signal zusammen. Wenn du dabei sein möchtest, kannst du dich einfach via Nachricht bei den Pfadjägerinnen melden – entweder auf Instagram (@pfadjaegerinnen), Facebook oder via Mail an die pfadjaegerinnen@gmail.com.

Female Cycling Force (Rennrad, München)

Bei der Female Cycling Force dreht sich alles um Frauen, die gerne Rennrad fahren. Die *all-female*-Rennrad-Community wurde 2021 von der Münchner Bloggerin Linda Mutschlechner gegründet und wird mittlerweile ehrenamtlich von einem Core-Team aus zehn Frauen gemanagt. Ihr Ziel: Mit anderen Frauen im Münchner Umland Rad fahren und Spaß haben. Aktuell organisiert die Female

Cycling Force jeden Dienstag nach der Arbeit und jeden Freitag vor der Arbeit eine Ausfahrt mit ein bis zwei Gruppen à zehn bis 15 Rennradfahrerinnen. Dabei achtet das Team darauf, sowohl Fahrten für Anfängerinnen als auch für Fortgeschrittene anzubieten. Ein- bis zweimal im Jahr gibt es auch eine *women-only*-Rennradreise. Wenn du bei einer Ausfahrt der Female Cycling Force dabei sein möchtest, schau am besten auf ihrer Instagram-Seite (@femalecyclingforce) vorbei.

Cyclits Cycling Collective (Rennrad, Köln)

Auch eine Rennrad-Frauen-Community, allerdings in Köln, ist das Cyclits Cycling Collective. 2017 gründeten Krishl und Alex das Kollektiv, das seit 2021 ein eingetragener Verein ist. Zum Programm des Cyclits Cycling Collective gehört zum Beispiel der wöchentliche Rookie Ride namens »TuEsDay«, der vor allem Einsteigerinnen den Weg in die Radsportwelt erleichtern soll. Montags und mittwochs gibt es flottere Rides namens »Fire & Icecream«. Zusätzlich hat das Cyclits Cycling Collective im gesamten DACH-Raum Mitfahrzentralen gegründet, in denen sich FLINTA* selbstständig für Rides connecten können. Die wohl bekannteste Aktion der Community ist der weltweite Charity Ride »VIVA LA VULVA« zum Weltfrauentag. Wenn du beim Cyclits Cycling Collective vorbeischauen willst, kannst du dich einfach per Mail an ridewith@cyclits.cc wenden. Oder du schaust auf Instagram (@cyclitscc) vorbei – dort findest du auch einen Guide weiterer FLINTA*-Rennrad-Communitys in Deutschland.

MTB Girls Stuttgart (Mountainbike, Stuttgart)

Monatliche Rides, jährliche Girls-Camps und spontane Bikepark-Ausflüge gehören zum Repertoire der MTB Girls Stuttgart. Gegründet wurde diese *all-female*-Mountainbike-Community 2020 von Vanessa, Hannah und Patricia. Mittlerweile kümmert sich Vanessa zusammen mit Marjam ehrenamtlich um eine große Whats-

App- und eine private Faceboook-Gruppe, in denen sich alle MTB Girls aus und um Stuttgart gegenseitig updaten und verabreden können. Willkommen sind alle mountainbikebegeisterten Mädchen und Frauen – ganz egal, wie alt sie sind oder welches Fahrkönnen sie haben. Um ein Teil der MTB Girls Stuttgart zu werden, schreib ihnen am besten via Instagram (@mtb_girls_stuttgart) eine Nachricht. Dort findest du auch den Link zur *women-only*-Facebook-Gruppe.

Girls Ride Harz (Mountainbike & Wintersport, Harz)

Wie der Name schon sagt: Girls Ride Harz ist eine *all-female* Mountainbike- und Wintersport-Community aus dem Harz. Die Idee kam 2021 von Marike. Mittlerweile kümmert sie sich zusammen mit Jess und Sarah um einen Instagram-Account und die Moderation einer WhatsApp-Gruppe, in der sich aktuell rund 80 Bikerinnen zu Rides verabreden. Zusätzlich gibt es immer wieder Events und auch eine »Member-Liste« mit Infos wie Alter, Wohnort und Fahrlevel, damit du leichter eine passende Bike-Freundin findest. Mit ihrer Community wollen Girls Ride Harz gleich gesinnte Frauen verbinden und eine regionale Möglichkeit schaffen, gemeinsam Sport zu machen, Erfahrungen auszutauschen und sich Mut zu machen. Wenn du bei den Girls Ride Harz mal vorbeischauen möchtest, melde dich am besten über eine Nachricht auf ihrem Instagram-Account (@girls.ride.harz) oder komm bei einem Event vorbei. Infos dazu findest du ebenfalls auf Instagram.

ATBienen Hannover (Mountainbike, Hannover)

Die ATBienen Hannover wurden 2009 als der erste niedersächsische Mountainbike-Verein für Frauen gegründet. Seitdem lebt der Verein mit den Vorsitzenden Wiebke und Heike die Idee von »Niemals allein« mit dem Ziel, die Freude am Fahren und die aufregenden Erlebnisse im Wald mit anderen Bikerinnen zu teilen. Regelmäßig finden Ausfahrten und Treffen statt, zum Beispiel eine wöchentliche MTB-Ausfahrt und ein wöchentlicher Jogging-Treff. Zusätzlich gibt es jeden ersten Sonntag im Monat die gemischtgeschlechtliche Ausfahrt, kurz »ggA«, bei der auch Partner, Freunde oder Kumpels dabei sein können. Und natürlich dürfen auch bei dieser *all-female*-Community Schrauberinnenworkshops, Fahrtechnikseminare und kleine Events nicht fehlen: zum Beispiel die jährliche MTB-Ausfahrt zum Welttag des Fischbrötchens. Wenn du bei den ATBienen Hannover dabei sein möchtest, kannst du dich zu einem Schnuppertermin anmelden. Danach kannst du entscheiden, ob du eine offizielle ATBiene werden willst. Alle Infos findest du auf der Website www.atbienen.de.

COMMUNITYS IN ÖSTERREICH & DER SCHWEIZ

explorístas (alle Outdoorsportarten, Österreich)

Anja Schmidt und Regina Wohlgenannt, die Gründerinnen der exploristas, hast du schon ein paar Seiten weiter vorne kennenlernen können. Seit 2018 gibt es die Community, die sich als Österreichs Initiative zur Bestärkung von Frauen durch und im Outdoorsport versteht. Dafür hat der Verein die drei »exploristas-Säulen« errichtet: als erste Säule die weibliche Bestärkung durch *all-female*-Angebotserweiterungen, als zweite die Förderung und das Sichtbarmachen von Outdoor-Sportlerinnen als weiblichen Vorbildern. Und als dritte Säule die Steigerung der Medienpräsenzen von (Outdoor-)Sportlerinnen, um auch dort Gender-Balance herzustellen und ein modernes Frauenbild im Sport zu transportieren. Zur Gender-Balance in der Berichterstattung über weibliche Sportlerinnen haben die exploristas erst 2021 eine Studie in österreichischen Medien initiiert. Die Ergebnisse findest du auf ihrer Website www.exploristas.at. Um die Ziele der drei Säulen erreichen zu können, versuchen die exploristas als übergeordnete Plattform, bereits bestehende Communitys zu verbinden. Zusätzlich gibt es auf ihrer Website eine Übersicht von verschiedenen *all-female*-Outdoor-Kursen, sonstigen Angeboten und jeder Menge inspirierender Infos. Für 30 Euro im Jahr kannst du auch offizielles Mitglied der exploristas werden. Alle Infos dazu findest du auf der Website, oder du meldest dich bei Anja und Regina über den exploristas-Instagram-Account (@exploristas.at).

Outdoorchicks (alle Outdoorsportarten, Österreich)

Als eine sehr gute Bergfreundin von Veronika Kamenicka 2017 aus Innsbruck wegzog, wurde ihr schnell klar: Sie will diese Verbindung zu anderen Frauen im Outdoorsport nicht missen. Kurzerhand gründete sie die Outdoorchicks, eine Community in Innsbruck, die allerdings auch Frauen aus ganz Europa mit ihrem Angebot und ihrem englischsprachigen Blog ansprechen will. Das Ziel: Sie wollen mit ihrer Arbeit inspirieren, unterstützen und gemeinsam mit anderen Frauen professionell und persönlich wachsen. Dafür veranstalten die Outdoorchicks immer wieder Events – zum Beispiel Ride-outs im Bikepark Innsbruck oder Coachings in nahe liegenden Skigebieten. Auf dem Programm stehen aber auch Filmabende oder Workshops. Infos, wo und wann das nächste Event in Innsbruck stattfindet, findest du auf Instagram (@outdoorchicks_org) oder auf der Website www.outdoorchicks.org.

velochicks (Radsport, Österreich)

Über 15 Jahre gibt es schon die velochicks in Österreich. 2006 gründeten Martina Weinzettl, Theresia Kellermayr und Eva Rümmele die Radsport-Frauencommunity, die mittlerweile auch ein Verein ist. Mit regelmäßigen Ausfahrten, Camps, Fahrtechniktrainings und Stammtischen wollen die velochicks Frauen den Spaß am Biken vermitteln und ihre Skills in einem weiblichen Lernumfeld vergrößern. In unterschiedlichen Gruppen auf Social-Media-Plattformen und Messenger-Diensten kannst du dich bei den velochicks über Material austauschen und beraten, Freundschaften knüpfen und mit Gleichgesinnten in der Natur unterwegs sein. Um dabei sein zu können, musst du Mitglied des Vereins werden und jährlich einen überschaubaren Beitrag zahlen. Bei den Fahrtechnik-Kursen können auch Nichtmitglieder mitmachen. Für Vereinsmitglieder gibt es aber Vergünstigungen. Wenn du Teil der velochicks werden willst, kannst du dich zum Beispiel über Instagram (@velochicks.at) melden oder einfach eine Mail an die office@velochicks.at schreiben. Infos zum Verein und Mitgliedwerden findest du auch auf der Website www.velochicks.at.

Swissmountaingirls (Wandern & Bergsteigen, Schweiz)

Seit 2018 verbinden die Swissmountaingirls bergsportbegeisterte Frauen in der Schweiz. Die Community verfolgt dabei drei große Ziele: *Connect, Inspire, Empower!* Aktuell organisiert die Gründerin Julia Wunsch gemeinsam mit zwei anderen Frauen ehrenamtlich regelmäßige *all-female*-Hikes und -Workshops. Zusätzlich gibt es auch bei den Swissmountaingirls eine private Facebook-Gruppe, in der sich Schweizerinnen eigenständig austauschen, connecten und zu Ausflügen in die Berge verabreden können. Weitere Infos, wie du dabei sein kannst, findest du bei den Swissmountaingirls auf Facebook, Instagram (@swissmountaingirls) und ihrer Website www.swissmountaingirls.ch.

UND ES GIBT NOCH MEHR …

Frauengruppen und *all-female*-Angebote von Berg- und Alpenvereinen

Viele Sektionen des Deutschen Alpenvereins haben Frauengruppen. Bei der Sektion Allgäu-Kempten konnte ich zum Beispiel die Kletterfrauen oder Skitourenfrauen finden. Und auch alpenferner bei der Sektion Rheinland-Köln gibt es eine Frauen-Bergsportgruppe, die sich regelmäßig zum gemeinsamen Klettern und Wandern trifft. Auch bei den Naturfreunden, einer Freizeit- und Naturschutzorganisation in Österreich, gibt es ein großes *all-female*-Kursangebot. Erkundige dich am besten direkt bei deiner Sektion oder dem Berg- beziehungsweise Alpenverein deines Landes, ob es ähnliche *women-only*-Angebote in deiner Nähe gibt.

Bergschulen mit Kursen von Frauen für Frauen

Auch einige Bergschulen haben ein *women-only*-Angebot, zum Beispiel Kurse und geführte Touren von Frauen für Frauen. Auch Mehrtagestouren wie Alpenüberquerungen kannst du in der *women-only*-Version buchen. Wenn du nach einem Angebot suchen möchtest, wirf am besten selbst die Suchmaschine deiner Wahl an. Viele Schulen ändern das Kursangebot von Saison zu Saison, und so findest du selbst die aktuellsten Informationen.

All-female-Outdoor-Events

Wenn du dich nicht gleich einer Community anschließen möchtest, sind vielleicht *all-female*-Outdoor-Events eine Möglichkeit, um in ein weibliches Lernumfeld mal hineinzuschnuppern. Neben großen Sportherstellern organisieren auch viele Athletinnen *women-only*-Events, wie beispielsweise die Freeriderin Sandra Lahnsteiner oder Lorraine Huber. Auf der Website der exploristas findest du auch eine gute Übersicht über die *all-female*-Events, die Athletinnen, die zu ihrem Netzwerk gehören, veranstalten.

NICHTS DABEI? WERDE SELBST AKTIV!

Leider gibt es noch nicht überall und für jede Outdoorsportart eine Frauen-Community. Aber in sozialen Netzwerken nachgucken, viel herumfragen und nach einfachen Schlagworten selber suchen lohnt sich! Wenn du dann immer noch nichts findest, hast du noch eine Option: Gründe einfach deine eigene Frauen-

Outdoor-Community! Ich bin mir sicher, dass sich einige berg- und outdoorsportverliebte Frauen in deiner Umgebung sehr darüber freuen werden.

BERGTOD

DIE DUNKLE SEITE DER BERGE

Auch wenn niemand gerne über ihn spricht, ist der Tod Teil unseres (Berg-)Lebens. Wir alle werden einmal sterben und Menschen verlieren, die wir gernhaben. Vielleicht kennst du schon die ein oder andere Geschichte von Profi-Alpinistinnen und -Alpinisten, die ihr Leben in den tollkühnsten Abenteuern verloren haben. Oder hast in den Nachrichten von den tragischen Unglücken gehört, die sich jedes Jahr in den Bergen ereignen. Mit dem unerwarteten Tod beginnt für die Hinterbliebenen eine Zeit der tiefen Trauer, der Hilflosigkeit und der Suche nach Trost. Auch wir Bergfreundinnen haben selbst schon liebe Menschen verloren oder waren nahestehende Personen für Trauernde. Oft wussten wir nicht, was wir tun können, um ihren Schmerz mit auszuhalten oder zumindest ein bisschen zu lindern. Und gerade deshalb wollen wir ein ganzes Kapitel dem Tod, der dunklen Seite der Berge, widmen.

Kaddi hat die Skibergsteigerin Gela Allmann getroffen und von ihr erfahren, wie sie 800 Meter in die Tiefe stürzte, überlebte und sich zurück ins Leben kämpfte. Und Katharina gibt zusammen mit Lisa Auffenberg Tipps, wie man für Trauernde da sein kann. Aber zuerst erzählt Toni die Geschichte von zwei Frauen, die gemeinsam an den Berg gingen und von denen nur eine zurückkam. Die Bergsteigerin, Bloggerin und Podcasterin Erika Dürr, auch bekannt als Ulligunde, musste im Juli 2020 mit ansehen, wie ihre Seilpartnerin und beste Bergfreundin Lena am Schreckhorn in der Schweiz in die Tiefe stürzte. Sie hat mir erzählt, wie sie sich durch ihre Trauer zurück in die Berge und ihr Leben gekämpft hat.

Tod am Schreckhorn – wie Erika um ihre Bergfreundin Lena trauert

von Antonia Schlosser

Das Schreckhorn ist der nördlichste Viertausender Europas. Wenn man online nach Toureninfos sucht, gibt es nur wenige Treffer. Vermutlich, weil seine Besteigung zu den anspruchsvollsten der Berner Alpen gehört und deshalb ausschließlich von sehr erfahrenen Alpinistinnen und Alpinisten gewagt wird, die nicht auf den üblichen Portalen nach Wegbeschreibungen suchen. Erika und ihre Bergfreundin Lena sind eine Frauenseilschaft, die zu diesen erfahrenen Alpinistinnen zählt. Sie wollen am 19. Juli 2020 den Gipfel des Schreckhorns besteigen. Dass sie diesen nie gemeinsam erreichen werden, ahnt zum Zeitpunkt ihres Aufbruches noch keine von den beiden. Erika erinnert sich:

»Am Tag bevor wir ans Schreckhorn gefahren sind, hab ich als Reminder in mein Tagebuch geschrieben: *What if I die tomorrow.* Ich wollte darüber nachdenken, ob meine Nachwelt und ich darauf vorbereitet wären. Aber ich hatte kein schlechtes Gefühl oder irgendeine Ahnung.«

Sieben Monate später sitze ich an einem dunklen Holztisch in der Wohnküche von Erika bei Immenstadt im Allgäu. Es ist ein kalter Wintermorgen im Februar 2021. Hinter dem Fenster der Balkontür glitzern die schneebedeckten Hausberge Mittag und Immenstädter Horn in der Sonne. Ich bin mir sicher, dass das Allgäu uns heute einen richtigen Traumtag schenkt. Doch der Gedanke daran verliert sich direkt wieder in irgendeiner Ecke meines Kopfes und macht Platz für meine wachsende Nervosität. Ich rutsche auf meinem Stuhl hin und her und suche nach einem bequemen Sitz, während Erika an der Küchenzeile hinter dem Tisch für uns beide Mokka kocht. Mir fällt auf, wie geschickt und dynamisch allein diese alltäglichen Handgriffe bei der jungen Frau mit der dunklen Kurzhaarfrisur aussehen. Man sieht ihr an, dass viel Kraft in ihrem eher zierlich wirkenden Körper steckt. Ihre Bewegungen sind souverän, als sie da werkelt und nebenbei mit mir den üblichen Beschnupperungs-Small Talk hält. Wir lachen dabei ab und an. Und das, obwohl der Grund meines Besuches ein trauriger ist: Wir wollen über Lena sprechen, die vor sieben Monaten am Schreckhorn vor Erikas Augen starb.

Erika schenkt mir den Kaffee in eine kleine graue Tasse und setzt sich auf die andere Seite des Tisches. Wenn es nach mir ginge, könnten unsere belanglosen Gespräche über die günstigen Schneeverhältnisse und die Vorteile eines Kachelofens noch etwas länger dauern. Doch Erika schubst mich nach dem ersten Schluck ohne zu zögern in unser Thema:

»Für viele ist Bergsteigen immer schön. Aber der Tod gehört dazu. Und wir wissen oft nicht, wie viele schon jemanden in den Bergen verloren haben.«

Ihre Stimme ist fest. Ich frage mich kurz, warum mich das so überrascht, während Erika beginnt, mir von ihrer Freundschaft zu Lena zu erzählen. Kennengelernt haben sich die beiden durch ihre Arbeit und wachsen über ihre Liebe zu den Bergen schnell zusammen. Sie gehen gemeinsam mountainbiken, lieben Skitouren beim Sonnenaufgang, gehen Hochtouren und entdecken alpines Gratklettern für sich. Man hört Erika an, dass sie sich gerne an die gemeinsame Zeit erinnert. »Wir wussten, was wir können«, sagt sie. Lena ist auch Mitglied in der Bergwacht. Gemeinsam setzen sie sich immer wieder anspruchsvolle Ziele und knüpfen eine enge Bergfreundschaft. Sie harmonieren auf ihre eigene Weise in ihrer gemeinsamen Leidenschaft für den Felsen, aber auch in ihren Stärken und Schwächen. »Lena hatte mehr Kondition und war auch im Schrofengelände viel besser als ich, während ich ein wenig besser kletterte. Beim Abstieg dachte ich mir immer, dass ich einen Tandemschein für den Gleitschirm machen muss. Dann hätten wir gemeinsam runterfliegen können, und sie hätte nicht immer auf mich warten müssen«, erzählt Erika. Wir lachen – ich, weil ich ihre entwaffnende Ehrlichkeit mag, Erika vermutlich, weil sie sich gern an diese Momente mit Lena zurückerinnert.

Die Liebe zum Gleitschirmfliegen und zu den Bergen kann man in der kleinen Wohnküche nicht übersehen. An der mit hellem Holz vertäfelten Wand hängen über dem Tisch und der kleinen Couch zahlreiche kleine und große Fotografien und Illustrationen von Erika im Gebirge und in der Luft. Vor dem Kachelofen stehen Bergschuhe. In der Ecke des Raumes, vor der Balkontür mit Bergblick, liegt ein zusammengefalteter Gleitschirm. Wie wichtig das Gleitschirmfliegen für ihren Weg aus der Trauer um Lena werden wird, wird mir erst an einem späteren Punkt in unserem Gespräch richtig bewusst. Denn Erika erzählt mir zuerst von einer gemeinsamen Tour im Kühtai, auf der sie mit Lena einmal über den Bergtod gesprochen hat.

»Wir haben uns gefragt, wie es wohl wäre, wenn wir auf einer Tour von einem Stein getroffen werden. Ich erinnere mich noch, dass ich gesagt habe, dass ich das Abstürzen vermutlich nicht schlimm fände, weil es so ja nur ein kurzer Schreckmoment ist, in dem dir bewusst wird: Das war es jetzt. Und das ist dann eins zu eins der Lena passiert.« Und zwar genau zwei Wochen später.

Während ich Erika zuhöre, umklammern meine Finger die graue Tasse immer stärker. Der Mokka ist mittlerweile kalt. Und Erika beginnt von dem Tag zu erzählen, an dem Lena gestorben ist.

Die Freundinnen fahren mit dem Auto nach Grindelwald in die Schweiz. Erika spricht von einer Fahrt voller Vorfreude. Auch der Zustieg zur Schreckhornhütte auf 2530 Metern läuft optimal. Am nächsten Tag brechen sie um zwei Uhr morgens auf und bekommen vom Hüttenwirt noch eine Warnung mit auf den Weg: »Er meinte, dass wir auf die Steine aufpassen sollten. Aber das sagt er natürlich allen, denn am Schreckhorn passiert oft was.«

Die Freundinnen starten zügig, denn sie müssen noch gut 1500 Höhenmeter überwinden, damit sie bis zum Sonnenaufgang den Gipfel erreichen und bei den ersten Sonnenstrahlen über das Gletscher- und Gipfelmeer der Berner Alpen blicken können. Sie haben sich für die »leichte Variante« über den Südwestgrat des Viertausenders entschieden. Die Klettereien dort entsprechen den Stufen II bis III+ der internationalen UIAA-Schwierigkeitsskala. Die Skala spricht von mittleren Schwierigkeiten, die geübte und erfahrene Bergsteigerinnen und Bergsteiger auch ohne Seilsicherung überwinden können. Und Erika und Lena sind geübt und erfahren.

Stetig kraxeln sie immer weiter hoch, über schwieriges Geröll, hartes Gletschereis, fordernde Felsrippen und Firnfelder, immer dem Gipfel entgegen. Erika erinnert sich: »Das war Gelände, wie wir es geliebt haben. Es war keine Wolke am Himmel. Das war geiler Fels, eine mega Landschaft, einfach die perfekten Bedingungen. Wir hatten so viel Spaß.« Der Sonnenaufgang kündigt sich an. Das Gelände wird noch einmal steiler. Knapp 200 Meter unterhalb des Schreckhorn-Gipfels kommen sie an einer Kante an. Erika ist vorne, klettert darüber und wartet auf Lena. Und dann passiert es.

»Lenas Oberkörper war gerade über der Kante. Dann macht es einen Schlag, den ich nicht zuordnen kann. Ich schau runter zu ihr und seh im gleichen Moment, wie ein faustgroßer Stein herunterfällt und sie mit voller Wucht auf der Brust trifft.«

Lena verliert durch den harten Aufprall den Halt und fällt nach hinten in die Tiefe.

»Ihre Augen waren zu. Sie hat keinen Mucks gemacht. Ich hatte noch die Hoffnung, dass sie auf ihrem Rucksack aufkommt und bei mir oben liegen bleibt. Aber sie hat mir nicht mehr geantwortet. Ich weiß noch, dass ich dann ihren Namen geschrien habe. Und von mir selbst überrascht war, wie laut ich schreien kann.«

Erika blickt auf ihre Uhr. Es ist 7.43 Uhr, als sie mit ihrem Handy die Schweizer Bergrettung ruft. Die ersten warmen Sonnenstrahlen kriechen über die umliegenden Berge und scheinen ihr ins Gesicht. Trotzdem ist es 200 Meter unterhalb des Gipfels so kalt, dass Erika alles anzieht, was sie dabeihat. Sie baut sich notdürftig einen Stand, um sich zu sichern. Und dann beginnt für sie die Zeit des Wartens und des Hoffens.

»Dieser Kontrast war total schräg. Gerade waren Lena und ich noch total im Flow, und auf einmal sitze ich allein auf diesem Berg.«

Es dauert eine halbe Stunde, bis Erika das gleichmäßige Rattern der Rotorblätter des Hubschraubers in der Ferne hört. Sie sieht, dass der Rettungshubschrauber auf ihrer Höhe kreist, und in ihr wächst die Hoffnung, dass Lena den Sturz doch überlebt hat.

»Ich dachte mir, wenn sie hier oben suchen, dann ist sie nicht so tief gefallen. Doch dann ist der Hubschrauber plötzlich abgedreht und mehrere Hundert Meter hinuntergeflogen. Und da war mir klar: Wenn sie da unten suchen, dann ist Lena tot.«

Und damit hat Erika recht. Die Bergrettung sieht von der Luft aus, dass für Lena jede Hilfe zu spät ist. Sie fliegen wieder hoch, um die frierende Erika von ihrem Stand abzuholen und zurück zur Schreckhornhütte zu fliegen. Dort wartet bereits der Hüttenwirt, um sie mit den notwendigsten Dingen zu versorgen, erinnert sie sich.

»Mir war sehr kalt. Deshalb haben sie mich mit einem Tee und einer Decke vor die Hütte in die Sonne gesetzt. Und da war dann wieder dieser komische Kontrast: Die Sonne scheint, es ist ein richtiger Traumtag. Und vor mir seh ich das Finsteraarhorn und den Rettungshubschrauber, der mich daran erinnert, was gerade passiert ist.«

Lena wird von der Bergrettung geborgen. Erika fliegt auf Anraten des Notarztes neben dem Bergesack, in dem ihre Bergfreundin liegt, im Hubschrauber zurück ins Tal nach Grindelwald. »Er hat gesagt, dass es für Menschen, die zusammen an den Berg gekommen sind, oft gut ist, den Berg auch wieder gemeinsam zu verlassen.«

Es ist 10 Uhr, als sie unten am Parkplatz ankommen. Seit Lenas Absturz sind zweieinhalb Stunden vergangen. Erika erinnert sich, dass sie selbst von sich überrascht war, dass sie zu diesem Zeitpunkt noch so gut funktioniert und alle Fragen der Polizei beantworten kann. Dann fährt sie gegen Mittag alleine mit ihrem Auto los, von Grindelwald zurück in Richtung Allgäu. Ob ich das in so einer Situation noch könnte, schießt es mir direkt durch den Kopf. Aber Erika liefert mir, ohne dass ich fragen muss, sofort ihre Erklärung nach: »Ich habe verstanden, was passiert ist, und wusste, dass es mich auch früher oder später erreicht. Und da wollte ich nicht ganz alleine in der Schweiz sein, sondern lieber zu Hause.«

Auf der vierstündigen Heimfahrt versucht sie immer wieder, Lenas Partner anzurufen. Will ihn unbedingt vor der Polizei erreichen und ihm das Unaussprechbare selbst sagen. Doch er geht nicht ran. »Ich hab dann eine Freundin aus dem Dorf angerufen und ihr gesagt, dass sie zu ihm gehen und ihm sagen soll, dass er mich anrufen soll«, erzählt sie mir und hält kurz inne, denn ihre Stimme zittert.

»Ich hab ihr nicht gesagt, dass Lena tot ist. Denn die Ersten, die es erfahren mussten, waren der Freund und ihre Eltern. Und ihm war dann sofort klar, dass etwas passiert ist. Aber er hatte noch die Hoffnung, dass Lena im Krankenhaus liegt.«

Eine Hoffnung, die Erika ihm nehmen muss. »Es war das härteste Telefonat, das ich je geführt habe.«

Zu Hause im Allgäu erreicht sie auch endlich ihren Mann Michi, der gerade am Gardasee ist. Sie erzählt ihm, was vor wenigen Stunden passiert ist. Und noch heute, sieben Monate später, erinnert sie sich an den ersten Satz, den er zu ihr am Telefon sagt:

»Er hat geweint und dann gesagt: Du bist nicht schuld! Ich weiß nicht, warum er das gesagt hat, aber das hat mir irgendwie eine Last genommen.«

Michi fährt sofort zurück ins Allgäu, um für sie da sein zu können. Es wird Abend, bis er zu Hause ist. Dann kommt die Nacht, in der Lenas Tod Erika voll und ganz einholt.

»Dann hat mich die Trauer überrumpelt. Und mich für viele, viele Tage komplett aus dem Leben geknockt.«

Erika sitzt mir immer noch gegenüber am Holztisch in ihrer Wohnküche. Sie hat ein Bein auf die Sitzfläche des Stuhls hochgezogen und einen Arm darumgeschlungen. Es sieht so aus, als würde sie sich selbst halten wollen. Ich sehe Tränen in ihren braunen Augen. Trotzdem weicht sie meinem Blick nicht aus. Ich lache verlegen und ärgere mich direkt über mich selbst, dass ich ihre Trauer in diesem Moment offenbar nicht einfach aushalten kann. Am liebsten würde ich aus der Situation fliehen und frage Erika, ob sie eine Pause machen möchte. Doch sie schüttelt den Kopf und erzählt weiter. Von der Zeit nach Lenas Tod. Einer dunklen Zeit voller Trauer und Orientierungslosigkeit.

Wenige Tage nach dem Absturz am Schreckhorn steht Lenas Beerdigung zu Hause bei ihren Eltern in Baden-Württemberg an. Erika kennt die Familie und ist trotzdem unsicher, ob sie hingehen soll. Fragt sich, ob sie dort hingehört. Doch sie überwindet sich und macht sich auf den Weg. Durch einen Zufall landet sie auch noch auf der Trauerfeier. »Das war für mich total wichtig. Auch für das Auseinandergehen mit den Angehörigen. Ich habe bis dahin wirklich total unterschätzt, wie wichtig eine Beerdigung mit Trauerfeier sein kann.« Ich nicke langsam. Denn ich habe schon oft gehört, dass diese Rituale für das Abschließen der Trauernden wichtig sein sollen. Damit sie nach dem Tod eines geliebten Menschen irgendwann wieder weitermachen können. Doch diesen Gedanken nimmt mir Erika sofort. Denn für sie ist die Normalität zu diesem Zeitpunkt noch weit entfernt.

»Die Zeit nach der Beerdigung ist die heftigste. Davor ist man noch mit Organisatorischem beschäftigt. Aber dann ist auf einmal Stille. Niemand fragt mehr, wie es dir geht.«

Erika ist für einen Moment still und überlegt. Dann spricht sie weiter: »Ich wusste aber auch selbst nicht, wie es mir geht. Wusste nicht, was mir guttut oder was ich gerade will. Will ich Leute sehen oder nicht? Will ich über Lena reden oder nicht? Ich hatte keinen inneren Kompass mehr. Ich hatte das Gefühl, dass sich die Welt bei allen weiterdreht. Nur meine Welt steht komplett still.« Ich fühle mich von ihr irgendwie ertappt. Denn schon mehrmals war ich eine dieser Personen, deren Welt sich weitergedreht hat. Und ich habe dabei nicht bemerkt, wie andere in ihrer tiefen Trauer feststecken und keinen Ausweg daraus sehen können.

Es sind bei Erika tatsächlich die Berge, die sie wieder ein Stück zurück ins Leben holen. Schon zwei Wochen nach Lenas Tod macht sie eine Hochtour mit ihrem Gleitschirm. Sie möchte schnell zurück ins Gebirge, um keine Angst zu entwickeln, erzählt sie mir mit einem kleinen Lächeln. »Das war ein komisches Gefühl. Einerseits eine Scham Lena und mir selbst gegenüber, wenn ich wieder lache. Und dann natürlich auch die Scham den Angehörigen gegenüber, die noch mal ganz anders leiden. Wenn ich mir vorstelle, dass bei mir jeden Abend mein Mann durch die Türe kommt und das bei Lenas Partner nicht mehr so ist. Das bricht mir heute noch das Herz.«

Und es ist nicht nur dieses Schamgefühl gegenüber Lena und ihrer Familie, das Erika noch weiter beschäftigt. Sie empfindet auch eine Art Erwartungshaltung von ihren Mitmenschen, die sie in ihrer Trauer fast ein wenig unter Druck setzt. »Ich hatte das Gefühl, dass viele Leute mir nicht glauben, dass ich trauere. Ich kam mir schon selbst gefühllos vor. Denn ich habe selten vor anderen Menschen und stattdessen mehr allein zu Hause geweint. Und dann sieht man mich vielleicht beim Gleitschirmfliegen lachen und denkt sich: Das hat sie jetzt aber nicht sehr mitgenommen.« Dass sie trauert und gleichzeitig Momente erlebt, in denen sie lachen kann, das verstehen viele nicht. Auf mich wirkt Erika, während sie das erzählt, überhaupt nicht gefühlskalt. Im Gegenteil.

Die Wochen ziehen ins Land. Noch immer fällt es Erika schwer, ein richtiges Gefühl für sich selbst und ihre Bedürfnisse zu bekommen. Sie ist viel unterwegs im Gebirge und merkt nach und nach, dass sich ihr Berggehen durch Lenas Tod verändert hat. Sie lässt immer mehr die alpinen Kraxeleien hinter sich und fokussiert sich auf das Gleitschirmfliegen. »Früher habe ich in den Bergen meine Grenzen gesucht. Momentan will ich in erster Linie das machen, worauf ich wirklich Lust habe, und ohne Angst unterwegs sein.« Sie liebt den Blick von oben. Und mit ihrem Gleitschirm kann sie noch weiter oben als am Gipfel sein und die Berglandschaft genießen. Denn das Gebirge ist und bleibt für sie ein wichtiger Ort, um Kraft zu tanken.

»Die Berge tragen keine Verantwortung für das, was wir in ihnen machen. Es war nicht das Schreckhorn, das die Lena umgebracht hat.«

Nach einiger Zeit fängt Erika an, darüber nachzudenken, sich professionelle Hilfe zu suchen. Denn noch immer ist die Trauer um Lena das, was ihre Gedanken und ihren Alltag bestimmt und sie körperlich auslaugt. Sie hört sich um, sucht nach speziellen Angeboten für den Umgang mit dem Bergtod. Als ich sie frage, ob ihre Suche einfach war, schüttelt sie den Kopf. Kontakte aus der alpinen Szene hätten ihr letztendlich weitergeholfen, erklärt sie mir weiter. Doch sie entscheidet sich gegen eine Therapie und bucht stattdessen eine Reise in die Dolomiten. »Ich hatte auf einmal das Gefühl in mir, dass ich ein gutes Erlebnis brauche. Und einmal über die Dolomiten mit dem Gleitschirm zu fliegen war immer ein großer Flugtraum von mir. Dann habe ich alles auf eine Karte gesetzt und gebucht.«

Erika fährt allein zum Gleitschirm-Seminar und merkt, wie gut es ihr tut, unter neuen Leuten zu sein, die nicht wissen, was ihr passiert ist. Es ist ein Umfeld, in dem sie nicht das Gefühl hat, dass jemand ihr Lachen oder Schweigen beurteilt. Ein Umfeld, in dem sie endlich ihren Kopf freikriegen und durchatmen kann. Erst spielt das Flugwetter in den Dolomiten nicht mit. Doch genau am letzten Tag ihrer Reise reißt der Himmel auf, und sie kann mit ihrem Gleitschirm starten.

»Der Flug war so emotional. Die Dolomiten, in denen ich mit Lena so viele Jahre gemeinsam unterwegs war. Der Traum vom Fliegen, der auf einmal Realität wird. Diese pure Freude, den Langkofel von oben zu sehen. Und gleichzeitig die Tränen in meinen Augen, weil mir bewusst ist, warum ich jetzt gerade hier bin.«

Tränen hat Erika auch heute wieder in den Augen, wenn sie mir von dem Moment in der Luft über den Dolomiten erzählt. Ein Moment, der für Erikas weiteren Weg entscheidend ist.

»Als ich gelandet bin, hatte ich irgendwie so ein Gefühl, dass jetzt alles wieder ausbalanciert ist. Dass ich endlich wieder in mir zentriert bin.«

Erika strahlt jetzt über das ganze Gesicht. Und ich bekomme das Gefühl, dass sie genau diese Balance aus den Dolomiten nicht nur mit an den Küchentisch genommen hat. Sondern auch auf ihren weiteren Lebensweg, auf dem Lena sie immer noch als eine einzigartige Bergfreundin begleitet. »Ich bin mir sicher, dass ich nicht noch einmal eine Bergpartnerin wie die Lena finde. Und das ist auch okay. Wenn ich jemals wieder jemanden treffe, dann ist das einfach etwas anderes. Aber es wird kein Ersatz für Lena. Denn den gibt es nicht.«

Ich würde jetzt gerne schreiben, dass mir dieser Satz noch auf der Heimfahrt nachklingt, um ein schönes Ende für diese Geschichte zu finden. Doch tatsächlich sind es viele unterschiedliche Aussagen von Erika, die meine Gedanken auf dem Weg zurück nach Hause begleiten. Es war ein trauriger Vormittag. Der gleichzeitig auch viele schöne und einzigartige Momente für mich hatte, für die ich Erika sehr dankbar bin. Ich habe noch nie zuvor so einen ehrlichen Einblick in die Trauer eines Menschen bekommen. Erikas Geschichte hat mir gezeigt, wie ein Wiederaufstehen aussehen kann und dass so ein Schicksalsschlag Menschen auf eine gewisse Art auch bereichern kann.

»Das klingt komisch, aber ich bin auch ein wenig dankbar für diese Erfahrung. Ich habe mich selber noch einmal besser kennengelernt. Auf der einen Seite hat Lenas Tod mich schwächer gemacht, weil ich meine Risikofreude ein wenig verloren habe. Aber er hat mich auch stärker gemacht, weil ich durch ein tiefschwarzes Tal gelaufen bin, aus dem ich selber wieder rausgekommen bin.«

Skibergsteigerin Gela Allmann über das Leben nach dem (Fast-)Tod

von Katharina Kestler

Wer sich in der Outdoor- und Bergsportszene bewegt, der hat den Namen Gela Allmann und ihre Geschichte ziemlich sicher schon mal gehört. Und so ist sie auch bei mir abgespeichert als die schlanke, blonde Frau mit den strahlenden Augen und dem einnehmenden Lächeln, die einen schlimmen Absturz mit Tourenskiern auf Island überlebt und sich zurück ins Leben gekämpft hat.

Getroffen habe ich Gela aber erst 2021, als ich sie zum ersten Mal für den Bergfreundinnen-Podcast zum Thema »Tod & Verlust« interviewen durfte. Damals, bei meinem ersten Interview mit Gela, wusste ich noch nicht, dass mir bald ein ähnlich einschneidendes Erlebnis wie ihr Absturz bevorstehen würde. Ich hatte keinerlei Vorahnung, dass ich bald selbst dankbar sein würde für eine Armee an Schutzengeln, die mich zusammen mit einer großen Portion Glück am Leben und auf der Welt gehalten haben. Und dass ich mir bald selbst sehr viele Gedanken darüber machen würde, wie man nach so einem Schicksalsschlag weitermachen kann und will. Bei einem schweren Sturz mit dem Mountainbike im Frühjahr 2022 habe ich mir den Kehlkopf gebrochen, lag zehn Tage im Koma und drei Wochen im Krankenhaus und hatte danach das Bedürfnis, Gela noch einmal zu treffen. Und mit ihr noch tiefer einzusteigen in die Themen, die nach einer Nahtoderfahrung oder einem schweren Unfall wichtig werden – sowohl bei mir selbst als Betroffene als auch bei den Menschen, die mir oder anderen Verunfallten nahe- und beistehen.

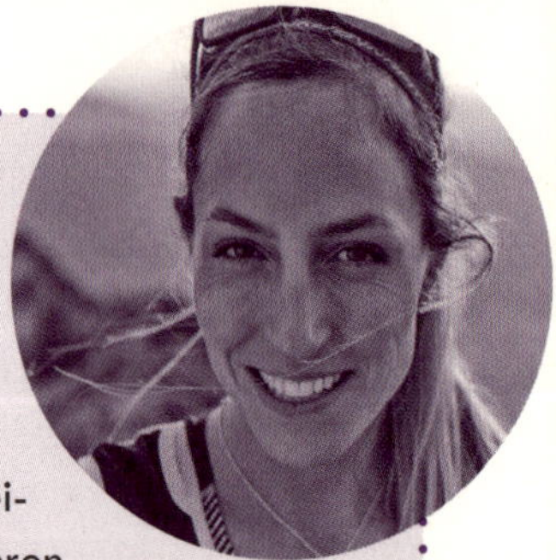

ANGELIKA »GELA« ALLMANN wurde am 24. April 1984 in Dachau geboren. Seit dem 3. April 2014 feiert sie zweimal im Jahr Geburtstag: Denn damals rutschte die Ausdauersportlerin, Bergläuferin und Skibergsteigerin an einem vereisten Steilhang auf Island mit ihren Tourenski weg und stürzte 800 Meter in die Tiefe. Sie zerschmetterte sich beide Knie und die linke Schulter, brach sich einen Rückenwirbel und das Nasenbein. Muskeln, Bänder, Sehnen und die Hauptarterie des rechten Beines rissen. 100 Meter vor dem Fjord im Tal konnte sie mit letzter Kraft ihren Absturz bremsen. Ihren Unfall und den Weg zurück ins Leben verarbeitet Gela in dem 2016 erschienenen Buch *Sturz in die Tiefe*. In ihrem zweiten Buch *Fight. Smile. Love* beschreibt sie ihren 13-Punkte-Plan, mit dem sie Herausforderungen angeht. Gela ist nicht nur Buchautorin, sondern arbeitet auch als Sportmodel, Moderatorin, Coach und Keynote-Speaker. Sie ist mit dem Mountainbiker Andi Wittmann verheiratet. Mit Sohn und Tochter lebt das Ehepaar in direkter Bergnähe in Oberbayern.

Kaddi: Ich weiß noch genau, wie ich letztes Mal zu euch gefahren bin. Das war im Winter, die Sonne hat vom strahlend blauen Himmel gelacht und den frischen Pulverschnee zum Glitzern gebracht. Ich habe auf der Fahrt darüber nachgedacht, welche Frage ich dir zum Einstieg stellen kann, die du nicht in tausend Talkshows und Interviews schon beantworten musstest. Ich wollte auch nicht mit offensichtlichen Fragen nach deinem Unfall einsteigen. Und dann wurde es folgende Frage: Hast du das Gefühl, dass dich dein Erlebnis manchmal ein Stück weit von

deinen Mitmenschen trennt? Weißt du noch, was du damals geantwortet hast?

Gela Allmann: Ich glaube, ich habe gesagt, dass mir diese Frage tatsächlich noch niemand gestellt hat. Und dass jeder Mensch sich über kurz oder lang mit Schicksalsschlägen konfrontiert sieht, Hindernisse überwinden und sich Herausforderungen stellen muss. Das sind genau die Dinge, an denen wir wachsen, durch die wir uns selbst besser kennenlernen und weiterkommen. Es gibt im Englischen dieses Sprichwort: »You never meet a strong person with an easy past.« Ich glaube, das stimmt. Wenn du schwere Zeiten gut durchstehst und danach sagen kannst: Ich habe das geschafft, dann wirst du charakterstark. Ich konnte nach meinem Unfall nicht einfach in diese Leichtigkeit zurückkehren und weitermachen wie bisher. Also habe ich mich sehr intensiv mit mir selbst und dem Leben an sich beschäftigt. Es macht etwas mit dir, wenn du dem Tod in die Augen schaust. Du machst dir auf einmal Gedanken über die Endlichkeit des Lebens. Eigentlich müsstest du nicht über den Tod nachdenken, denn du bist noch jung. In der Reha hatte ich Kontakt zu vielen Menschen über 60. Die genießen ihr Leben noch mal ganz anders, weil sie den Tod vor Augen haben, weil sie wissen, dass es irgendwann vorbei ist. Sie spüren ihre Gebrechlichkeit schon stärker und merken, dass es nicht mehr ewig weitergeht. Auch ich habe das körperlich erfahren und ein anderes Bewusstsein entwickelt. Unser Körper, diese ausgeklügelte Maschinerie, in der wir wohnen dürfen, die kann auch nicht für immer, und auf die müssen wir aufpassen. Es kann von einem auf den anderen Tag vorbei sein.

Als ich vor zwei Jahren mit dir in eurem Fitnesskeller auf der Couch saß, dachte ich mir nach deiner Antwort: O.k., dann kann ich wohl kein starker Mensch sein. Mein Leben hat mich bisher von Schicksalsschlägen verschont. Natürlich war nicht immer alles eitel Sonnenschein, aber wirklich viel einstecken musste ich noch nicht. Damals hatte ich Angst vor diesem Moment, in

dem ich zum ersten Mal so richtig Leid erleben muss. Denn dass der Moment kommt, ist klar. Wir alle verlieren Menschen, die wir lieben, werden uns über kurz oder lang mit Krankheit, Tod und Schicksalsschlägen konfrontiert sehen. Und dieser Moment kam schneller, als ich dachte. Ich hatte auch einen schweren Unfall. Und deswegen drehe ich die Frage jetzt mal um: Glaubst du, jetzt, nachdem ich ein ähnliches Erlebnis hatte, verbindet uns mehr als bei unserem letzten Interview?

Ja, auf jeden Fall. Jede und jeder hat ihren, seinen ganz eigenen Weg zu gehen und Hürden zu überwinden. Bei dem einen ist es ein Unfall, bei dem anderen eine Krankheit, schlimme Verluste oder Probleme im Job. Man kann Menschen und menschliches Leid nicht vergleichen. Und trotzdem verbindet uns beide jetzt etwas. Du warst ganz unten. Und dort sieht man die Welt einfach anders. Wenn du einmal Todesangst empfunden hast, vergisst du das nicht. Das weiß man nur, wenn man sie selbst mal gespürt hat. Sonst kann man einfach nicht mitreden.

Wie hat sich diese Todesangst für dich angefühlt? Für alle, die deine Geschichte nicht kennen: Wie war dieser Sturz?

Bei einem Fotoshooting auf Island bin ich an einem Steilhang auf hartem, eisigem Schnee weggerutscht. Ich bin 800 Höhenmeter den Berg nach unten gestürzt, habe mich mehrfach überschlagen und mir fast jeden Körperteil gebrochen. Ich war dabei bei ganz hellem Verstand …

(Gela stockt und ist sichtlich berührt.)

Es ist nach wie vor nicht so einfach, darüber zu reden. Auch wenn ich gelernt habe, die Rolle der Beobachterin einzunehmen. Während des Sturzes dachte ich, dass ich sterben werde. Ich habe gespürt, dass meine Körperteile kaputtgehen, am Felsen zerschellen. Ich hatte keinen Helm auf und dachte: Gleich ist der Kopf dran. Ich war total klar und habe nicht verstanden, warum ich miterleben muss, wie ich gleich sterbe.

Irgendwie, mit einer Kraft, von der ich nicht dachte, dass ich sie noch habe, konnte ich meinen Fall stoppen. Nur wenige Meter bevor ich in den Fjord gestürzt wäre. Das ist eine positive Erinnerung für mich, weil ich seitdem weiß, dass mein Körper mehr kann, als ich ihm zutraue. Ich weiß, dass ich mich auf ihn verlassen kann.

Doch dann war es noch lange nicht vorbei, denn ich lag stundenlang im Schnee. Durch den Sturz hatte ich fast keine Kleidung mehr am Körper. Ich wusste nicht, ob mich jemand rettet, weil es auf Island keine Bergrettung wie bei uns gibt. Für mich hat es sich in diesem Moment angefühlt, als würde mein Körper es nicht mehr schaffen. Ich dachte: Er ist komplett offen, und meine Innereien liegen neben mir. Der Schmerz ging von oben bis unten und hat nicht aufgehört. Ich war im absoluten Überlebensmodus und dachte immer nur: durchhalten, durchhalten, durchhalten. Stundenlang, bis ich nach einer aufwendigen Rettungsaktion ins Krankenhaus geflogen werden konnte. Mein Reha-Weg dauert bis heute an, weil ich immer noch zum Physiotherapeuten gehen und immer noch meine Übungen machen muss.

Wie geht es dir, wenn du heute in vergleichbare Situationen kommst wie 2014 auf Island? Bekommst du zum Beispiel an vereisten Steilhängen Angst?

Die Angst ist immer noch da, vor allem im Winter bei Eis und Schnee. Steilhänge sind für mich dann nicht besonders lustig, und ich vermeide es, in solche Situationen zu kommen. Wenn die Schneebeschaffenheit und Steilheit mich an die Situation von damals erinnern, dann macht es »schnipp« und schießt mir durch den Kopf. Ich habe das immer beschrieben wie eine gruselige Tür in mir drin, die ich nicht öffnen will, weil ich Angst davor habe und ich froh bin, dass sie zu ist. Aber ich konfrontiere mich immer wieder mit dieser Angst. So habe ich es von Anfang an gemacht. Wichtig ist, dass ich dann nicht alleine bin, sondern jemanden dabeihabe, bei dem ich mich sicher fühle. Und man muss die richtige Dosis finden, denn sich immer wieder zu hundert Prozent aussetzen bringt nichts. Totaler Rückzug aber auch nicht.

Es ist aber auch nicht so einfach, das richtige Maß zu finden, oder?

Nein, und zwar völlig egal, ob es dir um die mentale oder um die körperliche Ebene geht. Doch wenn du nie an deine Grenze gehst, dann passiert auch nichts. Nach so einem Unfall trauen sich viele nicht mehr über ihr persönliches Limit hinaus. Das ist total verständlich: Der Kopf sagt Nein, das Umfeld sagt: Sei vorsichtig! Es ist sehr schwer, sein Tempo zu finden, denn niemand kann einem dabei helfen. Kein Mensch ist wie der andere. Kein Arzt, kein Physiotherapeut kann dir sagen, wie weit du gehen kannst. Du musst es selbst spüren.

Du hattest ja nicht nur Probleme an vereisten Steilhängen, sondern auch in anderen Situationen im Leben, in denen du die Kontrolle abgeben musstest: zum Beispiel beim Gondelfahren oder als Beifahrerin im Auto. Wie bist du das angegangen?

An den Themen Angst und Kontrollverlust habe ich mit Profis gearbeitet: Jede Zelle in unserem Körper hat ein Zellgedächtnis, über das man einen neuen Film legen kann, der verhindert, dass wir wieder in Schockstarre fallen. Aber das ist nicht leicht. Wenn du einmal Todesangst hattest, dann merkt sich das nicht nur dein Kopf, sondern auch dein Körper und deine Zellen. Das ist auch gut so, weil deine Zellen dich schützen. Es gibt immer noch Situationen, in denen ich vor Angst gelähmt bin und mich nicht bewegen kann. Dann schaltet sich mein Körper aus, und ich kann nur noch weinen. Das kann man dann auch nicht mit dem Verstand kontrollieren. Da hast du keine Chance.

Du hast erzählt, dass der Unfall dein Bewusstsein für den menschlichen Körper und seine Verletzlichkeit gestärkt hat. Lebst du jetzt bewusster?

Im Sport habe ich natürlich vorher schon auf meinen Körper geachtet, oder eben auch gerade nicht. Im Ausdauersport hörst du oft gar nicht mehr auf deinen Körper, sondern gehst immer drüber. Ich konnte gut bergauf rennen, total ans Limit und darüber hinaus gehen, mich einmal übergeben, weitergehen und den Körper ausschalten. Das musst du im Ausdauersport können, aber natürlich ist das auf Dauer nicht gesund.

Jetzt kann ich besser auf meinen Körper hören. Ich habe ihn durch die Reha ganz anders kennengelernt. Jede kleinste Kleinigkeit spüre ich sofort: Wenn ich zu viel mache, bestraft mich mein Körper sofort dafür. Mein Bewusstsein ist aber vor allem auch in Bezug auf die Seele und die Psyche gewachsen. Ich lege heute ein größeres Augenmerk darauf, dass es mir wirklich gut geht, und höre in mich hinein. Das Leben ist nun mal endlich, und ich möchte es so leben, wie ich will. Und nicht so, wie es mir die Gesellschaft vorgibt. Als junger Mensch schwimmst du ja oft mit. Wie soll man es auch anders machen? Man will dazugehören, will Anerkennung und hat noch nicht das größte Selbstbewusstsein. Ich habe durch den Unfall gelernt, mich mehr hinter mich selbst zu stellen.

Noch mal an den Anfang, an die Zeit direkt nach dem Unfall im Krankenhaus: Ich war nach meinem Unfall voll im Überlebensmodus. Am Anfang konnte ich nicht sprechen, war wegen des Komas koordinativ noch total eingeschränkt, und es war auch nicht klar, ob das wieder wird. Trotzdem habe ich all das überhaupt nicht hinterfragt, sondern war einfach nur im Hier und Jetzt und habe einen Schritt nach dem anderen gemacht. War das bei dir ähnlich?

Du hast dieses »eins nach dem anderen« genau richtig beschrieben. Viele haben mich gefragt, ob ich nicht in Selbstmitleid verfallen bin, den Unfall bedauert und mir die Warum-Frage gestellt habe. Warum so etwas ausgerechnet mir passieren muss. In diesem Modus war ich nie. Ich glaube, weil ich ganz unten angekommen war, wusste ich, wie schnell es vorbei sein kann. Dass ich froh sein kann, noch hier zu sein. Dann ist wirklich jeder Schritt nach vorne großartig. Man hat auch gar keine Zeit, sich zu bedauern, sondern macht einfach weiter. Ich habe immer nur nach vorne geschaut. Auf mein Ziel, das Maximale aus dieser Situation rauszuholen. Weil ich nicht in ein, zwei, drei, vier, fünf Jahren dastehen und sagen wollte: Du hast damals nicht alles gemacht. Deswegen gab es für mich nichts anderes, als das zu tun, was mir aus eigener Kraft möglich ist. Damit ich die Dinge, die ich nicht selbst in der Hand hatte, mit gutem Gewissen abgeben konnte: an Ärztinnen, Pfleger, Physios. Das kann man als Sportlerin ja eigentlich nicht so gut, Dinge abgeben und Hilfe annehmen. Ich habe funktioniert wie ein Roboter, habe irre lange mein Programm einfach abgespult. Meine ganze Energie und alles, was ich hatte, habe ich dreieinhalb Jahre nur in die Reha gesteckt. Ich wollte das Maximale aus meinem Körper rausholen. Dafür habe ich brutal viel gegeben und ganz viel hinten angestellt.

Mir ging es nach meinem Unfall ähnlich, und ich habe mich gefragt: Ist diese Fähigkeit uns Menschen grundsätzlich mitgegeben, oder ist es eine Typsache?

Es ist eine Typsache. Und es ist vor allem auch ein Sportlerinnen-Denken. Als Sportlerin ist man es gewohnt, zu kämpfen, man hat seine Routinen. Und in so einer Situation macht jeder Mensch erst einmal das, was einem am leichtesten fällt. So wie man sich sonst zu Hause auch verhält. Und im Sport verhältst du dich ja genauso: Wettkampf, hinfallen, Krone richten, aufstehen, weiter geht's. Das war mein Programm, das ich Schritt für Schritt durchgezogen habe, ohne groß nachzudenken, ohne mich groß zu fragen: Werde ich das jemals schaffen oder nicht? Das tut im Moment ja nichts zur Sache. Denn man muss sich ohnehin entlanghangeln und schauen, wie weit man kommt. Also für mich ist das ganz klar eine Typsache. Aber ich glaube auch, dass man diesen Umgang mit schwierigen Situationen erlernen kann. Vielleicht nicht am tiefsten Tiefpunkt deines Lebens, wenn es dir eh schlecht geht. Aber dann, wenn es dir wieder besser geht. Dann kannst du dir neue Ziele und einen neuen Fokus setzen.

Diese Fähigkeit nennt man ja Resilienz. Was bedeutet dieser, in den letzten Jahren in Mode gekommene, Begriff für dich ganz persönlich?

Nach meinem Unfall haben viele Leute gesagt: »Frau Allmann, Sie sind ja so stark, so resilient.« Dadurch habe ich mich zum ersten Mal damit auseinandergesetzt, was Resilienz überhaupt bedeutet. Ich habe für mich festgestellt, dass ich, was meine Gesundheit und meinen Körper betrifft, eine hohe Resilienz habe, schnell wieder nach vorne blicken und Situationen annehmen kann. Das heißt aber nicht, dass mich nichts aus der Ruhe bringen kann. Denn in anderen Lebensbereichen bin ich nicht so gut aufgestellt. Wenn zum Beispiel meinem Sohn etwas passiert, drehe ich fast durch. Wenn andere betroffen sind, dann kann ich nicht so gut damit umgehen.

Ich habe mir nach meinem Unfall auch gedacht, dass ich froh bin, dass es mir passiert ist und niemandem in meinem Umfeld. Ich würde mich sehr schwertun, das mitzumachen, was mein Umfeld mitgemacht hat.

Ich selbst hatte von Anfang an therapeutische Hilfe, weil das Trauma durch den Sturz sehr groß war. Kaum habe ich die Augen geschlossen, konnte ich nur noch schreien, weil die Bilder und die Angst wieder da waren. Ich glaube aber, es ist genauso sinnvoll, dass auch das Umfeld nach so einem Unfall Betreuung durch Therapeutinnen oder Therapeuten in Anspruch nimmt. Mir hat damals die Psychologin gesagt: »Du hast etwas verloren. Du hast verloren, dass du laufen kannst. Du hast deine Sportlichkeit, deine körperliche Unversehrtheit verloren.« Und diesen Verlust darf man auch betrauern. Und mein Umfeld hat ebenso den Menschen verloren, der ich vorher war. Es ist überhaupt nie schlecht, sich mit einem Psychologen, einem Mentor oder einem Coach zu unterhalten. Mit jemandem, der einem hilft, die neue Person anzunehmen, die man geworden ist. Sich anzuschauen: Wer war die Alte? Und wer ist die Neue? Was hat sich verändert? Wer bin ich? Was sind meine neuen Werte, Ziele, Träume? Wo will ich hin? Und das gilt für das Umfeld einer verunfallten Person genauso.

Wie lange hat der Prozess von der alten Gela zur neuen Gela gedauert?

Der ist immer noch nicht hundertprozentig abgeschlossen. Für mich geht es immer wieder ums Loslassen. So wie jeder Leistungssportler irgendwann mal loslassen muss, wenn er in Rente geht, so musste auch ich mein früheres Ich loslassen. Erst habe ich nur körperlich geballert. Und als mein Körper wieder einigermaßen funktioniert hat, habe ich mir meine Seele genauer angeschaut, um mich zurechtzufinden in der neuen Lebenssituation. Bis heute ploppen immer wieder Gedanken, Situationen und Themen auf, bei denen ich merke: Ah, das hängt mit meinem Unfall zusammen. Es ist wahnsinnig spannend, wenn man sich die Ruhe gönnt und die Zeit gibt, nicht nur wie ein Fisch im Sog des Lebens dahinzuschwimmen, sondern innezuhalten und sich zu hinterfragen.

Als Sportlerin setzt man sich ja immer mal wieder mit Unfallszenarien geistig auseinander. Hättest du im Vorfeld gedacht, dass du mit einem solchen Schicksalsschlag so umgehen kannst?

Nein, definitiv nicht. Vielleicht ist das eine meiner größten Erkenntnisse aus dieser ganzen Geschichte. Ich habe ein brutales Vertrauen in mich und meinen Körper bekommen. Vor meinem

Unfall hatte ich keine Vorstellung davon, was mein Körper leisten und schaffen kann. Und ich bin krass stolz darauf. Es ist ein tolles Gefühl und großartig fürs Selbstbewusstsein, wenn man feststellt, dass Körper und Geist so viel mehr können, als man ihnen zutrauen würde.

Mir ging es ganz genauso, und diese Erkenntnis beruhigt mich auf eine Art. Denn es werden noch schlimme Dinge in unserem Leben passieren, mit denen wir irgendwie klarkommen müssen.

Ja, und ich würde sogar noch weiter gehen und sagen: Mein Unfall hat mir die Angst vor dem Tod genommen. Während meines Sturzes dachte ich ja wirklich, dass ich jetzt sterben muss. Natürlich ist das auf der einen Seite wahnsinnig brutal, und ich wünsche es wirklich niemandem. Aber gleichzeitig wurde ich total ruhig, und ich konnte die Situation annehmen. Es hat sich nicht schlimm angefühlt, dem Tod so nahe zu sein. Das beruhigt mich total.

Mir ist es schwergefallen, meinen Unfall zu beweinen. Wie war das bei dir?

Ich konnte nichts bewegen, nicht mal den kleinen Finger, aber die Tränen sind mir nur so runtergelaufen. Vor Freude, Menschen wiederzusehen, vor Freude, noch da zu sein. Wir wollen alle immer glücklich und voller Liebe sein. Ich habe erst damals richtig verstanden, dass Glück und Liebe erst wirklich ausgelebt werden können und Platz haben in einem, wenn du auch die Trauer wirklich auslebst. Erst wenn du die tiefsten Tiefen erfährst, dann kannst du die höchsten Höhen wirklich fühlen. Ich habe durch meinen Unfall gemerkt, dass meine emotionale Spannweite nach oben und unten viel größer geworden ist.

Du thematisierst deinen Unfall und die Verarbeitung dessen öffentlich – bedanken sich Menschen bei dir dafür?

Ja, das ist das Schönste und bestärkt mich immer wieder. Ich bekomme fast jeden Tag Nachrichten. Das gibt mir das Feedback, dass es richtig war, die Geschichte zu teilen. Ich wollte das nicht alleine durchleben, sondern dachte: Ich habe die Erfahrung gemacht, um sie zu teilen. So haben andere auch noch etwas davon, und es ist nicht verschenkt. Ich glaube, meine Geschichte kann Menschen helfen, nach vorne zu schauen, positiv zu sein und sich klar zu werden, dass sie es ein Stück weit selbst in der Hand haben, ob sie glücklich sind oder nicht. Die Lebenszeit vergeht ja trotzdem gerade, und entweder haben wir sie gelebt oder nicht.

Viele Menschen ziehen extrem viel aus deiner Geschichte und aus deinen Büchern. Wenn du aus all deinem Erfahrungsschatz einen Tipp ziehen müsstest, für Menschen, die selbst in so einer Situation sind. Welcher Tipp wäre das?

Auch wenn man jetzt noch nicht versteht, warum man etwas erleben muss oder für was es gut ist – man wird es in einem Jahr, in fünf oder zehn Jahren verstehen. Dieses Vertrauen, der Weitblick, die Zuversicht, der Gedanke, dass es für irgendetwas gut ist, hat mir wahnsinnig geholfen. Vor allem dann, wenn ich mir dachte: Ich kann nicht mehr, ich will nicht mehr. Warum denn jetzt? Was denn noch? Man darf dann nicht in diesem tiefen Gram feststecken, sondern muss davon ausgehen, dass etwas Positives entstehen wird aus dem, was gerade ist. Ich glaube, der Sinn des Lebens ist, dass wir alle etwas lernen dürfen und dass wir alle noch wachsen müssen. Dass jeder einen anderen Weg zu gehen hat. Dieser Weg tut meistens ein bisschen weh und ist nicht immer angenehm, aber wenn wir durchkommen, dann haben wir eine neue Erkenntnis gewonnen und erreichen ein neues, höheres Glückslevel. Am Ende wollen wir doch alle nur glücklich sein im Leben. Und ich bin heute definitiv ein glücklicherer Mensch als früher.

Würdest du sagen, du bist dankbar für deinen Unfall?

Die Antwort ist ganz klar: Ich will das nie wieder erleben. Und ich wünsche es niemandem. Ich bin nicht dankbar für das, was es körperlich mit mir gemacht hat. Aber ich bin sehr dankbar für das, was es mir geistig gebracht hat. Ich habe einen großen Weitblick und eine große Demut geschenkt bekommen. Beides macht mich weniger getrieben und gedanklich weniger abhängig von der Gesellschaft, von der Leistungsorientiertheit.

Noch mal die Frage nach einem Tipp, aber diesmal nicht für Menschen, die selbst in einer Ausnahmesituation stecken, sondern für diejenigen, die diese Menschen begleiten. Wie konnte dir dein Umfeld nach deinem Unfall helfen?

Mir hat es geholfen, wenn die Menschen mit einem Lächeln und einer Portion Optimismus zu mir gekommen sind, wenn sie Ablenkung mitgebracht haben. Wenn einer gesagt hat: »Hey komm, ich fahre dich auch im Rollstuhl auf den Berg. Gehen wir einfach ein bisschen raus. Machen wir das, was möglich ist, feiern wir das Leben!« Meine Freunde haben für mich draußen vor dem Krankenhaus im VW-Bus Kaiserschmarrn gemacht, weil ich ihn so liebe und das Krankenhausessen immer so mies ist. Kleine Sachen, die den Moment schöner machen. Und: ganz viel reden. Der Unfall hat mich gelehrt: über Gefühle reden. Miteinander reden. Offen sein, ehrlich sein. Kommunikation ist alles.

Hilfe in der Hilflosigkeit: Wie wir Trauernde unterstützen können

von Katharina Heudorfer

Für Hinterbliebene, die selbst häufig im Gebirge unterwegs sind, ist der Tod am Berg oft eine besondere Herausforderung. Ausgerechnet der Ort, an den sie bisher zum Krafttanken und Auspowern gegangen sind, bricht auf einmal weg – vorübergehend oder sogar für immer. Und während bergbegeisterte Bekannte weiter durch die Berge ziehen, bleiben sie mit traurigen Erinnerungen zurück.

Ich selbst habe noch nie einen geliebten Menschen an die Berge verloren. Aber als jemand aus meiner Familie gestorben ist, habe ich erlebt, wie stumm Freundinnen aus Überforderung werden können. Und andersrum war ich schon in Situationen, in denen ich es nicht geschafft habe, für Trauernde da zu sein.

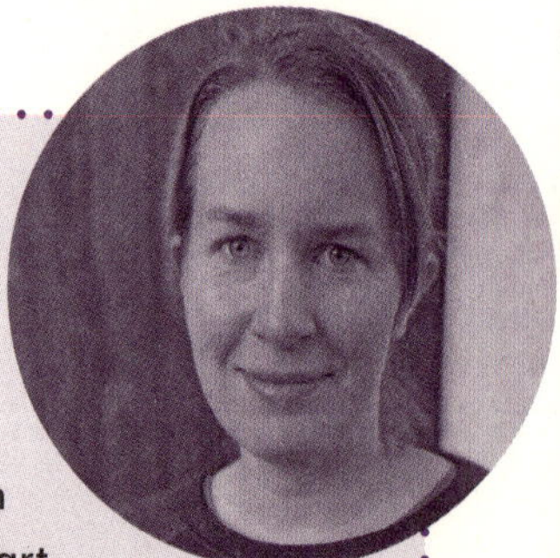

So geht es vielen, habe ich von **LISA AUFFENBERG** erfahren. Sie arbeitet als Trauerbegleiterin für die *Nicolaidis Youngwings Stiftung* und hat mit dem Deutschen Alpenverein das Programm *Die Berge und ich* aufgebaut, das sich an Menschen richtet, deren Partner oder Partnerin im Gebirge gestorben ist. Von ihr habe ich Tipps bekommen, wie wir unseren Bergfreundinnen und Bergfreunden in der Trauer besser beistehen können.

TIPP 1: SEI EINFACH DA

Das Wichtigste zuerst: Melde dich bei der trauernden Person! Auch wenn du dich im ersten Moment überfordert fühlst und nicht weißt, was du sagen sollst, möchten Lisa und ich dich dazu ermutigen. »Man kann einfach ehrlich sagen: Ich weiß nicht, was ich sagen kann, ich habe das Gefühl, es gibt gerade nichts Richtiges zu sagen.« Es ist okay, wenn du nicht die perfekten tröstenden Worte parat hast. Die gibt es vermutlich eh nicht. Aber wenn du deine Unsicherheit ansprichst, kann das der trauernden Person schon helfen.

Denn für sie ist es viel wichtiger, dass sie spürt, dass du da bist, du selbst bleibst und den Kontakt aufrechterhältst. »Wer aus Angst oder Unsicherheit in eine Rolle schlüpft und sich zurückzieht, schafft Distanz zwischen sich und der trauernden Person. Und das ist für viele Trauernde nicht das, was sie gerade brauchen.«

TIPP 2: STREICH BITTE DEN SATZ: »MELDE DICH, WENN DU WAS BRAUCHST!«

Wenn du Kontakt aufgenommen hast, hat Lisa zwei Empfehlungen für dich:

Empfehlung Nummer 1

Mach konkrete Angebote! Den Satz »Melde dich, wenn du was brauchst« kannst du aus deinem Wortschatz gegenüber Trauernden erst mal streichen. Denn Trauernde haben oft nicht die Energie, Leute anzurufen und um Hilfe, ein Gespräch oder Treffen zu bitten. Das habe ich selbst auch schon so erlebt, dass ich an manchen Tagen sehr traurig war und keine Kraft hatte, mich bei einer Freundin zu melden. Manchmal schafft man es auch nicht, zu sagen, was man braucht. Oder man weiß es selbst nicht so genau.

Und da kannst du eine große Unterstützung sein. Schlag am besten etwas Konkretes vor: in einer Stunde zu telefonieren, sich morgen auf einen Kaffee zu treffen oder am Sonntag gemeinsam einen Film zu schauen.

Vielen tut es auch gut, draußen in der Natur unterwegs zu sein und sich zu bewegen. Es muss überhaupt nichts Großes sein. Und wenn du nicht sicher bist, was für die trauernde Person passt, frag nach, ob sie etwas Bestimmtes unternehmen möchte.

Ein kleines »Achtung!« möchte Lisa noch hinterherschicken: »Ob, auf welche Weise und wie schnell sich die Trauernde den Bergen und ihrer früheren Leidenschaft wieder annähern möchte – das muss sie selbst entscheiden und ausprobieren.« Du hilfst ihr, wenn du auf diesem Weg geduldig und empathisch an ihrer Seite bist. Du kannst das Thema schon immer mal wieder vorsichtig ansprechen. Wenn du aber merkst, dass sie komplett abblockt, dann warte danach lieber eine Weile, bevor du es wieder probierst. Und wenn sie irgendwann bereit zu einer kurzen Bergtour ist – nimm ihr nicht übel, wenn sie auf halber Strecke merkt, dass sie doch noch nicht so weit ist, und lieber umkehren möchte.

Empfehlung Nummer 2

Kalkuliere immer eine Absage ein – nimm sie vielleicht sogar vorweg. »Man kann zum Beispiel sagen: Ich würde dich morgen anrufen. Geh einfach nicht ran, wenn es dir nicht passt. Ist völlig okay für mich. Ich probiere es dann einfach bald darauf wieder«, schlägt Lisa vor. Dann ist für die trauernde Person klar: Darauf kann ich mich einstellen. Sie muss sich in dem Moment nicht direkt entscheiden und weiß, wenn sie sich bei deinem Anruf nicht gut fühlt und nicht ans Telefon geht, bist du nicht beleidigt.

TIPP 3: DRANBLEIBEN UND NOCH MAL DRANBLEIBEN

Egal wie viele Absagen du schon kassiert hast: Trau dich und nimm immer wieder einen neuen Anlauf. Es ist gut und hilfreich, wenn du auch noch ein viertes Mal ein Angebot für einen gemeinsamen Kaffee oder Spaziergang machst, trotz der Möglichkeit, dass es vielleicht wieder nicht passt. »Bei trauernden Menschen verändern sich die Dinge ständig. Und selbst wenn es öfter nicht passen sollte, kann es für sie ein gutes Gefühl sein, dass da Freundinnen und Freunde sind, die da sein wollen.«

Und das mit dem Dranbleiben gilt nicht nur für die ersten Wochen. Viele Trauernde erleben, dass am Anfang viele Menschen für sie da sind, nachfragen und sich kümmern. Doch häufig ebbt diese Hilfsbereitschaft schon nach der Beerdigung langsam ab, und es wird plötzlich sehr ruhig um sie. Für viele kommt der große Schwall an Trauer gerade dann hoch, wenn der ganze Orga-Kram erledigt ist, alle Formulare ausgefüllt sind und die Trauerfeier vorbei ist. Es wäre also schön, wenn du eine gewisse Ausdauer mitbringst. »So schnell, wie alle anderen in den Alltag zurückkehren, so lange dauert es für die Trauernden, bis sie überhaupt ein Stück weit in der Situation angekommen sind. Da fühlt man sich oft wie aus der Zeit gefallen, weil man ein ganz anderes Tempo hat als das Umfeld.«

TIPP 4: SPRICH DEN ELEFANTEN IM RAUM AN

Hab keine Angst davor, irgendwelche Wunden aufzureißen. Du musst auch nicht in Schweigen verfallen oder abrupt das Thema wechseln, wenn das Gespräch auf die verstorbene Person kommt. Denn: »Es ist für viele Trauernde schwer auszuhalten, wenn man zum Beispiel am Geburtstag des Verstorbenen zusammenkommt und sich dann niemand traut, über denjenigen zu reden«, erklärt Lisa.

Für die trauernde Person ist der geliebte Mensch weiterhin ein großer Teil ihres Lebens. Zum Beispiel wenn sie etwas entdeckt, über das man zusammen gelacht hätte, oder wenn sie endlich wieder auf dem gemeinsamen Lieblingsgipfel steht. Kommt ihr also auf die Verstorbene zu sprechen, stößt du sie nicht plötzlich darauf. Die meisten Trauernden denken sowieso noch sehr lange jeden Tag an die verstorbene Person. Also trau dich ruhig, auch Monate und Jahre nach dem Tod noch über sie zu sprechen.

»Den Menschen lebendig halten, das ist für viele Trauernde total wichtig: über den Menschen zu reden und dabei zu merken, andere haben auch Erinnerungen, andere denken auch weiter an ihn. Dieses Gefühl isoliert sonst sehr: Nur ich erinnere mich, und nur für mich ist es weiter traurig.«

Und wenn wir schon beim Elefanten im Raum sind: Nach einem Todesfall am Berg stehen oft Fragen zu den Todesumständen und nach der Schuld im Raum. Lisa hat als Trauerbegleiterin oft erlebt, dass es für Trauernde zwar wichtig ist, auch darüber sprechen zu dürfen (denn das gehört zum Verstehen und Begreifen dazu), aber man sollte dabei immer die Bedürfnisse der trauernden Person berücksichtigen. »Die Hinterbliebenen sollen selbst steuern dürfen, wann, wo und wie tiefgehend man darüber spricht.« Also: Grundsätzlich ist es gut, wenn du Interesse und Offenheit signalisierst – gleichzeitig kann zu viel ausfragen und nachbohren im schlimmsten Fall retraumatisierend sein. Sei dabei also besonders sensibel!

TIPP 5: HALTE DIE TRAUER MIT AUS

Ich weiß, Trauer auszuhalten fällt manchmal richtig schwer. Man fühlt sich oft sehr hilflos, denn niemand kann die Situation für die trauernde Person grundlegend verbessern.

Für dich gilt daher: Versuche, mit auszuhalten, dass die Situation für die Trauernde gerade einfach unglaublich belastend ist. Es fühlt sich nicht gut an, aber du kannst nichts tun, was für sie den Kern des Problems lösen würde. Du kannst nur probieren, diese eigentlich nicht auszuhaltende Situation für deine Freundin oder deinen Angehörigen durch deine Nähe und deine Angebote ein kleines bisschen besser zu machen.

TIPP 6: HAB GEDULD MIT DER TRAUERNDEN PERSON

Monate sind vergangen, vielleicht sogar Jahre, und die Trauer hört einfach nicht auf? Von außen ist es schwer zu beurteilen, wie viel Trauer »normal« ist. Denn Trauer ist ein Prozess, der nicht linear abläuft. Auch nach einem Jahr kann sich die Trauer plötzlich wieder anfühlen wie am ersten Tag. Und gleichzeitig kann es sein, dass man schon kurze Zeit nach dem Tod des geliebten Menschen wieder Momente erlebt, in denen man lauthals lachen muss. Und viele Trauernde gehen nicht nur durch traurige Phasen, sondern auch durch solche, in denen sie wahnsinnig wütend oder sehr neidisch sind. All das kann Teil eines ganz normalen Trauerprozesses sein.

Zu einer normalen – oder besser: zu einer gesunden Trauer gehört, dass sie sich immer wieder zwischen zwei Polen hin und her bewegt. Zum einen gibt es da die verlustbezogene Seite, auf der sich die trauernde Person mit dem Schmerz, den Erinnerungen und Gefühlen auseinandersetzt, die der Tod des geliebten Menschen hervorruft. Das hilft, den Verlust als endgültig anzuerkennen und gleichzeitig die emotionale Verbindung zum Verstorbenen zu bewahren. Und zum anderen gibt es da auch eine sogenannte wiederherstellungsorientierte Seite – da geht es um praktische Dinge, wie etwa, den Alltag zu organisieren, neue Perspektiven zu finden, wie es mit dem eigenen Leben weitergehen kann, neue Kontakte zu knüpfen.

»Für einen gesunden Trauerprozess sind beide Pole sehr wichtig. Nur wenn Angehörige über einen sehr langen Zeitraum den Eindruck haben, dass sich bei der trauernden Person rein gar nichts verändert, ist es sinnvoll, das Gespräch zu suchen.« Darin kannst du sie dann auch vorsichtig auf das Thema professionelle Hilfe stoßen.

Zum Schluss noch eine allgemeine Sache: Jeder trauernde Mensch hat seinen eigenen Umgang mit der Trauer. Manche machen alles mit sich selbst aus, andere sprechen viel mit ihrer Familie, wieder andere setzen auf die Freundinnen. Außerdem können Trauergruppen oder Trauerbegleiter helfen. Auch professionelle Hilfe durch Psychologinnen kann für manche eine Option sein. Was einer trauernden Person guttut, ist von Mensch zu Mensch unterschiedlich. Mit solchen Angeboten solltest du sehr behutsam sein. Nicht alle wollen oder brauchen das.

UNSERE LIEBLINGSTOUREN

DIE TIPPS DER BERGFREUNDINNEN

Jetzt haben wir so viele bewegende Geschichten miteinander geteilt. Über Menschen in den Bergen, ihr Leben mit den Bergen, die Bedeutung, die Berge in ihrem Alltag einnehmen, und darüber, welche Hilfe ihnen die Berge schon waren. Schön, dass du uns auf diesem langen Weg bis hierher begleitet hast!

Wir haben inzwischen einen ordentlichen Hunger bekommen. Auf Berge – und darauf, selbst wieder loszuziehen. Geht es dir auch so? Dann wollen wir dich einladen, drei unserer Lieblingstouren kennenzulernen und sie, wenn du magst, selbst in Angriff zu nehmen. Wir haben extra für dich in unseren Erinnerungen gekramt und die drei hervorgeholt, die unsere Augen besonders zum Leuchten bringen, wenn wir an sie denken. Toni zeigt dir ihre liebste Wanderung im Allgäu – mit gleich drei Gipfeln an einem Tag. Kaddi verrät dir ihren Lieblings-Trail in Tirol, der ihr jedes Mal, wenn sie ihn mit dem Mountainbike fährt, ein breites Grinsen ins Gesicht zaubert. Und Katharina nimmt dich mit in die Hohen Tauern auf eine Skihochtour in der Goldberggruppe.

Wir freuen uns darauf, dir an diesen für uns besonderen Orten mal über den Weg zu laufen oder zu radeln. Oder sonst irgendwo in den Bergen!

Drei Gipfel an einem Tag – Tonis Lieblingstour im Allgäu

von Antonia Schlosser

Wie soll es auch anders sein: Natürlich kommt meine Lieblingstour aus dem Allgäu! Ich habe lange hin und her überlegt, welche ich dir besonders empfehlen möchte, und mich letztendlich für eine Halbtagestour entschieden, die in meinen Augen alles vereint, was ich mag: eine wunderschöne Aussicht auf die tollsten Berge des Allgäus, viele Kleinigkeiten, die ich mit meinem Zuhause verbinde, und ein bisschen Anstrengung, damit Brotzeit und Belohnungsbier am Ende besonders gut schmecken.

Mein Tourentipp ist die vierstündige Wanderung über die Sonnenköpfe. Das sind die drei nebeneinanderliegenden Grasberge: Sonnenkopf, Heidelbeerkopf und Schnippenkopf. Damit keine Missverständnisse entstehen, direkt ein kleiner Hinweis: Bei Grasbergen handelt es sich nicht um irgendwelche kleinen Hügel. Nein, das sind »richtige«, teilweise auch steile Berge, die sehr typisch für die Allgäuer Berglandschaft sind. Sie sind – wie der Name schon sagt – mit Gras bewachsen und zeichnen sich durch eine besonders vielfältige Pflanzenwelt aus. Andere Allgäuer Grasberge, die du vielleicht kennst, sind zum Beispiel das 2038 Meter hohe Fellhorn, zu dem auch ein beliebtes Skigebiet gehört, oder die 2259 Meter hohe Höfats, die nur von sehr geübten Bergsteigerinnen und Bergsteigern bestiegen werden kann.

Aber zurück zu den Sonnenköpfen. Ganz so hoch hinaus wie auf das Fellhorn oder die Höfats geht es bei ihnen nicht. Dafür über drei Gipfel, von denen der höchste der Schnippenkopf mit 1833 Metern ist. Insgesamt legst du auf der Wanderung circa 850 Höhenmeter über zehn Kilometer auf teilweise steilen Wanderwegen zurück. Aber die Anstrengung lohnt sich. Auf Tourenportalen werden die Sonnenköpfe als eine der besten Aussichtstouren im Allgäu gehandelt, und ich kann bei dieser Beschreibung nur wild nicken.

TONIS LIEBLINGSTOUR ÜBER DIE SONNENKÖPFE AUF EINEN BLICK

Schwierigkeit: mittelschwer; vor allem gute Kondition und etwas Trittsicherheit erforderlich
Wege: Teerstraße, verwurzelte Wanderwege und kleine, teils sehr lehmige Pfade
Länge: circa 10 Kilometer
Höhenmeter: circa 850 hm
Dauer: 4–5 Stunden, je nach Pausenlängen
Ausgangspunkt: Wanderparkplatz unterhalb des Berghotels Sonnenklause
Einkehrmöglichkeit: in der Ausflugsgaststätte der Sonnenklause, unterwegs keine Möglichkeit
Sonstiges: Rundwanderung, nicht Kinderwagen-geeignet, Bergschuhe mit gutem Profil erforderlich

IM KUH-SLALOM ZUM AUSGANGSPUNKT

Die Sonnenköpfe liegen nur ein paar Kilometer hinter der südlichsten Stadt Deutschlands, Sonthofen im Allgäu. Von Sonthofen geht es mit dem Auto in Richtung Altstädten und Hinang. Nur ein paar Kilometer hinter Altstädten kommt dann ein Wegweiser, der das Berghotel Sonnenklause anzeigt. Folge diesem Wegweiser und fahre nach rechts von der Hauptstraße auf eine kleine Bergstraße ab. Nach ein paar Kurven, vorbei an wunderschönen Bergwiesen, kommst du an einen kleinen Wanderparkplatz, an dem du dein Auto abstellen kannst.

Obacht, Kühe!

Fahr bitte vorsichtig, sobald du mit deinem Auto das erste Gatter passiert hast. Je nach Jahreszeit grast nämlich eine ganze Herde Allgäuer Rinder auf den Wiesen. Einzelne stellen sich auch gerne mal mitten auf die Straße und gucken neugierig, wer sie da besuchen kommt. Bring am besten ein bisschen Geduld mit – falls du sie nicht sehr langsam umfahren kannst, machen sie irgendwann von selbst den Weg wieder frei.

Leider gibt es (Stand jetzt) keine öffentlichen Verkehrsmittel zum Ausgangspunkt der Wanderung. Deshalb empfehle ich dir, direkt ein paar Bergfreundinnen mitzunehmen und eine Fahrgemeinschaft zu bilden, damit sich die Anfahrt auch lohnt. Wenn du sehr fit bist, kannst du auch dein Rad einpacken und von Kempten, Oberstdorf oder Sonthofen aus mit dem Zug nach Altstädten fahren. Von dort sind es dann noch circa fünf Kilometer, die du bergauf zum Ausgangspunkt radeln musst.

LOS GEHT'S AUF DIE SONNENKÖPFE

Das Auto ist geparkt, der Rucksack gepackt, und die Bergschuhe sind angezogen? Dann kann's jetzt losgehen! Vom Wanderparkplatz geht es zu Fuß die weiten Kurven der Teerstraße hinauf. Du lässt das Berghotel Sonnenklause links liegen und wanderst weiter durch kleine Wäldchen, vorbei an saftig grünen Wiesen. Auf der langweiligen Teerstraße musst du zum Glück auch gar nicht weit laufen. Nur ein paar Hundert Meter hinter der Sonnenklause beginnen nämlich schon die Weideflächen, über die du weiter Richtung Sonnenköpfe gehst. Die Abzweigung nach links, von der Teerstraße weg, kannst du nicht verfehlen, denn am Wegrand steht ein kleiner Holzwegweiser, auf dem der erste Gipfel Sonnenkopf ausgeschildert ist. Nach nur wenigen Höhenmetern über die Wiese wird der Wanderweg zu einem verwurzelten, etwas steileren Pfad, der dich durch ein kleines Stück Wald führt. Pass hier bitte besonders auf, wenn es geregnet hat oder immer noch regnet. Die nassen Wurzeln sind spiegelglatt. Nach dem Wald kommst du wieder auf einen offenen Grashang. Und an dieser Stelle meiner Lieblingstour möchte ich dir eine erste kleine Pause ans Herz legen: zum einen, weil es für dich gleich richtig anstrengend wird. Und zum anderen, weil du an dieser Stelle das erste Mal einen tollen Ausblick auf die umliegenden Berge hast. Zum Beispiel auf den Hohen Ifen, der durch seine außergewöhnliche Erscheinung aus dem Panorama heraussticht. Du findest ihn ganz leicht, wenn du nach einem hohen, leicht geneigten Felsplateau Ausschau hältst.

Tonis Tipp für unterwegs

Halte auf dem Weg immer mal kurz inne und höre genau hin! Im besten Fall hörst du auf dieser Tour nämlich sonst nichts. Ich bin die Wanderung über die Sonnenköpfe schon sehr oft gegangen. Und immer wieder fällt mir an diesem Ort diese ungewöhnliche Stille auf. Auch das ist ein Grund, warum ich die Tour so liebe.

Ab hier startet der wohl anstrengendste Teil der Tour: Über teilweise lehmige, löchrige und dadurch mühsame Pfade geht es in

Kurven über den steilen Grashang weiter nach oben. Falls du eher eine Spätaufsteherin bist, wirst du dich hier vermutlich verfluchen, denn ab mittags knallt bei schönem Wetter die Sonne volle Kanne von oben herunter. Du kannst dich von dem mühsamen Aufstieg ablenken, indem du nach dem Wegweiser suchst, auf dem eine »Sackgasse« ausgeschildert ist. Wenn du ihn gefunden hast, dreh dich nach links um. Vor dir thront, ein paar Hundert Meter Luftlinie entfernt, der Grünten. Du erkennst ihn an dem weiß-roten Sendemast des Bayerischen Rundfunks, der oben auf dem Gipfel steht. Wir Allgäuerinnen und Allgäuer nennen den Grünten gerne den Wächter des Allgäus, weil er durch seine vorgelagerte Stellung die Allgäuer Alpen ankündigt. Und auch sonst ist er der Berg, den man gefühlt von jeder Ecke des Allgäus sehen kann. Falls du ein paar Tage länger in meiner Heimat unterwegs bist, achte gerne mal darauf.

Allgäuer Funfact: Das Gipfelzipfel-Drama am Grünten

International bekannt wurde der Grünten 2020, weil sein inoffizielles Wahrzeichen unter mysteriösen Umständen umgekippt war: der circa zwei Meter große Holzpenis. Er wurde wieder aufgestellt, aber nur wenige Tage später von Unbekannten zersägt. Es ermittelte sogar die Polizei, allerdings ohne Erfolg. Drei Tage später stand plötzlich eine neue Penis-Skulptur da. Wer sie dorthin gebracht hat, ist bis heute nicht bekannt. Doch damit nicht genug! Anfang 2021 ist dann auch dieser Gipfelzipfel verschwunden. Zurück blieben nur ein paar Sägespäne. Und der Grünten ist seitdem zipfelfrei.

Aber zurück zum Aufstieg auf die Sonnenköpfe. Der anstrengende Grashang mündet irgendwann in ein kleines Stückchen Wald. Das ist aber schnell durchquert, und du erreichst eine Art Lichtung, auf der eine kleine Hütte steht und zur kurzen Rast einlädt. Von dort kannst du auch schon den Gratrücken sehen. Jetzt heißt es, noch mal Zähne zusammenbeißen und die letzten Höhenmeter durchhalten. Die Anstrengung lohnt sich.

AUF DEM GRATRÜCKEN ÜBER DREI GIPFEL

Oben auf der Schnippe, dem Bergsattel vor dem Sonnenkopf, angekommen, wartet nämlich die erste große Belohnung auf dich: ein sagenhafter Ausblick auf die Allgäuer Berglandschaft. Direkt ins Auge sticht dir hier die Rotspitze. Durch ihre markante Dreiecksform hebt sie sich imposant von den anderen Bergen ab. Man bekommt fast das Gefühl, den kalten Stein mit den Fingerspitzen berühren zu können, wenn der eigene Arm nur ein wenig länger wäre. Mit der Rotspitze links von dir und dem Grünten und dem Hohen Ifen rechts von dir, geht es für dich weiter auf einem schmalen und teilweise etwas steileren Steig in Richtung Sonnenkopf, dem ersten Gipfel auf dem Panoramaweg. Spätestens hier, auf 1712 Metern, siehst du auch das Nebelhorn, einen weiteren Allgäuer Bergklassiker. Du erkennst es an der Bergstation der Seilbahn, die von Oberstdorf aus in Richtung Gipfel fährt.

Aussicht-Infos zum Gscheithaferln

Sobald du auf dem Grat unterwegs bist, hast du bis zum Abstieg vom Schnippenkopf quasi einen 360-Grad-Bergblick. Bei gutem Wetter kannst du die Daumengruppe, zu der auch die Rotspitze und das Rubihorn gehören, den Grünten, die

Hörnergruppe, die Östliche Nagefluhkette, die Oberstdorfer Berge u. v. m. sehen.

Nach dem Sonnenkopf geht es auf dem Weg wieder ein wenig bergab – und dann einen kleinen Gegenhang hinauf zum Heidelbeerkopf (1767 Meter). Anders als beim Sonnenkopf steht hier kein Gipfelkreuz. Dadurch wirkt der etwas flache Gipfel fast ein wenig unscheinbar, bietet aber einen wunderschönen Rundumblick auf die schon genannten Berge. Es geht weiter: Wieder erst ein wenig runter, dann noch einmal ein etwas anstrengenderes Stück rauf zum dritten und letzten Berg der Sonnenköpfe-Tour, dem Schnippenkopf (1833 Meter). Kurz vor dem Gipfel musst du noch ein ganz kurzes seilgesichertes Stück überwinden. Dann hast du es endlich geschafft und bist auf der wunderschönen Gipfelwiese des Schnippenkopfs angekommen, mit Blick auf das eindrucksvolle Nebelhorn, das beliebte Rubihorn und die zahlreichen Spitzen der Allgäuer Alpen, die bis zum Horizont reichen.

Tonis Tipp für die Gipfelbrotzeit

Das Highlight jeder Tour, die Gipfelbrotzeit, lege ich bei den Sonnenköpfen am liebsten erst am Schnippenkopf ein. Dort gibt es auf der leicht geneigten Wiese genug Platz, und du kannst vor einem atemberaubenden Bergpanorama gemütlich sitzen und deine Brotzeit genießen. Weil es keine Möglichkeit zum Einkehren gibt, packe ich mir manchmal auch ein Radler oder alkoholfreies Weizen als Gipfelbier in den Rucksack.

DER ABSTIEG ZURÜCK ZUM AUTO

Nachdem du dich ausreichend gestärkt hast, kannst du mit dem Abstieg zurück zur Sonnenklause beginnen. Vom Schnippenkopf folgst du dafür einfach dem schmalen Wanderweg, der dich immer weiter bergab bringt. Auch hier begleitet dich wieder der phänomenale Ausblick auf die Allgäuer Berglandschaft. Ich bleibe hier oft stehen, denn der Weg ist teilweise etwas löchrig und lehmig, sodass es schwierig ist, gleichzeitig zu gucken und zu gehen. Nach den ersten Hundert Höhenmetern gelangst du wieder auf eine freie Fläche, auf der auch eine Berghütte steht. Lass sie einfach rechts von dir liegen und laufe weiter geradeaus den Pfad entlang. Im Sommer kann es sein, dass das Gras auf den Wiesen so hoch gewachsen ist, dass der Weg schwer zu erkennen ist. Halte deshalb am besten nach dem nächsten Wegweiser Ausschau, der am Ende der Wiesenfläche kurz vor einem Waldstück steht. Dort biegst du rechts auf den Wanderweg Richtung Schöllang ab. Achtung: Hier kann es noch mal richtig matschig und rutschig werden! Du folgst dem Weg durch kleine Senken und Wäldchen immer weiter hinunter Richtung Tal, bis du wieder auf einen Forstweg gelangst, der nach ein paar Hundert Metern zur Teerstraße wird. Diese wanderst du hinab, bis ein Wegweiser dich nach rechts, in einen Wald hinein, zurück Richtung Sonnenklause führt. Auf dem weichen, verwurzelten Waldboden können sich deine Knie und Gelenke schon mal ein wenig von der Rundtour erholen. Nach circa einem Kilometer Waldweg kommst du an eine Wiese, die du nur noch queren musst, um wieder am Berghotel Sonnenklause anzukommen. Du hast es geschafft! Entweder kehrst du jetzt in der Ausflugsgaststätte der Sonnenklause ein, oder du wanderst gleich die letzten Meter über die Teerstraße zum Auto hinunter.

Tonis Tipps für danach

Einkehren: Wenn du dich nach der Wanderung noch einmal richtig stärken willst, bietet sich natürlich die Ausflugsgaststätte des Berghotels Sonnenklause an. Für aktuelle Öffnungszeiten guck am besten auf der Homepage www.sonnenklause.de vorbei. Alternativ gibt es auch in Sonthofen zahlreiche Restaurants, Imbisse und Cafés, in die du einkehren kannst.

Einkaufen: In Altstädten, dem Ort, den du bei deiner Anfahrt von Sonthofen aus durchquert hast, steht die Allgäuer Keramikmanufaktur. Für mich bedeuten die handbemalten Schüsseln und Teller ein großes Stück Heimat. Aus der berühmten Spatzenschüssel esse ich, seitdem ich denken kann, die Kässpatzen meiner Mama. Falls du auf handgemachtes Geschirr abfährst oder ein Mitbringsel suchst, schau auf jeden Fall auf deinem Rückweg dort vorbei. Vielleicht essen wir ja schon bald aus der gleichen Schüssel unsere Spätzle. Infos zu Anfahrt und Öffnungszeiten findest du auf www.allgaeuer-keramik.de.

Entspannen: Das Freizeitbad Wonnemar in Sonthofen war DAS Badeparadies meiner Kindheit. Heute sind es weniger die Rutschen, es lockt mich vielmehr die große Saunalandschaft. Falls du also direkt nach einer Erholung für deine ausgepowerten Glieder suchst, kannst du auf dem Rückweg direkt dort oder alternativ im Kemptner Cambomare vorbeischauen. Ab 2024 soll es auch in Oberstdorf eine Therme geben.

EIN PAAR INFOS ZUM SCHLUSS

Die Sonnenköpfe sind ganzjährig ein beliebtes Ausflugsziel. Auch im Winter kommen viele Ski- und Schneeschuhtouren-Fans dorthin, um eine Tour auf die Sonnenköpfe zu machen. Meine liebste Jahreszeit für den Panoramaweg ist und bleibt aber der Herbst. Bis Oktober kannst du die Tour – je nach Wetterlage – problemlos gehen und dabei durchgehend die späte Herbstsonne genießen. Vielleicht laufen wir uns dort ja mal über den Weg.

Diese Rundwanderung gehört zu den Allgäuer Klassikern. Die genaue Tourenbeschreibung findet man leicht in zahlreichen Allgäuer Wanderführern und auf einschlägigen Tourenportalen, wie zum Beispiel outdooractive.com, bergtour-online.de und viele mehr.

Challenge, Flow und Wahnsinnspanorama – Kaddis Lieblings-Trail in Tirol

von Katharina Kestler

Um ganz ehrlich zu sein: Welchen Mountainbike-Trail ich dir hier in unserem Buch als meine Lieblingstour vorstelle, habe ich ziemlich lange überlegt und auch mit meinen Bergfreundinnen Toni und Katharina diskutiert. Das hat auf der einen Seite einen schönen Grund, denn es gibt im Alpenraum einfach soooo viele tolle Trails. Auf der anderen Seite haben meine Entscheidungsprobleme für DEN EINEN Lieblings-Trail aber auch ziemlich doofe Gründe: Nicht auf allen Trails ist Mountainbiken offiziell erlaubt, oft ist die rechtliche Situation unklar, und mehr Bikerinnen auf den Wegen führen zwangsläufig zu mehr Ärger unter allen Beteiligten. Also, welchen nicht offiziellen Trail könnte ich euch guten Gewissens empfehlen, ohne euch in einen Konflikt mit einem mistgabelschwingenden Bauern radeln zu lassen oder euch der Gefahr auszusetzen, dass sich der Jagdhund des Revierjägers an euren Hinterreifen hängt? Denn wir Mountainbikerinnen haben leider nicht unbedingt den allerbesten Ruf. Die landläufige Meinung ist, dass wir uns oft rücksichtslos gegenüber Wandernden verhalten und der Natur schaden. Und wie immer ist bei Vorurteilen leider manchmal auch ein bisschen Wahrheit dabei.

Deshalb will ich die Chance nutzen, zu einem friedlichen Miteinander und naturschonenden Biken aufzurufen. Aber erst mal lass ich die Katze aus dem Sack und verrate euch, welcher Trail es als meine Lieblingsroute in dieses Buch geschafft hat. Es ist, tataaa, der Blindsee-Trail. Das ist ein offizieller Mountainbike-Trail in Lermoos in Tirol, kurz hinter der österreichischen Grenze. Seinen Namen verdankt er dem Ort, an dem er endet: dem Blindsee. Der Trail ist wegen seiner herausfordernden Schwierigkeit in

Kombination mit perfektem Flow, seiner unvergleichlichen Panorama-Aussicht und der Möglichkeiten, die sich außerdem bieten, ein Mountainbike-Klassiker und ein absolutes Muss. Und vielleicht habe ich zwei, drei Tipps eingebaut, die ihr noch nicht auf dem Zettel hattet! Also, los geht's!

WER TRAIL FAHREN WILL, MUSS ERST EINMAL HOCHKOMMEN

Und da trennt sich direkt die Spreu vom Weizen beziehungsweise trennen sich die, die sich die Abfahrt verdienen wollen, von denen, die lieber die Gondel nehmen. Die beiden Grubigsteinbahnen nehmen Letzteren die circa 750 Höhenmeter und gut zwei Stunden ab, die Fleißige über die Mountainbike-Routen 804 und 860 bis zum Einstieg des Blindsee-Trails strampeln. Wer die Gondel nimmt, der kann bis zum Einstieg des Blindsee-Trails den Forstweg 861 nehmen oder in den Genuss des Grubigalm-Trails kommen. Achtung: Der Trail liegt in einer kleinen Kuhle und gleicht von der Charakteristik einem Bachbett. Hier kann es also nass und rutschig werden! An alle, die aus eigener Kraft hochfahren: Für mich rentieren sich die knapp 200 Höhenmeter, also die halbe Stunde extra im Aufstieg, um den Grubigalm-Trail mitzunehmen, nicht unbedingt. Konzentriert euch lieber auf den Blindsee-Trail, denn der hat es in sich, und zwar im Positiven. Versprochen!

KEINEN ÄRGER MIT WANDERNDEN? SO GEHT'S!

Zum Glück halten sich meine negativen Erfahrungen mit Wanderern in Grenzen. Im schlimmsten Fall haben Menschen, denen ich auf dem Trail begegnet bin, ein Zitronengesicht gemacht und nicht zurückgegrüßt. Oder sie haben mir erklärt, dass das, was da noch käme, AUF GAR KEINEN FALL fürs Fahrrad sei. Größere Eskalationsstufen kenne ich nur aus Erzählungen anderer Mountainbiker. Ich glaube, ein Stück weit hängt das auch am Geschlecht. Zu Frauen auf Bikes sind die meisten Menschen per se einfach netter. Uns unterstellt man nicht so schnell ein rowdyhaftes Verhalten. Und uns bewundert man auch schneller für unsere Skills auf dem Trail oder unsere Ausdauer beim Hochfahren. Vielleicht liegt es auch ein bisschen an meinem vorbildlichen Benehmen. Probier es am besten selbst aus. Hier kommen meine Tipps für mehr Frieden auf den Trails:

Planung ist alles

Wer nicht im Bikepark oder auf offiziellen, reinen Mountainbike-Trails unterwegs ist, der sollte sich genau überlegen, wann er startet. Denn: Trails, die sich ganz hervorragend zum Mountainbiken eignen, sind sehr häufig auch beliebte Wanderstrecken. Ist es also eine gute Idee, bei strahlendem Sonnenschein an einem Sonntag mittags um 12 Uhr am Trail-Einstieg zu stehen? Eher nicht. Dann nervst nämlich nicht nur du die Wanderer, sondern die Wanderer auch dich, denn sie stehlen dir deinen Flow. Schließlich musst du ständig bremsen, grüßen, stehen bleiben, absteigen und dich im schlimmsten Fall auch noch rechtfertigen. Plane also besser antizyklisch, nimm dir beliebte Touren lieber unter der Woche oder am späten Nachmittag vor. Du wirst garantiert mehr Spaß daran haben, und deine Wander-Buddys auch!

Das Recht der Rücksichtsvollen

Bei der Begegnung mit Wanderern bist du auf dem Mountainbike die Stärkere – und trotzdem nicht im Recht. Bremsen, grüßen, absteigen, die Menschen zu Fuß vorbeilassen versteht sich ebenso von selbst, wie sich zu bedanken, wenn man vorbeigelassen wird. Denk dran, dass du deutlich schneller unterwegs bist als die Menschen auf zwei Füßen. Vielleicht bemerken sie dich spät, vielleicht erschrecken sie sogar. Also nimm lieber ein bisschen Tempo raus, wenn du Wanderer siehst oder auf beliebten Strecken mit ihnen zu rechnen ist. Ballern kannst du schließlich auf offiziellen Trails oder im Bikepark.

Don't worry, keep on flowing

Das alles hilft nicht, und die Menschen, denen du begegnest, sind trotzdem miesepetrig? Spar dir die Diskussion und ignoriere sie! Und fühl dich dabei überlegen. Sie sind ja schließlich selbst schuld, wenn sie sich an ihrem freien Tag in den Bergen so runterziehen lassen.

Der jetzt schon viel gelobte Blindsee-Trail zweigt für alle, die von unten kommen, kurz nach der Grubigalm links ab. Damit du nicht so viel denken musst: Wer vom Grubigalm-Trail kommt, der muss kurz VOR der Grubigalm nach RECHTS abbiegen. Nach dem Trail-Einstieg folgt ein kurzer, aber knackig steiler und schottriger Gegenanstieg mit engen Kurven. Gar nicht so einfach, den hinaufzukommen, SOGAR dann, wenn du ein E-Bike unterm Hintern hast. Umso grandioser ist das Gefühl aber, wenn du die Stelle geknackt hast. Mehrere Versuche lohnen sich, es ist machbar – auch ohne Motor am Bike!

SO FÄHRST DU NATURVERTRÄGLICH MOUNTAINBIKE

Schätze deine Hometrails

Fahre die Trails in deiner direkten Umgebung. Mountainbiken ist auch deshalb so eine schöne Sportart, weil du vor der

Haustür starten und die Natur in der direkten Umgebung erkunden kannst!

Lieber Öffi statt Auto

Natürlich muss es auch mal ein bisschen Abwechslung sein: Nutze, um zum Trail zu kommen, idealerweise die öffentlichen Verkehrsmittel, oder packe deine Bikebuddys ins Auto. Mountainbiken solltest du aus Sicherheitsgründen ohnehin besser nicht alleine!

Lerne Bremsen

Ein Fahrtechniktraining empfiehlt sich für alle, nicht nur für Anfängerinnen! Vor allem, bevor du auf Natur-Trails unterwegs bist, solltest du richtiges Bremsen lernen. Denn übermäßiges, starkes Bremsen schadet den Wegen. Auch die Trail-Bauer im Park freuen sich, wenn du deine Bremse im Griff hast und sie die Trails nicht so oft ausbessern müssen.

Lerne Kurvenfahren

Wenn du eine Kurve nicht ausfahren kannst, weil sie zu eng ist, dann steige ab, probiere und übe es, und wenn es nicht klappt, dann schiebe. Abschneider und Abkürzungen machen die Wege kaputt und schaden Flora und Fauna. Außerdem ziehst du den Zorn der Wandersleute und den Spott der anderen Bikerinnen auf dich, weil du es einfach nicht draufhast. Es gibt natürlich auch diejenigen, die sich für besonders cool halten und die Kurven driften, schließlich wird es einem in vielen Clips der Bikebranche ja genauso vorgemacht, aber: Egal, wie cool es aussieht, auch das zerstört die Wege.

Lass den Tieren ihre Ruhe

Als Mountainbikerin ist es gerade auf Natur-Trails sinnvoll, antizyklisch unterwegs zu sein (siehe oben). Dabei solltest du aber nicht vergessen, dass du, sobald es dunkel ist, zwar keine Wanderer mehr störst, dafür aber die Tiere. Also überlege dir gut, wann du wo unterwegs bist. Achte auf Schutzzonen, fahr besser, bevor es dämmert, und wenn es schon ein Night Ride sein muss, dann plane diesen lieber in touristisch erschlossenen Gebieten, wo sich die Tiere ohnehin schon an unsere Gesellschaft gewöhnt haben.

UND AB GEHT DIE WILDE FAHRT

Wenn du die letzten schwierigen Bergaufmeter hinter dich gebracht hast, ist es Zeit, Knie- und Ellenbogenschoner für die Abfahrt anzulegen. Zuerst gönnt dir der Trail ein wenig Erholung: Bis zur ersten Bachquerung schlängelt er sich etwas breiter auf waldigem Boden unter Bäumen dahin. Doch danach öffnet sich der Blick, und bei einer kleinen Aussichtsbank beginnt ein technisch anspruchsvoller Abschnitt, in dem der Blindsee-Trail seine Charakteristik zeigt: steinig-felsig und je nach Trail-Zustand und Saison mit mal mehr, mal weniger tiefem Geröll in den Rinnen. Auch wenn die Schwierigkeit des Blindsee-Trails wegen seiner Bekanntheit häufig unterschätzt wird, ist er mit S2 bis S3 auf der Singletrail-Skala bewertet. S3 bedeutet, dass entspannte Rollabschnitte selten sind, mit rutschigem Untergrund und losem Geröll zu rechnen ist und sowohl eine sehr gute Bike-Beherrschung als auch ständige Konzentration Voraussetzung sind. Und ja, genau das liefert der Blindsee-Trail: steile Felsplatten, hohe Stufen, schottrige Kurven. Bald bist du an einer weiten, eigentlich unspektakulären Linkskurve. Hier bleiben alle stehen, um Fotos zu machen. Denn von oben und der Kurvenmitte aus fotografiert, ist hier sowohl die Bikerin in der Kurve als auch der türkisblaue Blindsee im Tal zu sehen.

Der Blindsee

Der Blindsee ist ein Blindsee. Haha, sehr witzig, denkst du dir jetzt. Aber das bedeutet, dass er keinen sichtbaren Abfluss hat, sondern unterirdisch abfließt. Er ist vor 4 100 Jahren durch einen gewaltigen Bergsturz entstanden und liegt auf 1 093 Höhenmetern direkt neben dem Fernpass, von dem man am Seeufer zum Glück nichts mitbekommt. Wegen seines klaren Wassers eignet er sich auch sehr gut zum Tauchen.

Wenig später empfiehlt dir ein Schild, abzusteigen und das Bike zu schieben. Um ehrlich zu sein, ist es mir erst bei meinem ungefähr zwanzigsten Besuch am Blindsee-Trail aufgefallen. Aber ja, auch wenn ich selbst nicht absteige, sondern die kommende Stelle fahre, kann ich die Empfehlung verstehen: Der Trail geht über Felsplatten und besonders tiefes Geröll steil nach unten und links an einem Wasserfall vorbei. Er wird schmal, und man kann diese Stelle durchaus als ausgesetzt bezeichnen. Und das Wort »Wasserfall« verrät es schon: Hier ist es häufig nass. Als wäre all das nicht schon genug, muss man, während man die steile Stelle fährt und sich am Wasserfall vorbeischlängelt, auch noch ans Schalten denken und den richtigen niedrigen Gang finden, denn direkt danach geht es zwar kurz, aber dafür umso steiler und durch tiefen Schotter ein paar Meter nach oben. Wenn du das geschafft hast, darfst du an Fotospot Nummer zwei, einer kleinen Bank mit Ausblick auf den See, erst einmal durchschnaufen und deine Leistung im Fotofeed deines Handys verewigen.

DAS KNACKIGE ENDE

Nach der Aussichtsbank führt dich ein Schotterweg bald in den Wald. Ihm folgst du ein paar Hundert Meter, bis links der nächste Trail-Abschnitt abzweigt. Das Ende bis zum See wird noch mal knackig und ist vielleicht sogar mein Lieblingsteil des Trails: Jetzt ist der Weg schmaler, der Boden nicht mehr nur steinig, sondern auch waldig-wurzelig, richtig schön flowig und dennoch herrlich herausfordernd. Gerade die letzte Rechts-Links-Kurven-Kombi, bevor du am See ankommst, hat es in sich: Ein langes, breites Wurzelfeld mit großen Stufen verlangt eine kluge Linienwahl. Als ich diese Stelle bei meinem ersten Mal am Blindsee-Trail direkt im ersten Versuch geschafft habe – war das definitiv einer meiner allerbesten Momente auf dem Mountainbike (Emojimitherzaugen).

KADDIS TRAIL-TIPP AUF EINEN BLICK

Schwierigkeit: S2 bis S3 auf der Singletrail-Skala, sehr gute Bike-Beherrschung notwendig
Länge: Der Blindsee-Trail allein ist 7,1 Kilometer lang, die komplette Runde kommt auf gute 20 Kilometer.
Höhenmeter: Der Blindsee-Trail umfasst 650 Höhenmeter in der Abfahrt. Wer die Runde aus eigener Kraft fährt, kommt bergauf auf ca. 800 Höhenmeter.
Dauer: Für die Abfahrt brauchst du ca. 1 Stunde, mit der Auffahrt aus eigener Kraft und Pause solltest du insgesamt 4 Stunden einplanen.
Ausgangspunkt: Der Trail-Einstieg befindet sich an der Grubigalm. Wenn du die Gondel nimmst, dann parke am besten direkt an der Grubigsteinbahn in Lermoos. Für Selbsthochtreterinnen bietet sich der Parkplatz in Biberwier an. Nach Lermoos kommst du übrigens auch mit der Bahn!

Einkehrmöglichkeit: Wer es mit der Gondel oder aus eigener Kraft bis zur Grubighütte auf 2028 Meter schafft, sollte sich den Kaiserschmarrn dort nicht entgehen lassen. Der ist eine klare 10/10.

Sonstiges: ACHTUNG: Der Blindsee-Trail ist ein *shared trail*, das heißt, dass er auch von Wanderern genutzt wird. Sie halten sich aber zum Glück in Grenzen, denn bis auf die Aussicht ist der Trail aufgrund seiner Wegbeschaffenheit für Wanderer ehrlicherweise nicht sonderlich empfehlenswert.

Jetzt bist du am See angekommen und hast die Option, links oder rechts um den See herum weiter bis zum Parkplatz des Blindsee-Trails zu fahren. Beides ist etwa gleich weit, doch viele wählen die linke Variante, was sich mir überhaupt nicht erschließt. Denn dann musst du dein Rad definitiv noch mal schieben oder tragen. Und zwar an der Stelle, die man als Fotospot Nummer drei bezeichnen kann: Eine kleine Treppe führt nach oben, das Ufer daneben fällt steil ab in den Blindsee.

Spektakulär, keine Frage. Doch: Wir sind ja zum Mountainbiken hier und nicht zum Fotosmachen, oder? Also fahr rechts! Hier kann man auf dem flachen Uferweg fast alles fahren – je nach Skills. Was das bedeutet? Dass auch ich hier an einer Stelle noch absteigen muss. Und zwar an einem großen, breiten Wurzelfeld, das etwas bergauf geht und in dem ich einfach noch nicht die richtige Linie gefunden habe, die es mir erlaubt, hochzukommen, ohne dass mein Hinterrad auf einer Wurzel wegrutscht oder ich mich mit dem Vorderrad verhake. Wenn du die Lösung findest, melde dich, das will ich sehen! Du merkst: Auch das Trail-Ende liefert noch genug Möglichkeiten, sich auszuprobieren, zu testen, zu basteln, zu scheitern und es am Ende zu schaffen. Was will man mehr?

Kaddis Tipps

Starte deine Tour von Biberwier aus, und hänge an den Blindsee-Trail noch den Barbarasteig dran. Dazu musst du von Biberwier aus unterhalb der Marienbergbahn, die auch Biker mitnimmt, auf einem Schotterweg mit angenehmer Steigung nochmals 480 Höhenmeter nach oben treten, bevor du in den Trail einsteigen kannst. Das Praktische: Der Trail kreuzt immer wieder die Auffahrt. Du kannst also schon früher hinabsausen, solltest du doch keine Lust mehr haben, dich anzustrengen. So kommst du inklusive Blindsee-Trail auf circa 30 Kilometer und gute 1400 Höhenmeter. Im Übrigen eignet sich der Blindsee-Trail auch im Herbst, da er größtenteils südlich ausgerichtet ist und lange trocken und schneefrei bleibt.

Hoppla, vor lauter Mountainbiken hätte ich eines fast vergessen: Pack den Bikini in den Rucksack! Ein Sprung in den glasklaren und karibikblauen Blindsee lohnt sich in jedem Fall. Denn vom See aus musst du noch mal ein paar Höhenmeter hinaufstrampeln. Danach geht es vorbei an der Loisachquelle über die MTB-Route 838 mit Blick auf die Zugspitze nach Biberwier oder über den Wachtersteig (MTB-Route 867) zurück nach Lermoos zum Auto oder zum Bahnhof.

Der Blindsee-Trail und das Mountainbike-Angebot von Lermoos sind sehr bekannt. GPS-Tracks findet ihr also auf allen einschlägigen Tourenportalen, wie zum Beispiel komoot.de, trails.de oder outdooractive.com. Da es sich um einen offiziellen Mountainbike-Trail handelt, findet ihr auch im Internetangebot von Tirol hilfreiche Infos, Videos und eine Karte. Auch gibt das Tourismusbüro Lermoos oder die ortsansässigen Bike-Hotels sehr gerne Auskunft. Wer einen Guide buchen oder auf dem Trail noch an seiner Technik arbeiten möchte, der wendet sich am besten an »Bikeguiding Zugspitzarena« und richtet dem Georg eine schönen Gruß von mir aus. :-)

Skihochtour mit einer Übernachtung auf über 3000 Metern – Katharinas liebste Tour in der Goldberggruppe

von Katharina Heudorfer

Manche Touren bleiben einem ewig in Erinnerung und lassen einen, Jahre nachdem man sie gegangen ist, augenblicklich ins Schwärmen geraten. Bei mir ist das die Skihochtour auf den Hohen Sonnblick und den Hocharn. Vor ein paar Jahren habe ich sie zusammen mit meinem Bergfreund Alex unternommen. Falls du auch begeisterte Skihochtourengeherin bist, leg ich sie dir sehr ans Herz. Du kannst sie aber auch als Hochtour im Sommer unternehmen!

Warum ich die Tour so mochte? Vielleicht liegt es an der weitläufigen Hochgebirgslandschaft der Goldberggruppe mit ihren schneebedeckten, windumtosten 3000ern, die mich damals, als Skihochtourenanfängerin, mit offenem Mund staunen ließ. Vielleicht, weil die Hütte, auf der wir übernachtet haben, direkt auf dem Gipfel steht, auf 3106 Metern. Oder es liegt an den über 1600 Höhenmetern Aufstieg und rund 1700 Höhenmetern Abfahrt, weil ich stolz war, sie so gut geschafft zu haben. Mag sein, dass die Tour nachhaltig bei mir hängen geblieben ist, weil wir eigentlich nur vorhatten, den Hohen Sonnblick zu besteigen, und dann abends am Gipfel im Sonnenuntergang bei 360-Grad-Panoramablick spontan entschieden haben, am nächsten Tag ins andere Tal abzufahren und zum höheren Nachbarn des Sonnblick, dem Hocharn, aufzusteigen. Wie dem auch sei: Die Tour lohnt sich!

KATHARINAS TOURENTIPP AUF EINEN BLICK

Skihochtour auf den Spuren der Goldgräber – mit traumhafter Aussicht und Hütte direkt am Gipfel auf über 3 106 Metern.

Anforderungen: Mittelschwere Skihochtour, die im Frühjahr sehr beliebt ist. Gute Kondition erforderlich!
Die Steilstufe unterhalb der Barbarafälle, direkt am Anfang der Tour, kann bei hartem Schnee oder vereisten Stellen herausfordernd sein. Bei guten Verhältnissen ist das Stück für geübte Skitourengeher aber gut machbar. Wenn genügend Schnee liegt, wird der Gletscher meist ohne Seil begangen.
Höhenmeter und Distanz: 1. Tag: 1 600 hm Aufstieg, 9 km; 2. Tag: 700 hm Abfahrt, 800 hm Aufstieg zum Hocharn, weitere 1 700 hm Abfahrt zurück zum Ausgangspunkt
Dauer: 1. Tag: Gehzeit ca. 5 Stunden; 2. Tag: Gehzeit ca. 2 Stunden, Dauer insgesamt inkl. Abfahrten ca. 4 Stunden
Ausgangspunkt: Parkplatz Lenzanger im Rauriser Tal
Übernachtung: Zittelhaus (3 106 m) am Gipfel des Hohen Sonnblick, Hütte der ÖAV-Sektion Rauris, 90 Schlafplätze, geöffnet ab ca. März bis Oktober, Tel.: +43 65446412 oder +43 664/5218237, www.zittelhaus.at. Auf dem Gipfel befindet sich auch die österreichische Wetterwarte – eine weltweit einzigartige Forschungsstation.
Exposition: alle Expositionen
Lawinengefahr: mittel bis hoch
Beste Jahreszeit: als Skihochtour von März bis Juni (kann bei sicheren Verhältnissen auch im Winter begangen werden), als Hochtour von Juni bis September
Anfahrt mit Bus und Bahn: vom Salzburger Hauptbahnhof mit dem Zug nach Taxenbach-Rauris; von dort mit dem Postbus 640 direkt zum Naturfreundehaus Kolm Saigurn

DEM RIESEN VON RAURIS AUFS HAUPT

Du startest am großen Parkplatz »Lenzanger« im Rauriser Tal und gehst von dort ungefähr 1,5 Kilometer bis zum Naturfreundehaus Kolm Saigurn, das mitten im Talschluss liegt. Die Ski musst du für diese Strecke wahrscheinlich noch tragen. Schon auf dem Weg dorthin kannst du einen Blick auf das heutige Tagesziel werfen: der Hohe Sonnblick, der regelrecht über dem Tal thront. Eine eindrucksvolle Pracht aus strahlend weißen Schneewänden erhebt sich in über 3000 Metern Höhe – hier und da blitzen graue Felsflanken durch den Schnee. Majestätisch sieht er aus, erhaben, mit seinem markanten Mittelpfeiler, auf dessen Spitze, ganz hoch oben am Gipfel, das Zittelhaus liegt, in dem du heute übernachten wirst.

Am Naturfreundehaus angekommen, schnallst du deine Ski an und beginnst mit dem Aufstieg. Es geht zunächst am Naturfreundehaus vorbei und geradeaus über eine Wiese zum Waldrand.

Naturfreundehaus Kolm Saigurn 1 598 Meter

Das Naturfreundehaus befindet sich im ehemaligen Haupthaus des früheren Goldgräberdorfes Kolm Saigurn. Es liegt mitten im Talschluss von Rauris, im Nationalpark Hohe Tauern. Bis ins späte 19. Jahrhundert wurde hier in der Gegend Gold abgebaut. Zu dem Haus gehören unter anderem eine Kapelle und ein Bergbaumuseum, das von der Goldgräbervergangenheit des Ortes erzählt. Das Haus wurde angeblich mal als »einziges Kinderhotel, das sich nicht Kinderhotel nennt«, beschrieben. Für die kleinen Gäste gibt es hier einen Badeteich, einen Streichelzoo, Spielplätze, Spielwiesen und Spielecken.

Im Wald verläuft die Route zunächst entlang des Sommerwegs. Du kannst dich also an den Wegmarkierungen an den Bäumen orientieren. Es geht über eine bewaldete Steilstufe, und es kann sein, dass es hier gleich mal mühsam wird. Denn an manchen Stellen ist die Aufstiegsspur im Frühjahr oft eine regelrechte Eisplatte. Vielleicht lohnt es sich, hierfür die Harscheisen anzuziehen.

Harscheisen sind übrigens so etwas wie Steigeisen für Ski. Die krallenähnlichen Teile aus Metall – meist Aluminium – werden in die Skitourenbindung eingesetzt, um den Aufstieg auf harschigem oder vereistem Schnee zu erleichtern, wenn die Skifelle keinen ausreichenden Griff entwickeln können.

AUF DEN SPUREN DER ALPINEN GOLDGRÄBER

In einem Rechtsbogen geht es weiter um einen Geländerücken herum in ein weitläufiges Becken. Je nach Bedingungen kannst du die Harscheisen bestimmt schon wieder in den Rucksack packen. Jetzt musst du auf eine weitere Steilstufe zu, die sogenannte Maschinengasse. An dieser Stelle verlief bis ins neunzehnte Jahrhundert die Trasse der Standseilbahn, die das Tal unten mit den hoch gelegenen Erzgruben am Berg verbunden hat. Und falls du dich eben schon gefragt hast, was eine Steilstufe ist, damit ist eine Geländekante oder auch Geländestufe gemeint. In den Bergen entstehen sie oft während der Erosion von Gletschern.

Nach einer langen, breiten Mulde und zwei weiteren Steilstufen triffst du auf noch ein Überbleibsel aus Goldgräberzeiten: die hoch aus dem Schnee aufragende Ruine des Radhauses der Standseilbahn auf 2 161 Metern. Hier bietet es sich an, eine Pause einzulegen und die geschichtsträchtige Atmosphäre auf dich wirken zu lassen – rund 500 Höhenmeter hast du schon geschafft. Außerdem kannst du von diesem Platz aus weit hinaus ins Rauriser Tal und auf die gegenüberliegenden Gebirgsketten blicken.

Goldrausch in der Goldberggruppe

Der alpine Goldbergbau schwingt schon im Namen der Gebirgskette rund um den Hohen Sonnblick mit: der Goldberggruppe. Seine Überreste begegnen dir auf dieser Tour immer wieder. Denn das Raurisertal war jahrhundertelang Zentrum des Goldbergbaus in Österreich. Es gibt Hinweise, dass hier sogar schon zur Kelten- und Römerzeit Gold abgebaut wurde.

Im 15. und 16. Jahrhundert erlebte die Region dann einen regelrechten Goldrausch. Damals kamen aus dem Rauriser- und dem benachbarten Gasteinertal rund 10 Prozent des weltweiten Goldes. Zur absoluten Hochzeit Mitte des 16. Jahrhunderts gab es allein in Rauris 450 Zechen.

Auf deiner Skihochtour kommst du zum Beispiel an der Ruine des Radhauses vorbei, das zwischen 1831 und 1833 erbaut wurde und bis 1888 die Bergstation einer 1500 Meter langen Standseilbahn war, mit deren Hilfe man damals Erz und auch Personen beförderte.

Mehr über die Geschichte des Goldbergbaus kannst du im Tal im Museum am Naturfreundehaus Kolm Saigurn und im Sommer bei den Themenwanderungen auf dem Tauerngold-Lehrweg und dem Tauerngold-Erlebnisweg erfahren.

Nach der kleinen Pause ziehst du links an der Ruine vorbei und steigst weiter auf durch ein wunderschönes Hochtal. Der Weg führt relativ flach taleinwärts. Nachdem du ungefähr die Hälfte des Tales durchschritten hast, geht es auf einen breiten Geländerücken hinauf und danach weiter in Richtung Goldbergkees. Kees ist ein österreichisches Wort für Gletscher.

Vor einer weiten Senke, in der sich das Gletschertor erhebt – etwa auf 2320 Metern Höhe –, geht es rechts ab in südwestlicher Richtung über einen steileren Hang hinauf, und du erreichst ein schmales Tälchen. Über mehrere Anstiege gewinnst du stetig an Höhe und steuerst auf die Rojacherhütte zu, die auf knapp 2600 Metern liegt.

Du hast jetzt gut 1000 Höhenmeter geschafft und bist etwa drei Stunden unterwegs. Von hier aus hast du einen guten Blick auf das Gletscherbecken und die Gipfel gegenüber. Im Winter sehen die Hänge der Berge aus wie mit Puderzucker bestäubt. Dazwischen tragen sie gescheckte schwarz-graue Felsflecken, die ihrem sanften Weiß eine schroffe Struktur geben. Ich kann mich gut daran erinnern, wie beeindruckt ich von diesem Anblick war.

ÜBER DAS GOLDBERGKEES HINAUF ZUM GIPFEL

Von hier, unterhalb der Rojacherhütte, die nur in den Sommermonaten bewirtschaftet ist, zweigt eine direkte, aber deutlich schwierigere Route zum Gipfel ab. Weil sie steile und ausgesetzte Passagen beinhaltet, brauchst du dafür in den meisten Jahren wahrscheinlich Steigeisen. Mein Bergfreund Alex und ich haben uns damals für die gemütlichere Route entschieden, die jetzt flach über das Goldbergkees führt.

Dazu steigst du in einem weiten Rechtsbogen auf die Steilstufe zu, die das untere und obere Gletscherbecken voneinander trennt. Im oberen Becken angekommen, führt die Spur noch ein Stück über das Goldbergkees. Zum Schluss musst du noch mal steil aufwärts, und schließlich, nach einer leichten Rechts-links-Kehre, hast du es geschafft!

Du stehst auf dem Gipfel des Hohen Sonnblick! Auf 3106 Metern Höhe. Wenn die Sicht gut ist, hast du einen 360-Grad-Panoramablick auf die Berge rundum. Nebenan kannst du dein morgiges Ziel, den Hocharn, entdecken, außerdem den Großglockner (3798 Meter), den Dachstein (2995 Meter) und bei richtig guter Sicht ganz hinten im Norden sogar den Watzmann (2713 Meter).

ÜBERNACHTUNG AUF 3 106 METERN

Direkt am Gipfel befindet sich das Zittelhaus, eine Hütte des Österreichischen Alpenvereins, in der du heute die Nacht verbringst. Für deinen Schlafplatz im Doppel- oder Mehrbettzimmer oder im Matratzenlager empfiehlt es sich, im Voraus zu reservieren. Bitte, bring einen Hüttenschlafsack mit!

Falls es noch früh am Tag ist und du noch Energie für ein paar zusätzliche Höhenmeter hast, lohnt sich bei gutem Schnee eine Abfahrt über das Goldbergkees. Alternativ kannst du den Nachmittag im Sonnenschein bei einem köstlichen Apfelstrudel und feinem Kaffee auf der Terrasse des Zittelhauses verbringen. Oder du machst einfach beides: Abfahrt UND Apfelstrudel.

Unmittelbar neben der Hütte steht das Sonnblick-Observatorium. Die Wetterwarte kann während einer abendlichen Führung besichtigt werden.

Das Sonnblick-Observatorium

Die Wetterwarte gehört zum globalen Netzwerk der Atmosphärenforschung. Sie wurde 1886 gegründet und ist heute Europas höchste dauerhafte Wetterwarte. Auf der Mess- und Forschungsstation werden zum Beispiel Wetterdaten gesammelt. Außerdem werden hier die UV-Strahlung und die Dichte der Ozonschicht gemessen, ebenso wie Schmutzpartikel, Saharastaub oder Klimagase.

Funfact: Wer raucht, darf das am Gipfel des Sonnblick nur an ausgewiesenen Stellen, weil laut Observatorium jede Zigarette die »luftchemischen Messungen empfindlich stört«.

DER ZWEITE TAG: ABFAHRT ZUM ZIRMSEE UND AUFSTIEG ZUM HOCHARN

Vom Zittelhaus fährst du erst einmal ab in Richtung Kleinfleißtal. Auf dem Kleinfleißkees hältst du dich sehr weit rechts und querst unterhalb der Pilatusscharte. Dann geht es einmal um das Hörnl rum, bis du auf 2460 Metern den Zirmsee erreichst.

Toptipp für Tag 2 – Früh aus den Federn

Wenn der Wetterbericht einen sonnigen Tag verspricht, ist früh aufstehen und losgehen meine absolute Empfehlung an dich! Du wirst mich zwar wahrscheinlich bei der ersten Abfahrt über das Kleinfleißkees hinunter zum Zirmsee verfluchen, weil die dann noch recht hart und harschig ist. Dafür ist der Schnee bei der 1700 Meter langen Abfahrt vom Hocharn besser, je früher am Tag du sie machst. Wir sind damals bei Sonnenschein ziemlich am Gipfel verhockt und haben uns gegen 13 Uhr bei bestem Sulzschnee runtergekämpft.

Am Zirmsee fellst du wieder auf, für die letzten 800 Höhenmeter Aufstieg zum Hocharn. Zunächst gehst du dazu flach am Zirmsee vorbei und dann zunehmend steil unterhalb des Goldzechkees zum Gratübergang unterhalb des Hocharn. Der letzte steile Aufschwung über das Hocharnkees ist bei Traumpanorama trotz dünner Luft auf über 3000 Metern ein Genuss! Dann hast du es geschafft – du stehst zum zweiten Mal innerhalb von zwei Tagen in über 3000 Metern Höhe: auf dem 3254 Meter hohen Gipfel des Hocharn.

Genieß die atemberaubende Aussicht! Und dann bleibt mir nur noch, dir verdammt viel Spaß zu wünschen! Für dieses grandiose

Finale, die fast endlos scheinende Abfahrt mit über 1700 Metern Höhendifferenz – vom Hocharn über seinen breiten Gletscher hinunter nach Kolm Saigurn.

Eine Online-Tourenbeschreibung inklusive GPS-Track meiner Route gibt es leider noch nicht. Die meisten gehen nur auf den einen oder den anderen Gipfel, steigen aus einem anderen Tal auf oder gehen ab der Rojacher Hütte über den Grat direkt zum Hohen Sonnblick. Aber du kannst die Route sehr gut mit der Alpenvereinskarte Nr. 42 planen und sie dir auf einschlägigen Tourenplattformen zusammensuchen (zum Beispiel alpenvereinaktiv.com, outdooractive.com, bergfex.de, almenrausch.at).

EPILOG

(Fast) alles über (fast) alle Bergsportarten – ein kleiner Leitfaden

Wenn du nach den Geschichten über all diese starken Frauen Bock bekommen hast, selbst mal wieder etwas Neues auszuprobieren, dann wollen wir dich sehr dazu ermutigen. Aller Anfang ist zwar schwer, aber jedem Anfang wohnt auch ein Zauber inne (wie schon Hermann Hesse wusste, und damit genug der Zitate und Sprichwörter). Selbst wenn es zwischen dir und der neuen Sportart nicht gleich die große Liebe sein sollte – immer mal was Neues zu wagen lohnt sich! Und damit dir das Anfangen noch ein wenig leichter fällt, hat Katharina die wichtigsten Infos zu sieben beliebten Bergsportarten für dich zusammengefasst. Vom Wandern übers Skitourengehen bis hin zum Gleitschirmfliegen.

WANDERN

Tonis Profi-Tipp:

»Für längere Touren braucht man beim Wandern eine gute Ausdauergrundlage. Die kannst du easy im Alltag trainieren, indem du viel zu Fuß oder mit dem Rad erledigst statt mit den Öffis oder dem Auto. Indem du zum Beispiel einfach mal ein, zwei Bushaltestellen früher aussteigst und den Rest läufst. Wie viele Schritte oder Kilometer du für einen Trainingseffekt brauchst, das ist individuell und hängt von deinem Einstiegslevel ab.«

Wo: Wandern geht überall: direkt vor der Haustür, am Meer, in den Bergen.

Voraussetzungen: keine

Kurse: Du musst keinen machen, aber es gibt Kurse, in denen du die Grundlagen des Wanderns und Bergsteigens lernst. Wo und wer sie anbietet, erfährst du im kleinen Abc fürs Anfangen unter → **Kurse**.

Kursinhalte: Gehen auf Wegen und im weglosen Gelände, einfache Klettertechniken, Orientierung, Wetterkunde u. v. m.

Touren: Schau doch hierzu mal im Abc unter → **Tourenauswahl**: Wanderungen werden häufig mit der SAC-Wanderskala in sechs Schwierigkeiten unterteilt, vom leichtesten Grad T1 »Wandern«, den du auch in Turnschuhen bewältigen kannst, bis T6 »schwieriges alpines Wandern«, wo das Gelände meist weglos ist und Kletterstellen beinhalten kann.

Ausrüstung: Sobald du im Gebirge unterwegs bist, sind Wanderschuhe ein MUST-HAVE. Sonst reichen für die ersten Touren Turnschuhe, bequeme (Sport-)Kleidung und irgendein Rucksack (schau mal nach im Abc unter → **Ausrüstung**). Bist du angefixt, sollten Wanderschuhe deine erste Investition sein – kauf sie am besten im Laden! Erst nach und nach brauchst du Funktionskleidung (atmungsaktiv, wind- und wasserfest), Stöcke und einen Wanderrucksack.

Tourenpartnerinnen: Wandern kannst du allein oder mit anderen. Schwierige Touren bitte vor allem am Anfang nicht alleine gehen. Und wichtig: Sag immer jemandem Bescheid, wo du unterwegs bist. Mehr Infos findest du auch im Abc unter → **Tourenpartnerinnen**.

Kosten: Wandern an sich kostet dich nix, außer der Anfahrt. Kosten fallen aber irgendwann für die Ausrüstung an und liegen zwischen 150 und 1 000 Euro (inklusive Schuhe und Kleidung).

KLETTERSTEIG GEHEN

Wo: Geht quasi nur in den Bergen, also beispielsweise in den deutschen Mittelgebirgen oder den Alpen. Es gibt allerdings auch einen Klettersteig in Duisburg auf einem ehemaligen Fabrikgelände.

Voraussetzungen: gutes Bergsteigerinnen-Level, trittsicher und schwindelfrei, Kondition für 4- bis 6-stündige Aufstiege

Kurse: Um die Basics zu lernen, kannst du einen Klettersteigkurs besuchen. Wo und bei wem, erfährst du im Abc fürs Anfangen unter → **Kurse.**

Kursinhalte: Sicherungs- und Knotentechnik, leichtes Klettern für den Klettersteig, Auf-/Abstieg in weglosem Gelände, Orientierung, Tourenplanung, Material- und Wetterkunde, Erste Hilfe u. v. m.

Touren: Schau mal im kleinen Abc unter → **Tourenauswahl.** Meist werden Klettersteige mit einer Schwierigkeitsskala zwischen A (leicht) über C/D bis hin zu F (extrem schwierig) bewertet.

Ausrüstung: Helm, Gurt, Klettersteigset, Karabiner, Bandschlinge, Handschuhe, Klettersteigschuhe mit besonders fester Sohle

Tourenpartnerinnen: Im Klettersteig solltest du mindestens zu zweit unterwegs sein.

Kosten: Für die Klettersteig-Ausrüstung ohne Kleidung, Schuhe und Rucksack fallen ca. 300 Euro an; für Kurse musst du mit 100 – 500 Euro rechnen.

BOULDERN UND KLETTERN

Profi-Tipp von Kletter-Bundestrainerin Fritze Kops:
»Geh mit Leuten bouldern oder klettern, die besser sind und auf einem schwierigeren Level klettern als du. Das ist zwar nicht immer geil fürs Ego. Aber der totale Ansporn! Du lernst dabei unglaublich viel.«

Wo: an Felsen, in Kletterhallen, an Gebäuden, Wänden und Brücken im urbanen Raum

Voraussetzungen: Keine fürs Bouldern, fürs Klettern MUSST du sichern können! Entweder deine kletternde Bergfreundin bringt dir das bei, oder du machst einen Kurs.

Kurse: Es gibt Boulder- und Kletterkurse, Kurse für indoor und draußen oder um Toprope klettern zu lernen (also im Nachstieg). Je nach Vorerfahrung eignet sich für dich vielleicht auch ein Kurs, in dem du lernst, vorzusteigen, oder solche fürs Alpin- und Mehrseillängenklettern.

Kursinhalte: je nach Kurs u. a. Klettertechnik, Einbinden, Sichern, Knoten, Ablassen, Abseilen, Standplatzbau, Tourenplanung, Gebrauch von Topoführern (= grafische Darstellung der Kletterroute durch den Fels), Orientierung in der Kletterroute

Touren: Tourenbeschreibungen für Kletterrouten am Fels heißen Topos und sind grafische Darstellungen der Route. Wo du die findest, erfährst du im Abc fürs Anfangen unter → **Tourenauswahl**. Fürs Klettern und Bouldern gibt es viele verschiedene Schwierigkeitsbewertungen, zum Beispiel die Skala gemäß UIAA, der amerikanischen YDS oder Elbsandstein.

Ausrüstung: fürs Klettern und Bouldern: Kletterschuhe, Chalk und Chalk-Bag; fürs Klettern: Klettergurt, Sicherungsgerät(e), Karabiner usw. und je nach Kurs: Kletterhelm, Seil, Expressschlingen; fürs Bouldern draußen: Crashpad (= eine spezielle

Matte)

Tourenpartnerinnen: Bouldern kannst du allein ausprobieren, fürs Klettern brauchst du eine Seilpartnerin.

Kosten: für die Ausrüstung in der Halle ca. 350–400 Euro, zum Felsklettern ca. 500 Euro, Kurse: ca. 100–700 Euro

HOCHTOUREN

Profi-Tipp von Bergführerin Gudrun Weikert:
»In meinen Hochtourenkursen sind oft Leute, die direkt nach dem Kurs eine herausfordernde Route gehen wollen, also zum Beispiel über den Stüdlgrat auf den Großglockner steigen wollen. Ich empfehle dir, lieber eins nach dem anderen zu machen. Steigere dich langsam, und geh dann erst den Stüdlgrat an. So macht's mehr Spaß.«

Wo: überall da, wo es hohe Berge mit Gletschern gibt

Voraussetzungen: erfahrene Bergsteigerin, trittsicher und schwindelfrei, Kondition für 4- bis 6-stündige Aufstiege

Kurse: Es gibt zum Beispiel Hochtouren- oder Gletscherkurse. Wo du diese Kurse buchen kannst, erfährst du im Abc fürs Anfangen unter → **Kurse**.

Kursinhalte: Anseilen auf Gletschern, Seil-, Knoten- und Sicherungstechnik, Gehen mit Steigeisen, Umgang mit dem Eispickel, Spaltenbergung, Orientierung, Tourenplanung, Material- und Wetterkunde, Umweltschut, u. v. m.

Touren: Unternimm bitte keine Touren, ohne vorher einen Hochtourenkurs (inklusive Spaltenbergung) gemacht zu haben! Wo du danach geeignete Touren findest, kannst du im Abc bei → **Touren** nachlesen. Hochtouren werden in sieben Schwierigkeitsstufen unterteilt, zum Beispiel: F wie französisch *facile* und auf

Deutsch L wie leicht. Oder AD wie französisch *assez difficile* und auf Deutsch ZS wie ziemlich schwierig.

Ausrüstung: Helm, Gurt, Steigeisen, Seil, Karabiner, Bandschlingen, Reepschnüre, Eisschraube, Eispickel, steigeisenfeste Schuhe, Erste-Hilfe-Set, Biwaksack, Kompass / Höhenmesser, Gletscherbrille und vieles mehr

Tourenparterinnen: NIEMALS alleine, am besten mindestens in der Dreierseilschaft (wegen der Spaltensturzgefahr)

Kosten: Ausrüstung ca. 1000–2000 €, Kurs ca. 400 – 900 €

SKITOUREN / SPLITBOARDTOUREN

Profi-Tipp von Bergsteigerin Tamara Lunger:
»Mach es nicht so, wie ich es gemacht habe. Ich konnte noch nicht mal Ski fahren und bin auf Skitour gegangen. Mach auf jeden Fall erst mal einen Skitourenkurs und lerne die Basics!«

Wo: Grundsätzlich kannst du überall Skitouren gehen, allerdings brauchst du Berge und Schnee. Achtung: An einigen Bergen gibt es Naturschutzzonen, die im Winter extra für Vögel und Wild abgesperrt werden, bitte meide sie! Pistenskitouren sind in Bayern und der Schweiz erlaubt, in Österreich teilweise und in Italien grundsätzlich verboten. Ausnahme: ausgewiesene Aufstiegsrouten entlang der Pisten.

Voraussetzungen: Du musst in allen Schneearten im unpräparierten Gelände sicher Ski fahren können (Ausnahme: Pistenskitouren)! Kondition für 3 Stunden Aufstieg

Kurse: Skitourenkurs; viele Skitourengeherinnen frischen außerdem JEDEN Winter bei einem LVS-Kurs (LVS = Lawinenverschüttetensuche) ihr Wissen auf, das rettet im Notfall Leben.

Kursinhalte: Gehen auf Steigfellen, Spuranlage, Aufstiegstechniken, Geländebeurteilung, Tourenplanung, Orientierung, Verschüttetensuche, Wetter-, Schnee- und Lawinenkunde u. v. m

Touren: Geh all deine Touren nur mit LVS-Gerät (Lawinenverschüttetensuchgerät) und erst, nachdem du einen LVS-Kurs gemacht hast! Wo du Touren findest, erfährst du im Abc fürs Anfangen unter → **Tourenauswahl**. Bei Skitouren gilt meist die SAC-Skala, die unter anderem in L wie »leicht« und ZS wie »ziemlich schwierig« (vgl. Hochtouren) aufgeteilt ist.

Ausrüstung: Tourenski mit Aufstiegsbindung, Felle, Harscheisen, Skitourenschuhe, Teleskopstöcke, Lawinenverschüttetensuchgerät (= LVS-Gerät), Lawinenschaufel, Lawinensonde, optional: Lawinenrucksack

Tourenpartnerinnen: Geh auf keinen Fall alleine eine Skitour! Wenn du in eine Lawine kommst, hast du sonst kaum Überlebenschancen. Wie du Leute findest, lernst du im kleinen Abc bei → **Tourenpartnerinnen**.

Kosten: Ausrüstung ohne Kleidung neu ca. 1500 Euro, Kurse je nach Länge: ca. 200 – 600 Euro

MOUNTAINBIKEN

Kaddis Profi-Tipp:
»Mach auf jeden Fall zum Start ein Fahrtechniktraining! Und am besten bleibst du gleich ein ganzes Wochenende in einem Bikepark, damit du ein bisschen fahren und dich ausprobieren kannst.«

Wo: Was wo erlaubt ist, entscheiden in Deutschland die Bundesländer, in der Schweiz und in Italien die Kantone bzw. Provinzen. In Österreich ist Radfahren streng genommen auf allen Wander- und Forstwegen verboten, außer es ist explizit erlaubt. An diese gesetzliche Regelung hält sich aber kaum jemand. Wenn du keinen Ärger willst, egal in welchem Land, dann fahr am besten auf explizit dafür freigegebenen oder angelegten Mountainbike-trails.

Voraussetzungen: Du musst Fahrrad fahren können.

Kurse: Du musst nicht unbedingt einen Kurs machen, es ist aber sinnvoll, wie du ganz am Anfang dieses Buches bei Tonis Neuanfang auf dem Mountainbike erfährst.

Kursinhalte: Fahrrad-Check, Grundposition auf dem Rad, Pedalieren, kontrolliertes und minimales Bremsen, Koordinationsschulung, Kurven, Up- und Downhill-Techniken, Schalten am Berg u. v. m

Touren: Wo du die findest, erfährst du im Abc fürs Anfangen unter → **Tourenauswahl**. Mountainbike-Touren werden nach der Singletrail-Skala zwischen der leichtesten Stufe mit S0 (= sehr leicht) bis zur schwierigsten mit S5 (= extrem schwierig) bewertet.

Ausrüstung: Mountainbike, Helm, Protektoren, Fahrradbrille, Handschuhe, Fahrradhose, Pumpe, Ersatzschlauch

Tourenpartnerinnen: Findest du zum Beispiel bei der Community Pfadjägerinnen, mehr Infos dazu gibt es auch im Abc unter T wie → **Tourenpartnerinnen**.

Kosten: für die Ausrüstung: neu für ein Hardtail ab 800 €, Fully ab etwa 2 000 €, für den Rest rund 500 €; für Kurse: circa 70 Euro für einen Tag Techniktraining

GLEITSCHIRMFLIEGEN

Profi-Tipp von Erika Dürr aka Ulligunde:
»Geh am Anfang so oft wie möglich mit deinem Schirm auf eine Wiese zum ›Spielen‹, und übe dabei das sogenannte *ground handling*. Das ist wichtig für die Unfallprävention und gibt dir Sicherheit und Selbstvertrauen beim Starten.«

Wo: Überall, wo es eine Seilwinde, Hügel oder Berge gibt (in Deutschland ist Gleitschirmfliegen nur an offiziellen Start-/Landeplätzen erlaubt).

Voraussetzungen: Körperlich keine, aber du brauchst einen Gleitschirm-Führerschein. Mit der Ausbildung dafür darfst du ab 14 beginnen, die Prüfung ist ab 16 Jahren möglich.

Kurse: Buchst du bei Flugschulen (schau mal im Internet nach »DHV Datenbanken« und dort unter »Flugschulen«).

Kursinhalte: Start-, Steuer- und Landetechnik, Startabbruchübungen, Thermik-Technik, Hangsoaring, Bewertung der Flugbedingungen, Luftrecht und Meteorologie

Start-/Landeplätze: Findest du online zum Beispiel in den Datenbanken des Verbands DHV oder bei Burnair.

Ausrüstung: Gleitschirm, Gurtzeug, Rettungsgerät und Helm; optional: Handschuhe, Overall und Variometer (= Steigmesser)

Flugpartnerinnen: Kannst du in Frauenfliegergruppen treffen, in einem der vielen Gleitschirmvereine (auch die findest du im Internet in der »DHV Datenbank«) oder in Facebook-Gruppen.

Kosten: neue Ausrüstung mindestens 3000 Euro (viele Flugschulen bieten Komplettsets zu diesem Preis), gebraucht und gut erhalten um die 2000 Euro; Kurse: Schnuppertage ab 50 Euro, Grundkurs inklusive Leihausrüstung ca. 600 Euro, Kurskosten bis zum Luftfahrerschein ca. 1500 Euro

BILDNACHWEIS TAFEL

Bild 1, 14, 28: Jens Scheibe, **Bild 2, 5, 19, 20, 21:** Antonia Schlosser, **Bild 3:** Roman Beckord, **Bild 4, 16_1, 24:** Kaddi Kestler, **Bild 6, 7, 8, 9:** Florian Meinhardt, **Bild 10, 11, 13, 25, 26, 27:** Katharina Heudorfer, **Bild 12:** Regina Heudorfer, **Bild 15:** Julia E., **Bild 16_2:** Bertrand Delapierre, **Bild 17, 18:** Laila Tkot, **Bild 22, 23:** Florian Dittert

BILDNACHWEIS TEXT

S. 10, 12, 14: Jens Scheibe, **S. 35:** Laila Tkot, **S. 64:** Laura Tiefenthaler, **S. 74:** Finn Neumann, **S. 102:** Tero Repo, **S. 112:** Privatarchiv Kristina Stürz, **S. 137:** Benni Sauer, **S. 148:** Privatarchiv Sophie Folger, **S.171:** Tamara Lunger, **S. 179:** Privatarchiv Mandy Mangler, **S. 204:** Julius Stammler, **S. 216:** Alena Paschke, **S. 242:** Helge Röske, **S. 254:** Lisa Auffenberg